스마트 시대의
미디어
경영론

방송문화진흥총서 **144**

스마트 시대의
미디어
경영론

김광호 · 이옥기 지음

한국학술정보

| 머리말 |

새로운 매체 시대, 새로운 미디어 생태계에 맞는 새로운 패러다임은 스마트 미디어의 등장으로 가시화되었다. 세계의 신문 산업은 방송 산업과의 겸영(兼營)으로부터 새로운 비즈니스 모델을 찾고 있으며, 방송과 통신의 융합은 미디어 산업계의 보편적인 현상이다. 아울러, 스마트 미디어는 음성·데이터·영상정보를 통합하여 제공하며 이동성·쌍방향성 등 기존 미디어를 통합한 종합 미디어로서 그 역할이 확대되고 있다. 즉, 콘텐츠·플랫폼·네트워크·단말기 산업도 개별 영역으로 존재하는 것이 아니라, 공존공생의 생태계를 조성해야만 그 미래를 개척해 나갈 수 있다. 이와 같은 미디어 생태계의 변화는 스마트폰과 태블릿 PC에 이어 사물인터넷으로 차세대 방통 융합 미디어를 주도하기 위한 글로벌 기업 간 경쟁으로 표면화되고 있다.

스마트 미디어 시대는 미디어 기업들의 스마트 경영전략을 필요로 한다. 이에 따라 미디어기업의 새로운 수익 창출과 지속가능한 콘텐츠 비즈니스 모델 개발을 위한 활동을 고찰하기 위해 언론사의 경영전략, 기획, 마케팅, 신사업개발들을 파악하여 스마트 경영전략은 무엇인지를 파악할 필요가 있다.

피터 드러커는 기업 경영의 본질은 끊임없는 혁신을 통한 고객 창조에 있다고 했다. 슘페터는 창조적 파괴를 주창했고, 크리스텐슨은 미래 기업의 조건으로 파괴적 혁신을 설명했다. 이처럼 스마트 시대의 미디어 경영 전략에 있어서 스마트 플랫폼을 활용한 스마트 생태계 전략의 창출은 미디어 기업의 경쟁력을 높이는 방법이 아닐 수 없다.

이러한 필요를 바탕으로 이 책은 미디어 경영의 기본 원리와 세부 항목별 요소를 종합적으로 이해하고, 실제 미디어 기업의 운영사례를 분석해 봄으로써 미디어 경영에 관한 체계적인 지식을 습득할 수 있도록 해외 미디어그룹의 조직과 세계 방송 시장의 동향을 소개하고자 한다. 이를 위해 미디어기업의 수익 구조와 소비행태를 분석해 미디어 사업자가 취해야 할 경영과 마케팅 그리고 해외 유통 전략 등을 주목해 보고자 한다.

이와 같이 글로벌 미디어 기업들에 대한 체계적인 이해를 바탕으로, 우리나라 미디어 경영의 실태와 문제점을 파악하게 되는 일련의 과정은, 스마트 경영전략을 수립하는 데 있어 바람직한 개선방안을 모색하는 계기를 마련하는 효과가 있다. 더욱 고도화되어가는 ICT 융합생태계 시대에는 미디어 기업들이 지속 가능한 기업이자, 수용자 마음에 가치를 심어주는 기업이 되기 위해서 스마트 경영전략은 더욱 그 중요성이 부각되고 있다.

이러한 시대적 요구에 따라, 본서는 스마트 미디어 생태계 변화에 따른 이론과 실제 사례를 파악하고자 한다.

이 책에서 다루어지는 내용들은, 뉴스나 보도자료 및 보고서와 방송통신관련 해외 주요 뉴스 DB 및 방송통신사업자 홈페이지 및 연차보고서 등을 모니터하여, 관련된 문서들을 수집하였고, 이를 분석하여 주요내용 및 시사점을 중심으로 체계화하였다.

뿐만 아니라, 미디어 기업의 사회 책임 경영에도 관심을 기울였다. 미디어 기업은 공적 표현수단으로서 뿐만 아니라 시장경제 안에서 활동하는 기업으로서도 수용자와 사회에 대한 의무감을 다해야 한다는 것이다. 구체적으로 말하자면 기업은 미디어 조직의 산출물인 콘텐츠를 다룸에 있어서 윤리성과 책임성을 중시해야 할 뿐 아니라, 기업의 경영원리와 의사결정에서도 경제, 사회, 환경적 영향까지도 종합적으로 고려해야 한다. 그런 측면을 고려하여 이 책에서는 미디어 기업의 정보공개 및 사회적 책임 등 공적 가치도 강조하였다.

스마트 미디어경영 전략을 도출하고 분석해낸 이 책은, 미디어 연구자와 관련학과 학생들에게 체계적이고 현실적인 자료가 될 수 있고, 정책 입안자와 현업에서도 스마트 시대의 미디어 경영전략의 요소와 사례를 기반으로 한 스마트 생태계에서의 경영 방안을 모색하는 화두로 작용할 수 있을 것이다. 더 나아가, ICT 융합 시대에 스마트 경영전략의 중요성 및 의의를 확산시키며, 스마트 미디어 생태계의 혁신에 있어서 미디어 기업의 가치는 무엇인지를 생각해보는 계기가 되기를 희망한다.

창학관에서
김광호, 이옥기
2015년 6월

제2부 스마트 시대의 미디어 기업 경영

제1부

스마트 미디어와
경영환경

제1장 스마트 시대와 미디어 생태계

최근 스마트(smart)라는 용어에 대한 관심이 집중되고, 새로운 시대적 메가트렌드로 형성되면서 스마트한 세상이 펼쳐지고 있다. 스마트TV, 스마트폰, 스마트패드, 스마트 기업, 스마트 경영, 스마트 문화 등 스마트를 중시한 서비스와 제품들이 출시되고 있다. 이러한 스마트한 시대를 전개시킨 힘은 방송과 통신, 그리고 컴퓨팅 기술의 발전에 있다. 가속도가 붙은 기술의 발전은 방송과 통신의 융합, 통신과 컴퓨팅의 융합, 방송·통신·컴퓨팅의 융합에 의해 기기와 서비스 그리고 콘텐츠 영역이 융합되는 ICT 융합 서비스 현상을 파생시키고 있다. 이에 따라 미디어 기업들도 하드웨어나 소프트웨어는 물론, 이를 기반으로 디지털로 소비할 수 있는 모든 분야로 그 영향력을 확대하고 있다. 즉, 미디어 기업들의 경쟁이 거대한 생태계를 구성해 디지털 미디어 환경 전체를 장악하는 방향으로 발전하고 있는 것이다. 특히 현재 미디어 기업들은 기술과 사회구조를 스마트하게 연결하는 생태계 속에서의 무한 경쟁에 돌입한 상태이다.

1. 스마트 개념과 스마트 경제 시대의 정의

스마트화는 기술에 대한 인식의 변화에서 시작되었다. 스마트한 시대를 이끄는 힘은 기술자보다는 기술변화에 따른 인식과 방향성의 변화에 있다. 네그로폰테가 그의 저서 <디지털이다(Being Digital)>에서 주창한 디지털 기술은 아톰의 세계였으며, 그가 예견한 스마트 시대는 한 가지 목표를 향해 달리던 기술이 사용자의 다양성에 눈 뜨면서 진행방향이 다양해지는 시대로의 전환을 의미한다. 스마트함이란, 기능이 많고 성능이 좋아진 것만이 아니라, 사용자가 저마다 쓰기에 안성맞춤이어야 똑똑한 것이다. 이처럼 스마트 시대는 개인화의 시대이다. 디지털 시대는 기술이 인간을 자유롭게 만들었다면, 스마트 시대는 자유로워진 인간이 각자의 방식으로 기술을 쓴다. 이제 그러한 시대가 도래한 것이다. 스마트폰은 앱스토어와 같은 프로그램으로 사용자 개인이 자신이 원하는 것을 찾아 쓸 수 있는 환경을 예고하였다. 새로운 환경은 기업이 만들어준 제품 안에서 선택을 하던 사용자를 자신이 원하는 것을 스스로 찾아 쓰는 시대로 변화하게 하였다.

스마트화는 사용자의 권리장전을 가능케 하였고 개인화를 추구하도록 만든다. 이때, 스마트 시대가 사용자의 시대가 될 수 있도록, 개인화를 지원하는 힘은 세 가지로 분석해 볼 수 있다. 첫 번째 힘은 새로운 공급자들 즉 집단지성으로부터 온다. 예를 들어 앱스토어의 경우, 수많은 앱 개발자와 소기업들이 네트워크를 통해 연결된 세상인 앱스토어와 유튜브에 자신들이 개발한 혁신적인 제품을 소개하고 재능을 알릴 기회로 활용하고 있다는 점에서 찾아볼 수 있다. 두 번째 힘은 플랫폼에서 나온다. 플랫폼이란 집단지성을 조율하고 사용자와 연결해주는 매개체라고 할 수 있다. 플랫폼은 공급자와 사용자가 연결되어 공유하는 표준화된 기술 기반, 또는 표준화된 서비스 기반을 말한다. 넓은 의미의 플랫폼은 애플과 구글이 제공하는 운영

체계나 튜터비스타가 운영하는 강의 웹사이트나 서버 또는 강의 포맷 등이 있다. 플랫폼 제공자는 기업의 역할과 사용자 가치를 창출하는 협력자이면서 매개자의 역할을 한다. 플랫폼이 가치의 창출과 가치의 매개로 분리되는 것은 규모와 다양성이 동시에 필요한 스마트 시대의 특성 때문이다. 한국방송통신전파진흥원(2013) 보고서에 따르면, "한 가지 방향으로 진화가 일어나던 디지털 시대에는 그 변화를 주도하는 기업이 많은 협력자를 거느린 채 규모를 추구하지만, 스마트 시대에는 사용자를 불러모아 규모를 만드는 역할은 플랫폼 제공자가 맡고, 사용자들을 향해 다양한 혁신을 내놓는 것은 그곳에 모인 공급자들의 몫으로 역할이 나뉘는 것이기 때문"이라고 분석하고 있다. 세 번째 힘은 집단지성과 협력 질서와 함께, 휴먼 인터페이스와 인텔리전스 기술과 같은 사용자를 지향하는 기술에서 나온다. 사용자 지향적 기술은 사용자와 기술 사이의 거리를 좁히고, 개인화 서비스를 제공할 수 있도록 해주는 것이다.

구체적으로 휴먼 인터페이스 기술은 의식적이든, 의식적이지 않든, 사용자의 행동에 기술이 반응하고, 사용자가 기술을 쓰기 위해서 별도의 학습이 요구되지 않는 용이한 접근성을 의미한다. 인텔리전스는 개인화에 필요한 정보를 수집하고, 분석하기 위해 필요하다. 사용자가 원하는 것을 말하거나 움직이기 전에 사용자의 필요를 인지하기 위해 필요한 기술이다. 이처럼 스마트화에 있어서 개인화가 핵심이라고 볼 때, 공급 개념의 변화는 필수적일 수밖에 없기 때문에 사용자 중심적인 기기 사용 환경이 스마트화에 있어서 관건이 될 것이다.

<표 1> 스마트 경제 시대에 대한 분야별 시각과 영향

분야	시각	영향	메커니즘
기업 경영	똑똑해진 사용자와 시장의 주권이동 기업속의 기업 확산 공급 개념의 변화 산업변화의 리더는 글로벌화	개방성에 기반한 사업방식 스마트화된 마케팅 스마트 소비 스마트 워크 스마트 제조	집단지성을 통한 새로운 공급 재능 있는 개인과 소기업의 방대한 집합 가상 재화 가치창출 블루오션
사회, 문화	개방, 참여, 공유 중심의 유연한 사회 문화 확산	스마트 세대 부상 기성세대의 기술 발달에 따른 접근성 문제 야기 개인 주의 가속화 집단지성의 중요성 증대 프라이버시 침해에 따른 보장의 문제 대두	새로운 협력 질서 제품과 서비스의 개인화 가속화
정치	신속하고 정확한 민의를 반영한 스마트 정치 시험	개방정치 소통정치 속도정치	실시간 정치 마이크로 정치 네트워크 정치
기술	인간 중심의 유비쿼터스 환경	스마트 기기 보급 확산 유비쿼터스 네트워크 확산 사용자 중심 기술혁신 인지과학 인지 기능 기술 융합	사용자 지향적 기술 플랫폼 사용자와 집단지성의 공급자를 매개, 시장참여자의 거래 유지를 위한 공통 표준 필요 기술과 사용자사이 접근성 제고

이상에서 살펴본 바와 같이 스마트 시대에는 각 분야별로 스마트 매커니즘에 따른 시각과 영향에 따라 변화된 시각과 영향이 나타나게 될 것이다. <표 1>은 스마트 경제 시대에 기업 경영에 대한 시각을 나타내고 있다. 집단지성을 통한 새로운 공급과 재능있는 개인과 소기업들이 집합하게 되면서, 가상 재화가 가치를 창출하는 콘텐츠들이 블루오션이 될 것이다. 이처럼 똑똑해진 사용자들로 시장의 주권이 이동하면서 기업 속의 기업이 확산되고, 글로벌화가 산업변화를 이끌게 될 것이다. 그로 인해 개방성에 기반한 사업방식을 통

해 스마트 제조와 워킹 그리고 소비로 스마트화된 마케팅 환경이 구현된다. 따라서 이제 기업들은 스마트 생태계 조성을 바탕으로 한 기업 경영전략을 수립해야할 필요성에 놓이게 된다. 이때 주목해야할 것이 바로 플랫폼이다. 미디어 기업들의 플랫폼의 생태계 전략이 전체 생태계 플레이어들의 비즈니스 모델과 수익에도 영향을 주기 때문이다. 최근 이러한 미디어 기업들의 각성은 플랫폼과 콘텐츠가 네트워크를 통해 공존하는 각 구성 요소들이 win-win 할 수 있는 생태계를 조성하는 방식으로 나타나고 있다.

2. 스마트 생태계의 개념

애플리케이션을 이용하는 스마트폰과 태블릿 PC 그리고 스마트 TV로 이어지는 커넥티드 디바이스의 등장은 스마트 미디어시장을 형성하였다. 인터넷의 영향을 상대적으로 적게 받았던 출판, 방송, 영화 등의 콘텐츠 시장에도 큰 변화를 가져왔고, 애플리케이션 마켓과 같은 오픈 마켓의 등장으로 콘텐츠의 유통구조도 변화되었다. 넷플릭스, 훌루와 같은 인터넷 동영상 서비스들은 유료 동영상 서비스로 급부상하였고, 온오프라인 서점을 통해 유통되던 책은 전자책 형태로 시장구조가 전환되면서 출판시장구조도 변했다. 뿐만 아니라, 콘텐츠를 제공하던 플랫폼들 역시 특정 콘텐츠만 유통하던 특정 플랫폼의 수직적 구조에서, 인터넷을 통해 모든 콘텐츠가 유통되는 커넥티드 서비스로 변모했다. 즉, 콘텐츠의 종류에 관계없이 애플리케이션 마켓이나 웹플랫폼을 통해 사용자에게 얼마나 편리하게 콘텐츠를 제공하는지가 스마트 생태계의 경쟁력을 좌우하는 중요한 요소가 된 것이다. 이러한 변화로 인해, 기존의 이동통신사를 비롯한 전통적인 플랫폼·네트워크 사업자들은 콘텐츠 유통에서 지배력이 약화되고 있다. 즉 사용자 관점에서 가치사슬의 각 요소가 유기적으로 연계되어 얼마나 편리한 서비스를 제공할 수 있는가라는 생태계 경쟁이 시작되고 있는 것이다. 박유리 외(2012)는 콘텐츠의 소프트웨어화로 인해 소프트웨어 플랫폼이 IT 생태계의 핵심으로 부상했다고 분석하며, 대부분의 콘텐츠가 유무선 인터넷을 통해 유통됨에 따라 네트워크 트래픽이 급증하는 추세에 있기 때문에, 이제는 단말기 사양 뿐 아니라 애플리케이션 품질, OS 플랫폼, 네트워크 등의 다양한 요소가 중요하다고 보았다. 프랜스만(Fransman, 2010)은 방송과 통신을 서로 독립적인 산업으로 구분짓기 보다는 하나의 큰 스마트 미디어 생태계라고 보고, 네트워크 요소(networked elements), 융합된 커뮤니케이션과 콘텐츠 유통 네트워크(converged communication and content distribution networks), 플랫폼·콘텐츠·애플리케이션, 최종 소비자(final consumers)로 구성하였다. 롬바드(Lombard, 2008)도 기술제공사업자, 네트워크 운영자, 플랫폼 운영자 혹은 인터넷 중개사업자, 콘텐츠 제공사업자로 생태계를 4부분으로 보았다. 스마트 생태계는 스마트 기기와 그에 맞는 서비스 제공이 가능한 다양한 주체들의 네트워크이다. 뿐만 아니라 이는 기존 스마트생태계 내 서로 다른 계층의 사업자들이 새롭게 형성되는 생태계에서 경쟁력을 확보하기 위해 통신사업자를 포함하여 콘텐츠 사업자, 단말기 제조사, 인터넷 서비스 사업자등이 융합하는 현상이라고 볼 수 있다. 즉, 콘텐츠, 플랫폼, 네트워크, 디바이스와 같은 가치사슬의 요소가 유기적으로 연계되어 스마트 환경에서 상호 공진화할 수 있는 환경이라고 할 수 있다. 따라서, 스마트 시대에 걸맞는 미디어 기업의 스마트 생태계를 파악하고 이를 미디어그룹 경영에 적용하며 그 사례를 분석하고 전망할 필요가 대두되고 있다.

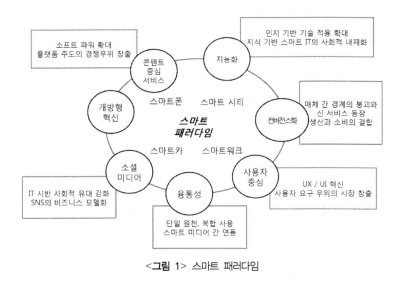

<그림 1> 스마트 패러다임

케니와 폰(Kenney & Pon, 2011)은 애플은 앱스토어와 단말기에서, 구글은 검색, 이메일, 지도 등의 서비스로부터 수익을 창출하고 있는 구조를 통해 기업의 이익 생태계 전략의 차이를 분석했다.

스마트 미디어 생태계는 플랫폼을 중심으로 가치가 창출되는 특징을 가진다. 스마트 미디어는 스마트폰과 스마트TV, 셋톱박스 등과 같은 커넥티드 디바이스(connected device)를 통해 실시간 방송과 인터넷 콘텐츠를 함께 이용할 수 있는 새로운 방송서비스이다. 또한 방송사와 PP등 기존 사업자에게 스마트 미디어는 유통창구 확대를 통한 신규 수익창출의 길을 열어준다. 뿐만 아니라 통신사업자와 앱 개발사 또는 포털 사업자들에게도 인터넷을 통해 방송서비스 시장에 진입할 수 있는 길이 열리기 때문에, 방송 산업을 활성화시키는 등 새로운 스마트 미디어 생태계를 창출할 기회가 될 수 있다. 그러나 미디어 생태계와 플랫폼이 가지는 양면시장 구조 때문에 네트워크 외부성에 의해 작동되는 플랫폼 연합체의 경쟁도 고려해야 한다. 즉 여러 사업자로부터 제공되는 기능요소들이 복합체들이 생태계를 형성함으로써 그에 따른 경쟁과 메타 플랫폼의 지위를 확보하기 위한 지배구조 속의 경쟁도 동시에 존재할 수 있기 때문이다. 지금까지의 스마트 생태계는 모바일을 중심으로 한 OS 플랫폼 사업자들로 형성되어 왔는데, 이는 OS 플랫폼이 스마트 기기를 스마트하게 하는 핵심일 뿐 아니라 애플리케이션 제공 사업자와 사용자를 연결함으로써 다양한 비즈니스 모델 창출하는 허브였기 때문이다. 그러나 향후 스마트 환경은 IT를 기반으로 스마트 홈 산업까지 아우르는 전방위적인 생태계를 구성하게 될 것이다. 이에 따라, 생태계적 승자 구조를 결정짓는 파트너쉽(Partnership)이 주요 이슈로 대두될 것이며, 콘텐츠 이용에 따른 원천 저작권 확보 경쟁이 가속화 될 것이다. 현재 국내의 미디어 생태계 모델들은 스마트 생태계의 초기 단계인 계층적 지배 구조를 강화하여 내부 결속을 다지고 있다. 그러나, 단계적으로 커뮤니케이션 산업 중심의 생태계에서 점차 외부로 확장되어 가고 있기 때문에, 경제의 한 부분에 불과했던 스마트 미디어 산업은 향후 경제의 핵심 영역으로 성장할 것이다. 스마트 미디어 시대의 콘텐츠 생태계의 변화양상에 대해 한국방송통신전파진흥원(2013)은 제작의 경우에 콘텐츠 창작자의 다변화로 인한 콘텐츠의 공급량 급증과 신규 콘텐츠생산에서 플랫폼별 콘텐츠 재가공으로 무게중심이 이동하고 있다고 분석하고 있다. 이러한 변화로 인해 플랫폼간 유통 경쟁은 심화될 것이며, 무료 콘텐츠 유통이 일반화되고, 콘텐츠 소유에서 콘텐츠 접속으로 유통의 패러다임이 변화될 것이라고 본다. 이에 따라 5대 글로벌 콘텐츠 기업들로 일컬어지는 News Corp., Time Warner, Disney, Comcast, Viacom에서는 콘텐츠 보유만으로는 경쟁에서 성공적이지 못한다는 사실을 인식하고, 사용자들에게 제공하는 콘텐츠에 큐레이션, 소셜화, 콜라보레이션, 고도화 등을 통한 차별화 전략들을 구사하고 있다.

<표 2> 스마트 미디어 시대의 콘텐츠 생태계 변화양상

	콘텐츠 패러다임의 변화	비고
제작	콘텐츠 창작자의 다변화로 인한 콘텐츠 공급량 급증 신규 콘텐츠생산에서 플랫폼별 콘텐츠 재가공으로 무게중심 이동	콘텐츠 이상의 가치를 창출할 핵심역량의 필 요성 대두
유통	유통 플랫폼간 경쟁 심화 무료 콘텐츠 유통 일반화 콘텐츠 소유에서 콘텐츠 접속으로 유통 패러다임 변화	
소비	멀티태스킹의 확산 수동적 소비에서 능동적 소비로 사용자 소비패턴 진화 개인화되고 맞춤화된 콘텐츠에 대한 사용자들의 니즈 확산	

※ 출처: 한국방송통신전파진흥원(2013) 자료를 참고로 재구성

　　스마트 미디어는 서비스 제공이 판매자와 구매자가 거래를 하는 플랫폼을 중심으로 이루어진다. 양측시장의 사업자들은 구매자와 판매자의 수요 탄력성을 고려한 투자전략과 실질적인 수익 창출 전략을 통해 구매자와 판매자를 모두 자사의 플랫폼으로 끌어들이기 위해 비즈니스 모델을 펼치고 있다. TV 판매만으로도 충분한 수익 창출이 가능한 기기 제조사들의 경우는 콘텐츠의 공급자와 구매자 네트워크의 성장을 통한 비즈니스 모델을 창출하기보다는 기기판매를

위한 서비스 제공 방법에 더 주력하고 있다. TV 기기 제작사들은 유료방송사업자와 인터넷 포털의 스마트 셉톱박스 도입이 견제요인이 될 수 있지만, 플랫폼간의 표준화 및 호환성의 보장이라는 접근성이 보장되는 해결책이 제시되어야 한다는 현실 앞에서 상대적인 우위를 점하고 있다고 볼 수 있다. 이외에도 스마트 서비스를 통해 제공되는 콘텐츠의 확보와 유통을 위한 원활한 네트워크의 확보 등이 스마트 미디어의 비즈니스 모델에서 고려되어야 할 과제이다. 그렇지만, 스마트 미디어의 등장은 통신 사업자를 포함한 콘텐츠 사업자, 단말기 제조사, 인터넷서비스 사업자들이 서로 상이한 네트워크들을 상호운용하며 대체해가는 가능성을 증폭시켜 주었다. 이제 스마트 미디어는 사용자들이 시간과 공간에 제약없이 원하는 서비스를 제공받을 수 있는 환경을 조성하였다. 이처럼 서로 다른 계층의 사업자들의 융합은 기존과는 차별화되는 스마트 미디어 생태계를 형성하였다. 그러나 이로 인해 기존사업자와 신규 진입자간의 경쟁과 혁신을 창출할 수 있는 가치 경영의 문제가 야기되기도 한다. 스마트 미디어 산업은 또한 퍼스널 미디어 혁명과 유비쿼터스 환경이 현실화되어감에 따라, 스마트 미디어 산업의 시대에는 사용자들이 생산과 유통의 동반자로 새롭게 등장하면서 역할과 권한이 증대되어 미디어 파워가 되고 있다. 이러한 추세에 맞추어 사용자의 콘텐츠 이용환경에 최적화시키기 위한 신기술 개발도 지속적으로 이뤄지게 된다. 이를 통해 콘텐츠 생산 참여와 공유의 문화는 나날이 확산된다. 이러한 참여와 공유의 확산이라는 현상에 주목해야하는 이유는 스마트 환경에서 미디어 시장에서의 각 플레이어들이 상호간 의존성이라는 새로운 관점이 필요해졌기 때문이다. 즉, 한 플레이어의 소멸은 다른 플레이어들에게 주는 가치 감소라는 영향으로 생태계에 나타나고, 새로운 플레이어의 등장과 진입은 생태계 전체에게 효용의 증가라는 결과로 연결되어 생태계의 각 구성원들이 궁극적으로 생태계의 운명을 공유하게 된다. 따라서 생태계적 접근에서 승자가 결정되는 이른바 컨텐츠가 왕 그리고 유통이 여왕인 미디어 생태계가 펼쳐질 때, 사용자 경험을 얼마나 풍부하게 제공하는 가가 바로 스마트 미디어 기업의 핵심 경쟁력이 될 것이다. 그러므로 이제는 미디어 산업과 미디어 환경에 대한 근본적인 재인식이 필요하다. 요컨대 생태계적 관점에서 네트워크 형태의 관계와 종합적인 디지털 생태계 개념은 가치창출 개념의 변화를 반영하여 사용자는 제작과 유통의 동반자이자 소비의 주체로, 가치사슬은 가치 네트워크로, 제품가치는 네트워크 가치로, 단순 협력과 경쟁은 복합적인 협력 경쟁관계와 공진화로, 전체적인 가치 생태계로 변화가 필수라 것을 인지하여야 한다.

3. 스마트 미디어 개념과 특성

스마트 미디어는 전화, 컴퓨터, 인터넷 기능이 결합한 스마트폰, 태블릿PC, 스마트TV 등의 단말기와 이들 단말기와 PC로 이용 가능한 방송 미디어, OTT 서비스, 앱, 웹, 저장형 콘텐츠 등을 모두 포함하는 개념이다. 이들 미디어들은 인터넷 접속이 가능한 기기를 기반으로 방송과 함께 인터넷 콘텐츠 이용이 가능한 신유형 서비스이다. 스마트 미디어 등장은 사회 전 영역을 스마트화하는 변화로 이해할수 있다. 송민정(2011)은 스마트 미디어란 스마트폰 운영체제(OS:

Operating System)를 탑재하여 소비자가 인터넷을 통해 다양한 애플리케이션을 다운로드 받아 활용할 수 있는 신개념의 미디어라고 정의하고 있다. 김은미, 심미선, 김반야, 오하영(2012)은 스마트함의 속성에 대하여 즉시성, 시간적 효율성, 휴대성, 다기능 미디어, 타미디어와의 연결성, 관계 형성 및 유지, 개인 중심성 등 7가지로 분류하고 있으며, 권용진(2011)은 언제 어디서든 장소나 시간에 구애받지 않고 서비스를 이용할 수 있는 이동성(mobility)과 어떤 정보가 발생하는 그 시간에 바로 그 정보를 접하고 서비스를 받을 수 있는 실시간(real time), 그리고 정보의 공급자와 수요자의 구분 없이 상호정보를 소통할 수 있는 양방향성(interaction)을 스마트 미디어의 특성으로 꼽았다. 김정현(2011)은 스마트 미디어의 개념을 광고 전문가들의 시각에서 스마트 미디어를 정의한다면, 그것은 스마트 폰이나 태블릿pc라는 한정된 범주에서 벗어나 인터렉티브가 가능한 매체라고 볼 수 있다고 한다. 한편, 스마트 미디어 국가표준 코디네이터실(2011)에서는 스마트 미디어를 스마트 기기를 통해 표현되고 사용자와 상호작용이 가능하며 시공간적 제약이 없는 융복합 콘텐츠 서비스로 정의하고 있다. 이를 스마트 미디어 경영에 적합한 주요 정의들을 간추려 재정의해 본다면 다음의 <표3>과 같다.

<표 3> 스마트 미디어의 정의와 특성

개념	특성	정의
미디어는 하드웨어 차원, 소프트웨어 차원, 콘텐츠 차원 등으로 나눌 수 있는데, 스마트 미디어는 각 차원의 구현 방식이 보다 편하고, 보다 복합적이고, 보다 쌍방향적이고, 보다 포괄적인 미디어	- 이동성이 좋아졌고, 개인에게 훨씬 더 밀착화 - 시장지배적인 사업자가 있던 기존 시장과 달리 스마트 미디어 상에서는 시장의 파워와 수익 등의 분산화가 이루어진 것	인터넷 이후의 미디어와 기기들을 스마트 미디어라고 할 수 있고, 스마트 디바이스는 스마트폰과 비슷한 역할을 하며, 인터넷 베이스의 스마트폰, 스마트패드(태블릿 PC), 스마트TV를 의미한다.
스마트 미디어는 인터렉션을 유발시킬 수 있는 매체 혹은 디지털 미디어	더욱 더 세분화된 소비자 타겟팅이 가능	
다양한 정보의 탐색을 동선 단축으로 한 번에 해결 가능하도록 하는 미디어	언제 어디서나 정보의 탐색과 콘텐츠의 생성, 확산이 가능	
메시지 전달자 입장에서의 매스 미디어와 소비자 입장에서 컨트롤하기 쉬운 개인화된 미디어	온라인 및 자신이 기기와 연결되어 있음	
스마트 폰이나 태블릿pc라는 한정된 범주에서 벗어나 인터렉티브가 가능한 매체	소비자의 능동적인 참여가 더욱 두드러지기 때문에 소비자 중심의 마케팅 활동이 중요	

이상에서 살펴보면, 스마트 미디어는 인터넷 이후의 미디어와 기기들을 대상으로 할 수 있고, 스마트 디바이스는 스마트폰과 비슷한 역할을 담당하며, 인터넷 베이스의 스마트폰, 스마트패드(태블릿 PC), 스마트TV를 말하며, 소비자들에게 주도권이 있는 개인적인 미디어 특성을 가진다고 할 수 있다. 스마트 미디어 시대는 네트워크의 진화와 다양한 스마트 단말의 출현으로 콘텐츠의 양적 확대와 질적 성장을 유발하면서 콘텐츠의 제작부터 유통, 소비에 이르는 콘텐츠 산업 생태계 전반을 변화시키고 있다.

<표 4> 스마트 미디어 개념

구분	스마트 미디어(Smart Media)							비고
서비스 형식	도서	신문 잡지	교과서 참고서	웹	VOD, AOD	이러닝	게임 가상 현실	신 서비스 창출, 서비스 환경개선
요소 기술	텍스트	그래픽	스피치	오디오, 비디오	소셜네트워크	사용성	상호 작용	스마트 미디어 표현 고도화
플랫폼	스마트 미디어 표준 프레임 워크 (이러닝 전자출판 차세대 웹 멀티미디어)							표준 프레임 워크
디 바 이 스 서비 스솔루션	스마트폰	태블릿		네트워크 컴퓨터	노트북, 데스크탑	스마트 TV		상호운용성, N-스크린
유통기술	기술적 보호조치(DRM,저작권보호)							안전하고 투명한 콘텐츠 유통
인프라	클라우딩 컴퓨팅			스토어				끊김없는 서비스, 클라우딩 컴퓨팅 연계

※ 출처: 스마트 미디어 국가표준 코디네이터실(2011) 참고로 재구성

4. 스마트 생태계 구성요소

1) 스마트 콘텐츠

소프트웨어를 지칭하던 애플리케이션이라는 용어는 스마트 환경에서 이제 기술적 의미의 소프트웨어가 아닌 콘텐츠 자체를 지칭하는 용어가 되었다. 이는 콘텐츠가 소프트웨어화 되었다는 것을 의미한다. 방송, 게임, 책, 음악 등 대부분의 콘텐츠가 애플리케이션 형태로 제공되고 있어서 이것은 콘텐츠단계에서의 가장 큰 변화라고 볼수 있다. 예를 들면, 전자책 애플리케이션은 기존의 전자책과는 차별화된 3D, 오디오·동영상 기능 제공하고, 모바일 애플리케이션 게임의 경우도 터치, 진동, 기울임 등 단말기 자체의 특성을 활용하여차별화된 경험을 사용자에게 제공할 수 있다.

이렇게 애플리케이션 형태의 콘텐츠는 디바이스에 최적화된 형태로 제공될 수 있다. 따라서 사용자들은 스마트 환경의 콘텐츠 자체를 즐길 뿐 아니라 콘텐츠에 대한 다양한 정보와 다른 사용자의 콘텐츠 선호도 표시 등 다양한 양방향 서비스를 제공받을 수 있다. 이러한 점에서는 애플리케이션 형태의 콘텐츠는 인터넷 콘텐츠 · 서비스에 비해 경쟁력이 있다고 평가할 수 있다. 왜냐하면 애플리케이션 형태의 콘텐츠는 콘텐츠의 제작 주체의 다양화라는 장점을 갖고 있기 때문이다. 즉 방송사나 출판사 그리고 음반사 등의 제작사들은 플랫폼 사업자를 거치지 않고 직접 오픈 플랫폼을 통해 콘텐츠를 제공할 수 있는 새로운 유통경로를 갖게 됨을 의미하기 때문이다. 한국콘텐츠진흥원(2012)은 스마트콘텐츠란 기술적 요소, 문화적 요소, 비즈니스 요소, 소비자 요소를 포함하기 때문에, 포괄적으로 스마트콘텐츠는 네트워크상에서 다양한 디바이스와 사용자 간의 상호작용을 통해 진화하는 형태로 사용자에게 편익을 제공하는 서비스로 파악한다. 따라서 스마트콘텐츠는 스마트기기를 통해 쌍방향 터치와 네트워크 · GPS 센서 등 다양한 활용이 가능하다. 즉 스마트콘텐츠란 표현방법에 따라 사용자간 상호작용이 가능하고 공간적 제약이 없으며 스마트 미디어를 통해 유통되는 것으로 정의할 수 있다.

2) 스마트 플랫폼

콘텐츠 유통 플랫폼은 아날로그 방식에서 디지털로 진화하였다. 이를 세분화하면 온라인, 모바일, 스마트, 소셜 플랫폼의 단계로 구분할 수 있다. 기존에는 전문적인 기술과 지식을 보유한 콘텐츠 생산자가 콘텐츠를 생산하고 소비자는 콘텐츠 소비를 전담하는 형태였다면, 이제는 새로운 통신 기술과 디지털 기기의 등장으로 사용자들이 콘텐츠 구매를 위해 중개자가 조성한 공간에 방문하여 소비하는 디지털콘텐츠 유통플랫폼의 형태로 대체된 것이다. 즉, 오프라인에서 콘텐츠 유통이 이루어지던 오프라인 플랫폼이 아닌, 인터넷이라는 가상의 공간에서 콘텐츠 유통이 이루어지는 온라인 플랫폼이 등장한 것이다. 온라인 플랫폼은 인터넷과 PC의 보유라는 물리적인 제약도 있지만, 오프라인에 비해 시간적 공간적인 사용자 접근성과 편리성은 개선되었다. 주로 인터넷 포털 사업자들이 온라인에서 콘텐츠 중개자 즉 서비스 공급자의 역할을 담당하였다. 그러던 것이 다양한 콘텐츠 제작 애플리케이션의 등장으로 블로그, 웹사이트 등 사용자가 직접 콘텐츠 제작에 부분적으로 참여하기 시작하였다. 이후, 무선 인터넷의 발달과 이동전화와 같은 휴대성이 강화된 디지털 기기의 등장으로 모바일 플랫폼이 등장하였다. 모바일 플랫폼은 콘텐츠 소비의 측면에서 사용자의 편리성은 증가하였으나, 콘텐츠 생산의 측면에서 사용자의 편리성은 감소하여 이동통신사업자 중심의 폐쇄적인 형태로 콘텐츠의 유통이 이루어졌다. 이때 플랫폼 상 구성주체들간의 역할도 명확해졌다. 모바일 플랫폼에서 콘텐츠 생산자는 이동통신사업자가 제공하는 API 규격에 맞추어 콘텐츠를 생산하였다. 그리고 이동통신사업자가 보유한 가입자를 대상으로만 콘텐츠를 공급하는 폐쇄형 API에 맞추어 콘텐츠를 생산하였고, 이동통신사업자들은 서비스와 플랫폼의 운영과 네트워크 공급을 담당하였으며, 엔드유저는 콘텐츠의 이용과 결재를 담당하였다.

최근에는 무선 인터넷 기술의 발달과 스마트 기기의 등장으로 구글의 '구글 플레이'와 애플의 '앱스토어'와 같은 스마트 운영체제 개발사를 중심으로 한 오픈 마켓형태의 스마트 플랫폼이 등장하였다. 오픈 마켓(Open Market)은 스마트 운영체제 개발사가 개발한 개방된 형태의 API를 통해 콘텐츠가 제작되어 동일한 운영체제를 사용하는 소비자 전체를 대상으로 콘텐츠를 제공할 수 있다. 이는 콘텐츠 생산자의 자율성과 소비자의 편리성의 증가라는 측면이 있으나, 제공되는 API에 대한 전문적인 지식과 기술이 요구되어 사용자들이 현실적으로 콘텐츠를 생산하는데 어려움이 있다.

<표 5> 스마트 플랫폼의 변화와 기능

기존 플랫폼	콘텐츠 제공사	폐쇄형API (SKVM, Brew, Java, Wipi)	이동통신 사업자	엔드 유저
스마트플랫폼	콘텐츠 제작사	Open API	오픈 마켓	스마트폰 유저

이와 함께 SNS 사업자인 해외의 Facebook과 국내의 카카오톡과 같은 소셜플랫폼이 등장하게 된다. 소셜플랫폼은 스마트 플랫폼과 오픈 마켓 비즈니스 모델을 결합한 플랫폼의 형태로, 사용자간 네트워킹을 통해 개별적인 콘텐츠 소비 행태가 아닌 타인과 연계된 집단 콘텐츠 소비 행태를 유도하는 콘텐츠 유통의 변화를 주도하였다. 소셜플랫폼은 SNS를 기반으로 하고 있어서 기존 스마트 플랫폼에 종속되어 있고, 콘텐츠 제작을 위해서는 스마트 플랫폼 사업자의 API를 사용해야 하므로 콘텐츠 소비에 대한 만족도는 증가하였다. 그러나 스마트 플랫폼에서와 마찬가지로 사용자의 콘텐츠 제작 참여는 쉽지 않다.

<표 6> 스마트 생태계 플랫폼 유형

분류	유사/하위명칭	사례	대상	생태계역할
기술플랫폼	웹 플랫폼, 어플리케이션 플랫폼, 클라우드 플랫폼	HTML5, iOS, Android OS, 페이스북 플랫폼	개발자	보완재 개발의 활성화
제품플랫폼	제품패밀리 스마트 플랫폼 웹브라우저	아이폰 시리즈, iPod 시리즈, Firefox	제품 사용자, 액세서리 제공자	기술 플랫폼 확산, 고객기반 확보
서비스 플랫폼	개인 클라우드 소셜미디어 서비스, 검색, 메신저, LBS, 온라인게임	페이스북, 트위터, 아이클라우드, 다음지도	서비스 사용자	서비스로 시장 규모 확보
유통 플랫폼	커머스 플랫폼, 마켓플레이스, 콘텐츠 유통플 랫폼	아이튠즈, 앱스토어, 안드로이드 마켓	구매자, 앱/콘텐츠 공급자	부가제품의 판매채널
광고 플랫폼	마케팅플랫폼	다음의 아담 구글의 AdMob	써드파티, 광고주	수익화모델 제시
결재 플랫폼	모바일 페인먼트	페이팔, Squre	써드파티	수익화모델

※ 출처: 황병선(2012), 스마트플랫폼 전략.

　윤용익·김은주·엄리영(2011)은 스마트 플랫폼이 갖추어야 할 기능으로 네 가지를 꼽고 있다. 첫째, 스마트 플랫폼은 지식 제공 및 추론을 위한 지식처리가 가능해야 한다고 보았다. 이는 습득한 지식은 물론 추론에 의해 확장된 지식까지도 포함하여 사용자에게 과거의 지식뿐 아니라, 미래 예측이 가능한 지식까지도 제공해야 한다는 것이다. 둘째는 융복합 콘텐츠 생성을 위한 콘텐츠 처리가 가능해야 한다. 각종 멀티미디어 정보를 수합하고, 가공하여, 가치가 부가된 또 다른 형태의 콘텐츠를 생산하거나, 다양한 융복합 콘텐츠를 생산을 말한다.

　셋째, 서비스 제공을 위한 서비스 처리를 가능케 해야 한다. 정보, 지식, 콘텐츠를 서비스 형태로 제공하기 위한 수단적 역할로 서비스

간의 융복합을 보다 용이하게 하고, 사용자의 편의성과 만족감을 극대화시킬 수 있는 정보의 통로 혹은 인터페이스의 기능을 해야 한다는 것이다. 넷째는 상황인지를 위한 콘텍스트처리 사용자가 처한 상황을 최소한의 정보를 활용해 실시간으로 파악하고, 최적의 정보나 지식을 제공할 수 있도록 상황인지 정보를 제공해야 한다.

3) 스마트 네트워크

인터넷을 통한 콘텐츠의 유통과 스마트폰과 태블릿 PC와 같은 모바일 단말기의 확산 그리고 스마트 TV의 등장은 트래픽이 급증하는 결과와 망사용의 중립성 문제를 가져왔다.

미디어 전문조사기관 시스코는(Cisco, 2012), 2016년이 되면 디바이스별 트래픽이 다른 휴대용 기기 2.2%, M2M 4.7%, 홈 게이터웨이 4.8%, 비 스마트폰 5.7%, 태블릿 10.0%, 랩탑과 노트북 24.2%, 스마트폰 48.3%을 차지할 것으로 전망했다. 콘텐츠는 모바일 전화(0.3%), 모바일 게임(1.1%), 모바일 파일 공유(3.3%), 모바일 m2m(4.7%), 모바일 웹(20.0%), 모바일 동영상(70.5%)이 트래픽 점유율을 차지할 것으로 예측되었다. 이는 동영상 콘텐츠로 인한 트래픽이 향후 네트워크 혼잡 문제를 야기할 수 있을 것이라 전망을 가능케 한다. 이 문제를 해결하기 위하여 네트워크 사업자들은 초고속 브로드밴드 상품의 종량제 도입이나 헤비유저에게 QoS에 제한을 가하거나, 트래픽 증가를 유발하는 소비자와 콘텐츠 사업자에게 망 투자비용 부담을 공유하는 식의 방법으로 부담을 전가시키려는 움직임을 보이고 있다. 그러나 콘텐츠 사업자들은 망사용에 대한 비용 전가는 결국 콘텐츠(서비스)의 가격 상승을 야기해 소비자의 콘텐츠 비용 부담이 증가하는 결과를 초래할 수밖에 없다고 주장한다. 그러나 실상 소비자들은 콘텐츠를 이용하기 위해 네트워크 서비스를 이용하여 네트워크 사업자들의 이익을 산출해주는만큼, 자신들이 망 투자비용을 부담할 이유가 없다는 입장이다. 이러한 트래픽 유발과 망사용의 문제는 새로운 융복합형 인터넷 서비스 및 새로운 비즈니스 생태계 형성에 대응하기 위한 스마트 네트워크 구축 전략을 수립하게 만들었다. 스마트 네트워크는 M2M(Machine to Machine), 클라우드 컴퓨팅, 빅데이터 등과 밀접하게 연관된다. 데이터 수집은 M2M 통신의 확대로 가능해 질 것이고, 수집된 데이터 분석은 클라우드 컴퓨팅 서비스와 빅데이터 분석 프로세스에 의해 수행되어야 하기 때문이다. 따라서, 모든 기기간 커뮤니케이션 능력을 향상시키기 위해서는 스마트 네트워크에 있어 기기간 연결(M2M)이 필수적이며, 다양한 기기에 대한 데이터의 양과 네트워크 반응 속도 등의 지원여부가 관건이 될 전망이다. 이러한 문제를 해결하기 위해 빠른 프로세서, 메모리, 처리 속도 차원에서 기존 컴퓨팅과 다른 클라우드 컴퓨팅 시스템이 필요하다. 이에 따라 클라우드 컴퓨팅 관련 미터 데이터 관리 시장은 이미 시스코의 2012년 조사에서 2014년 2억 2,100만 달러로 성장할 것으로 예상된 바 있다. 특히 스마트 네트워크를 실현하기 위해서 M2M과 클라우드 컴퓨팅을 통해 대규모의 데이터가 빠른 속도로 수집·저장·관리되기 때문에 분석 속도 측면에서 기존 데이터베이스로는 처리가 불가능하다. 이제 빅데이터 분석이 요구되는 시대가 도래한 것이다.

<표 7> 네트워크 인터랙션

수동형	반 능동형	완전 능동형
브라우저 키워드 검색 앱/웹 네트워크 메뉴 반드시 이용자에 의한 네트워크의 트래픽 발생	위치기반 날씨 제공 시간연동 정보 제공 이용자의 세팅/컨펌에 의한 백그라운드 네트워크 트래픽 발생	이용자의 위치, 방향, 상태에 따른 연동/연관 정보 제공 시간+장소+위치+방향 등을 결합하여 행동패턴 통계에 따른 정보 제공 언제 어디서나 접속되어 있는 네트워크로 많은 트래픽 발생

이미 미국과 일본 그리고 EU에서는 주요 선진국들은 스마트 네트워크 관련 다양한 정책과 R&D 프로그램을 개발하여 추진하고 있다. 미국은 빅데이터 R&D이니셔티브와 정부 차원의 클라우드 컴퓨팅을 추진(Cloud First Policy)하고 있으며 일본은 액티브 데이터 전략을 근간으로 빅데이터 이용과 활용에 의한 경제성장을 도모하고 있고, EU는 경제성장을 위한 클라우드 컴퓨팅 활성화 전략 추진(FP7의

<표 8> 가정내 연결된 스마트 기기의 수 전망 (4인가구 기준)

2012년	2017년	2022년
스마트폰(2)	스마트폰(4)	스마트폰(4)
랩탑/컴퓨터(2)	랩탑(2)	랩탑(2)
태블릿(1)	태블릿(2)	태블릿(2)
DSL/Cable/Fiber/Wifi모뎀(1)	네트워크 연결 TV(1)	네트워크 연결 TV(3)
프린터/스캐너(1)	네트워크 연결 셋탑박스(2)	네트워크 연결 셋탑박스(2)
게임 콘솔(1)	e-북 리더(2)	e-북 리더(2)
	프린터/스캐너(1)	프린터/스캐너(1)
	스마트 미터(1)	스마트 미터(1)
	네트워크 연결 스테레오 시스템(2)	네트워크 연결 스테레오 시스템(2)
	게임 콘솔(1)	디지털 카메라(1)
	에너지 소비 디스플레이(1)	에너지 소비 디스플레이(1)
	인터넷 연결 자동차(1)	네트워크 연결 자동차(2)
	네트워크 연결 스포츠 운동회(1)	네트워크 연결 스포츠 기구(3)
	비용 지불 드라이브 기기(1)	비용 지불 드라이브 기기(2)
	네트워크 연결 스토리지(1)	네트워크 연결 스토리지(1)
		체중계(1)
		e-헬스 기기(1)
		인터넷 연결 전원(5)
		지능형 온도조절장치(1)
		홈오토메이션 센서(4)
		스마트 조명(7)

※출처:OECD(2013), Building Blocks for Smart Networks.

SME-DCL) 프로그램을 통해 빅데이터 관련 연구를 진행하고 있다. 중국은 12차 5개년 계획의 일환으로 사물지능통신 및 클라우드 컴퓨팅 기술의 연구개발을 추진하고 있으며, 클라우드 컴퓨팅을 7대 전략적 신흥 산업으로 확정하였다. 우리나라도 2011년 국가정보화 전략위원회·한국방송통신위원회의 「미래를 대비한 인터넷 발전계획」에서 스마트 네트워크 관련 정책 추진하고 있다.

4) 스마트 디바이스

스마트 디바이스는 네트워크를 지능적으로 처리하여 끊김없는 연결이 보장되고, Open OS를 탑재하여 표준화된 개발환경을 지원하며, 외부의 개발자/개발업체(3rd Party)들이 다양한 앱을 활용할 수 있도록 해주는 단말이다.

스마트 디바이스 시대에는 생산자와 소비자가 서로 다르지 않고 개인 클라우드를 통해 무한대의 미디어 콘텐츠 재생이 가능하다. 스마트폰(Smart Phone), 스마트패드(Smart Pad), 스마트TV(Smart TV) 등이 주요 기기이다. 미래 스마트 디바이스 시장은 스마트폰을 중심으로 댁외(宅外) 제품군으로 스마트패드, 댁내(宅內) 제품군으로 스마트TV가 새로운 미디어 콘텐츠를 유통하는 유통플랫폼으로 성장할 것으로 예상된다. 스마트 디바이스는 네트워크 기능 탑재로 인터넷 접속이 가능하며, OS 플랫폼을 통해 다양한 기능 및 서비스를 이용할 수 있는 단말로는 스마트폰, 태블릿 PC 등이 대표적이다. 향후 글로벌 스마트 디바이스 시장은 기존의 스마트폰과 태블릿 PC 등은 물론, 홈 엔터테인먼트, 웨어러블 디바이스 등 다양한 디바이스들이 등장할 것으로 예상된다.

스마트TV 포럼(2015)에서는 스마트 디바이스란 네트워크 기능 탑재로 인터넷 접속이 가능하며, OS 플랫폼을 통해 다양한 기능 및 서비스를 이용할 수 있는 단말기라고 정의하고 있다.

기술적인 측면에서 스마트 디바이스의 특징은 모바일 컴퓨팅, 유·무선 인터넷 접속 가능, 다양한 센싱(Sensing) 기능 등이다. 스마트 디바이스는 2007년 아이폰의 출시로 시작되었는데, 스마트폰과 태블릿 PC에 이어 구글을 중심으로 웨어러블 단말과 공간 솔루션 단말이 등장하고 있으며, 커넥티드카 등 IT 융합을 중심으로 진화하고 있다.

스마트폰 시대에서는 기존 휴대폰 단말 제조사들이 주를 이루었다면, 태블릿 시대에서는 기존 단말 제조사는 물론 전자서적 사업자들이 참여하였고, 웨어러블/공간솔루션 시대에서는 기존 제조사는 물론, IT 서비스 사업자 등 다양한 분야의 사업자들이 진입하여 경쟁하고 있다. 예를 들면, 아마존의 아마존 프라임은 콘텐츠 부문의 강점을 바탕으로 시장 진입에 성공하였고, 구글이 태블릿 PC는 물론 웨어러블 디바이스 등 차세대 디바이스 시장에서 선도적인 역할을 하고 있어, 애플과 삼성의 뒤를 이은 스마트 디바이스 강자가 될 것으로 전망되고 있다. 대표적인 단말로는 '프로젝트 글래스'와 '넥서스 큐'가 있다. 2012년 구글이 소개한 '프로젝트 글래스'는 안경처럼 착용하고 부착된 디스플레이를 통해 날씨, 길 안내, 지도보기, 사진 및 동영상 촬영 등이 가능하다. '넥서스 큐'는 홈엔터테인먼트 단말이자 소셜 스트리밍 미디어 플레이어로 선보인 제품이다. 넥서스 큐는 동그란 공 모양으로 집에서 스피커나 TV를 통해 음악과 영상

스트리밍 서비스를 이용할 수 있는 미디어 플레이어이다. 한편 스마트 디바이스 제공 사업자가 기존 H/W 사업자에서 S/W 등의 사업자로 확대되고 있으며, 2016년 CES에서도 소개된 바와 같이 스마트 카시장이 스마트 디바이스 영역에서 중요한 이슈로 대두되고 있다. 뿐만 아니라 사물 인터넷을 장착한 가전제품들을 중심으로 한 가상현실, 드론, 스마트카 등 디바이스의 확장이 전망되고 있다.

스마트 디바이스의 영역은 기존 스마트폰, 태블릿 PC를 뛰어넘어 더욱 사용자 친화적인 형태가 될 것이고, 홈 엔터테인먼트, 웨어러블 디바이스 등으로 다양한 디바이스들이 등장할 것이다.

또한, 스마트 생태계 확대로 인한 콘텐츠 및 서비스가 스마트폰 플랫폼-앱의 생태계에서 전자태그(NFC)[1], 클라우드 등 신규 플랫폼이 추가되면서, 무선 주파수(Radio Frequency:RF) 연결과 N-스크린 서비스가 본격 확대 될 것이다. 이로 인해 스마트 디바이스들이 사용자 친화적으로 진화하면서 디바이스들의 사용자경험(UX, User Experience)을 더욱 편리하게 해줄 것이다. 예를 들어, 최근 애플이 소개 한 음성 인식 서비스인 시리(Siri)나, 구글의 구글 나우와 같이 단말을 더욱 편리하게 작동시키는 기능을 추가하여 사용자 편의성을 높이고 있다.

---

1) NFC는 전자태그(RFID)의 하나로 13.56MHz 주파수 대역을 사용하는 비접촉식 근거리 무선통신 모듈이다. NFC는 10cm의 가까운 거리에서 단말기 간 데이터를 전송하는 기술을 말한다.

제2장 미디어 생태계 변화와 미디어 경영

미디어산업은 신문 산업부터 라디오, 영화, 텔레비전 산업 등에 이르기까지 미디어 복합기업들로 진화하였다. 기술 변화와 경쟁이 치열해지고 있지만 미디어 산업 환경에서 쉽게 변하지 않는 메커니즘은 콘텐츠의 생산과 유통 그리고 소비라는 것이다. 이 미디어 산업에 경영학적인 접근법이 적용되고 있다.

1. 미디어 경영학의 발달

미디어 산업이 다른 비즈니스 영역과 다른 점에 대하여 레빈과 웨크맨(Lavine & Wackman, 1988)은 첫째, 미디어 상품은 소멸되기 쉬우며 둘째, 고도로 숙련된 창조적인 인력이 필요하며, 셋째, 나름의 조직 구조를 갖추어야 하며, 넷째, 사회적 역할(인식이나 영향력 행사)을 담당한다는 점, 다섯째, 전통적인 미디어와의 경계가 불분하다는 점등을 들었다. 퍼거슨(Fergusion, 1997)과 케이브(Caves, 2000)도 미디어 기업과 다른 비즈니스의 차이를 계약이론을 통해서 구별하였는데, 미디어 영역은 창의적인 개인들과 수요의 불확실성 문제를 다룬다는 데 차별성이 있다고 보았다. 이러한 미디어의 독특한 특징들로 인해 미디어 기업, 제도, 인사에 대한 경영 연구가 자연스럽게 발전되었다.

성열홍(2010)은 미디어 경영학이란 미디어 기업들이 콘텐츠의 생산, 패키징, 배급과 관련한 자원을 활용해 어떻게 수용자와 광고주를 만족시키는지 정보와 오락에 대한 사회의 욕구와 필요를 어떻게 충족시키는지를 다루는 학문이라고 정의하고 있다. 정회경(2013)은 미디어 경영학은 미디어 기업과 미디어 상품을 중심으로 성과와 전략을 분석하는 연구체계이고, 미디어 경제학은 미디어 산업의 가치사슬과 소비자 선택을 연구 대상으로 하는 사회과학으로 구분하고 있다. 최성범(2013)은 인터넷의 등장과 통신기술의 발달에 의한 융합현상으로 언론사, 통신회사, 인터넷 회사 간의 구분이 희미해졌고, 이들을 모두 미디어로 부르면서 미디어 산업이라는 정체성이 생겨났다고 보았다. 김택환(2008)은 웹 2.0 즉 인터넷 쌍방향 소통을 기반으로 새로운 콘텐트, 새로운 커뮤니티, 새로운 집단 지성이 만들어지는 순환구조의 구축이 가능하다고 보고, 미디어 기업은 웹3.0을 준비하는 미래 전략이 필요하다고 강조하였다. 이옥기(2013)는 미디어를 콘텐츠 산업으로 구분하고, 미디어 생태계를 가치사슬구조로 파악하였다. 최근에 미디어는 스마트화를 접목하여 융합 미디어 산업으로 발전하고 있다. 이에 따라 미디어경영 환경의 변화를 살펴보고 경영전략, 브랜드 관리, 콘텐츠 전략, 기술 혁신 등 스마트 미디어 경영의 전략을 모색할 때다.

1) 경영의 개념

경영이란 일반적으로 회사를 관리한다는 개념으로 운영, 관리, 경영이라는 의미로 사용되어 왔다. 경영(經營, management)을 위키피

디아 백과사전에서는 '조직의 목표를 설정, 고도의 업무수행을 위한 조직의 재 자원의 효율적이고 효과적인 사용에 관한 의사결정을 행하는 행동'이라고 정의한다. 루(L. W. Rue)와 바이아스(L. L. Byars)에 의하면 "경영은 다른 것들을 통해 무엇인가를 수행하는 것", "경영이란 자원의 효율적 활용이다.", 즉 경영이란 조직의 목적이나 목표를 달성할 수 있도록 사람들에게 방향을 제시해주는 활동의 형태나 과정이라고 했다. 쿤츠(H. Koontz) 등은 의미있는 조직 목표들을 성취하기 위해 가능한 가장 효율적인 방법으로 조직의 일을 계획하고 조직하고, 충원하고, 지휘하고, 통제하는 활동이라고 했다. 씨라우프(Thierauf)는 산출물인 제품과 서비스를 생산하려는 목적으로 투입물인 인적자원과 경제적 자원을 할당하는 과정이라고 했다. 폴레트(M.P.Follett)는 "경영은 사람을 통하여 일을 성취하는 기술"이라 정의하였다.

피터 드러커(P. Drucker)는 "경영은 조직의 방향을 제시하고 리더십(leadership)을 통하여 조직의 여러 자원을 어떻게 활용할 것인지를 정하는 것"으로 정의하였다. 또한, 경영은 과업이자 규율이며 사람이라고 했다. 따라서 경영의 성과는 경영자의 성과이자 실패 또한 경영자의 몫이며, 또한, 사람들은 힘을 경영하기보다는 사실을 경영한다고 했다. 체스터 버나드(Chester Irving Barnard, 1886~1961)는 경영에 있어서 경제적 효율성과 경영적 효과성에 대해 정의하면서 투입과 산출이 목표에 도달하였는가를 강조하였다. 루빈스(Robbins)는 경영이란 사람들로 하여금 일을 효율적이고 효과적으로 수행하도록 하는 활동이라고 했다. 따라서 경영은 조직목표를 위해 사람들로 하여금 효율적이고 효과적으로 일을 수행하도록 하는 체계적인 활동이라고 할 수 있을 것이다.

이상에서와 같이 경영이론은 구조(structure)와 행위(agency)이론을 기반으로 주로 조직관리에 중점을 두고 있다. 구조이론(structural theories)은 조직구조, 시장조건, 생산 기술 등 비인간적인 조직적 요인을, 행위 이론(agency theories)은 리더십, 권력, 성과 인종의 다양성, 의사결정, 문화, 커뮤니케이션 등 조직에 대한 인간적 영향력 요인을 다룬다.

이를 미디어 경영에 적용할 때는 프리스트(Priest,1994)가 주장한 바와 같이 미디어 조직은 실체가 있는 상품보다는 정보 상품을 생산하며 정보 상품의 경제적 특성은 다른 재화와 구별된다는 사실과 미디어 경영진의 의사결정이 미디어 내용에서 나아가 사회적 역할에 미치는 효과와 영향력이 지대하다는 사실을 간과하지 말아야 한다. 즉 미디어 상품의 경우 미디어가 제공하는 내용과 정보가 그 사회와 정치, 경제적 과정을 수행하는데 있어서 중심적 역할을 하기 때문에 사회적 외부성이 높다는 사실이다.

따라서, 경제학이 사람들의 희소성(scarcity)에 대처하기 위한 선택에 초점을 두고 있는 반면, 미디어 기업은 경험재이자 공공재인 콘텐츠를 유통시키면서, 이용자 경험과 감동의 차이가 가치를 결정하는 문화 상품을 어떻게 성과와 전략으로 관리해 나가야 하는가를 염두에 두어야 한다.

2. 미디어 경영학 이론

미디어 경제학은 미디어 산업의 가치사슬과 소비자 선택을 연구

대상으로 하는 사회과학이고, 미디어가 아니라 미디어 산업을 설명한다. 미디어 경영학은 미디어 경영자의 리더십, 창의성과 혁신, 전략 경영, 마케팅, 비즈니스 모델에 초점을 두고 있다. 경제학에서는 전통적으로 구조주의와 행위이론으로 접근을 하고 있는데, 미디어 환경의 변화는 창의 사고와 혁신 서비스를 요구하고 있어서 감성, 공유, 경청, 위기관리의 리더십을 요구한다. 즉 미디어 산업에 대한 이해와 조직의 리더십 그리고 경영 전략이 미디어 기업의 성패를 좌우하기 때문이다. 특히 미디어 경영자의 리더십은 미디어 산업의 특성으로 인해 협업을 통한 공감 구축과 다양한 분야의 인재를 활용할수 있어야 한다. 예를 들면, BBC는 BBC 백스테이지 사이트를 만들어, 내부 자료를 공개하고 외부의 기술과 아이디어를 회사에 연결시킴으로써, 외부 개발자나 디자이너가 자유롭게 BBC 콘텐츠를 이용해 새로운 콘텐츠를 창작할 수 있도록 하는 오픈 이노베이션 전략을 펼쳤다. 바야흐로 미디어 산업에서 가장 중요한 전략 포인트는 애플이나 구글 서비스와 같이 경쟁력 있는 기술과 디자인을 융합한 지속적인 미디어 콘텐츠 생산과 제공이 경쟁전략이 될 것이다. 따라서 신고전주의 경제학에서 나아간 스마트 시대의 리더십이 필요한 것이다. 주요 경영학 이론은 다음과 같다.

1) 전략경영이론

전략경영(strategic management)는 미디어 경영연구에서 가장 널리 활용되는 이론으로, 특정 미디어기업이 다른 미디어기업들을 앞지르는 이유가 무엇인가를 밝혀내기 위한 이론이다.

미디어시장의 집중화 전략(Albarran, 2002; Compaine & Gomery, 2000), 시장조건의 변화에 대한 적응(Albarran & Gormly, 2004; Greco, 1999; Picard, 2004), 다양한 시장과 규제체계에 적합한 기업전략의 채택(Gershon, 2000; Hoskins, Finn & McFayden, 1994; Liu & Chan-olmsted, 2003)등이 있다. 전략경영 연구의 두 가지 개념적 틀은 첫째, 산업조직론의 개념을 기반으로 한 '구조(Sctructure),행위(Conduct), 성과(Performance)를 분석하는 것이 있다. SCP 접근은 구조와 조직의 성과 및 행위간의 연계에 초점을 두고 있으며, 이 접근은 초기 베인(Bain, 1968)이 제안하였고 포터(Proter, 1991)가 본격적으로 발전시켰으며, SCP 분석틀에서는 사업자 수와 크기 그리고 기업의 위치 등의 산업구조가 기업의 개별적 또는 집합적인 행위에 영향을 준다는 시각으로 특정 산업의 성과는 기업들의 행위와 연관된다고 본다. 후(Fu, 2003)는 전략경영으로 미디어 산업에 접근하는 경우에 성과는 조직연구에서 말하는 경제적 성과뿐만 아니라 미디어가 더 나은 사회를 만들기 위해 담당해야 할 사회적 책임까지를 동시에 의미한다고 보았다.

둘째, 자원준거관점(Resource-Based View, RBV)으로, 일반적으로 기업은 그 기업에 맞는 전략들을 찾아내서 실행 가능하게 하는 그런 고유한 자원들의 경합체라는 가정에 기반한 접근이다. RBV에 기반을 둔 전략연구들은 기업들이 그들 조직에만 있어 다른 기업들이 모방할 수 없는 독특한 자산과 기술이 무엇인지를 발견하고 이를 조직적 차원에서 잘 지켜낼 것을 제안(Barney & Hesterly, 1996)한다. 챈옴스테드(Chan-Olmsted, 2003)는 구조행위 성과적 접근과 자원준거관점 접근이 기업 경영의 중요한 지표라고 했다.

세 번째 접근은 생물학에서 출발한 생태학적 적소이론(ecological niche theory)을 기반으로 한 접근(Dimmick, 2003; Dimmick & Rothenbuhler, 1984)이 있다. 적소이론은 마치 생물학적 종들이 생태적 적소를 점유하듯이 산업들도 시장에서 적소를 찾아 점유해간다고 가정하고 있는데, 이 이론은 광고주나 수용자 등의 제한된 자원을 놓고 펼쳐지는 미디어기업들 사이의 경쟁을 분석하는데 유용한 것으로 입증되었다. 또한 미디어산업의 각 영역들이 인터넷이나 뉴미디어 기술로 인해 새롭게 형성되는 경쟁구도에 어떻게 적응해 가는지를 설명하는 데도 기여하고 있다. 이 이론은 시장진입전략, 브랜딩, 합작투자 경영, 신상품 개발 등은 전략경영에서 개념화되고 다뤄질 수 있는 주제이다.

2) 혁신 이론

혁신경영 (management of innovation)이란 '새로운 산업을 창출하거나 기존 산업의 변형을 가져올 가능성이 있는, 과학이 기반인 혁신'을 말한다.

레이시와 시몬(Lacy & Simon, 1993)은 사람들이 미디어 상품을 소비하는 것으로 부터 얻는 기본적 이용과 충족을 다섯 가지로 구분하고 있는데, ① 환경에 대한 감시(surveillance of environment), ② 의사결정(decision making), ③ 오락과 기분전환(entertainment and diversion), ④ 사회문화적 상호작용(social clutural interaction), ⑤ 자기이해(self-understanding)등이다.

3) 구조적 상황 이론

구조적 상황 이론은 1950년대 조직연구에서부터 등장하기 시작했는데, 조직구조와 결과로서의 성과간의 관계를 설명하는 것으로 구조적 상황 이론에서는 경제적 합리성 가정을 토대로 조직은 효율성을 극대화시키고, 시장조건 내 특수한 상황의 전개에 따라 재정적 성과를 최적화시킬 수 있는 그런 구조를 채택한다고 주장(Donaldson, 1996)한다. 결과적으로 모든 기업에 동일하게 효과적인 그런 단일한 조직구조란 없다는 것이다.

조직구조에는 권위, 보고, 의사결정과 커뮤니케이션 관계, 조직의 규칙 등이 포함되고, 조직구조에 영향을 주는 주요한 상황요인들로는 조직의 규모와 업무의 불확실성이 있다. 이 이론에서는 어떤 조직이 주어진 특정의 상황에 적합하지 않은 구조를 채택할 경우, 그 조직은 더 효율적인 구조로 진화하거나 아니면 실패상황에 직면하게 될 것이라는 시각이다. 바로 미디어의 소유구조가 미디어 콘텐츠에 미치는 영향에 관한 연구가 여기에 해당된다.

미디어 소유구조가 미디어 콘텐츠와 조직적 차원의 정책결정에 미치는 영향에 관한 연구는 1970년대 신문 산업 내 합병이 발달하면서 이에 대한 반응으로부터 비롯되었는데, 1980년대에는 이 주제가 연구의 핵심이 되었고, 1990년대까지도 그 관심은 계속되었다.

이 영역 연구의 대부분은 독자적인 소유구조와 비교하여 신문사의 소유구조가 체인화될 경우 미디어 콘텐츠에 어떤 영향을 주는가를 밝히는 데 중점을 두고 있다. 소유구조가 영향을 줄 것이라고 보는 미디어 콘텐츠로는 정치적으로 특정 후보자에 대한 지지여부와 사설을 통해 나타난 최근의 이슈에 대한 특정한 입장 그리고 하드뉴스와 피처뉴스의 보도범위, 지역사회의 갈등과 분쟁에 대한 보도양상 등이 있다.

대부분의 연구들은 소유구조가 미디어 콘텐츠에 영향을 준다는 결론이다. 소유구조에 관한 미디어 경영연구의 초점이 체인소유와 개인소유를 비교하는 것에서 공적 소유와 사적 소유를 비교하는 것으로 이동하고 있다. 금융시장 투자자들의 수익 극대화 압력 때문에 공적 소유 미디어기업이 뉴스 편집국과 콘텐츠 생산에 투자할 자원들을 축소할 경우, 물론 아직까지 편집국, 즉 뉴스룸에 대한 투자가 감속하면 생산하는 뉴스의 질도 떨어진다고 명확히 입증된 바는 없지만 이들 연구들은 미디어 기업들이 만들어내는 뉴스와 오락물의 질이 떨어질 것이라고 추정하고 있다. 미디어 소유구조와 관련된 또 다른 연구 분야에는 소유구조가 뉴스 책임자의 전문가적 가치 및 우선순위의 결정, 즉 뉴스보도에 투입될 조직적 차원의 자원과 뉴스선택에 어떤 영향을 주는가를 규명하는 것(Demers, 1993, 1996)이 있다. 미디어의 소유구조가 콘텐츠에 미치는 영향과 관련한 대부분의 연구가 신문중심이었고, 상대적으로 방송관련 연구는 거의 없는 편(Chambers, 2002)이다. 1996년 이후 미디어 산업 내 전자미디어 영역에서 나타나는 급속한 기업통합, 텔레비전과 라디오 겸영, 방송사들 내 통합방송모델의 확산 등으로 인해 방송조직 연구와 사례분석 필요하다.

효과성이란 단순하게 자연적인 것이고 기대된 결과 정도로 간주되었다. 현대 경영학자들은 이러한 가정에 문제를 제기하였다. 드러커(Drucker,1973)는 조직적 효율성보다는 효과성이 조직 성공의 근간이라 주장하였다. 드러커(1986)는 관리자와 노동자간의 순환을 장려하는 관리 체계인 목표관리(Management by Objectives)를 발전시켰다. 목표관리체계에서 관리자들은 개별 노동자의 목표를 정의하고 이들의 목표와 기대를 소속 팀과 동료 노동자들이 서로 공유하게 한다. 공유된 목표는 개별 단위 혹은 부서의 가이드라인 역할을 하고, 관리자가 진행 상황을 관찰하고 평가하기 위한 수단으로 활용된다.

목표관리식 접근에서 가장 중요한 점은 노동자와 관리자 간에 기간별(가령 90일 이내, 180일 이내 등) 성과에 대한 합의가 이루어진다는 점이다. 이를 통해 개별 노동자들은 그들의 목표를 달성하기 위해 스스로 내부적 통제를 하게 되고, 관리자들은 외부적인 통제를 관할한다. 목표관리식 접근의 또 다른 유용성은 조직의 크기에 관계없이 어떤 형태의 조직에도 적용가능하다는 점이다. 목표관리의 비판자들은 급변하는 환경에 적응해가야 하는 조직에서 목표관리체제를 유지하기란 어렵고 이를 보완하는 것도 시간 버리기에 다름 아니라고 주장한다.

4) 초국가 미디어 경영이론

초국가적 미디어 경영(transnational media management)과 경제에 관한 연구는 글로벌 시장의 확장과 함께 나타난 여러 유형의 통합과 사업다각화가 해당 미디어기업의 재정적 수익에 어떤 영향을 주는가에 대해 다루고 있는데, 이러한 연구는 아직 많은 문제를 안고 있다.

글로벌화가 자국시장 대상 뉴스, 영화, 그리고 다른 미디어 상품의 콘텐츠와 질에 어떤 영향을 주는지, 아울러 해외시장용 미디어 상품과 콘텐츠를 생산하기 위해 기업 경영구조와 실천이 어떻게 변해가는지, 그리고 그렇게 생산, 제공되는 미디어 콘텐츠가 대상국가의 정치, 경제, 문화, 그리고 공익에 어떤 영향을 주는지 등이 그 예에 해당된다.

국제 비즈니스의 일반적 특성(Parker, 1996)은 실제로 초국가 조직 연구에서 공통적으로 통용되는 개념적 요인은 단일국가 시장이 아닌 다중국가 시장을 대상으로 경영활동을 수행해야 한다는 것이 조직과 조직의 성과에 어떤 방식으로든지 간에 영향을 줄 것이라는 가정에 입각하고 있다. 초국가 미디어 경영의 많은 연구들은 미디어 상품의 국제교역이나 해외 미디어시장의 산업적 구조와 경제를 다루고(Donohue, 1987; Dupagne, 1992; Gershon, 1997; Hoskins & Mirus, 1998; Thompson, 1985) 있다. 해외시장 환경이 초국가 미디어기업의 조직적 전략과 의사결정에 미치는 효과도 연구대상(Chan-olmsted & Chang, 2003; Gershon, 2000)이다.

홀리필드(Hollifield, 2001)는 초국가 미디어 경영연구에 대한 메타분석을 통해 연구의 이론적, 개념적 분석틀로 조직-경제론적 관점과 비판적 관점이 가장 많이 이용되고 있음을 분석하고 있다. 또한 비이론적이며 기술적 수준의 연구가 상당한 비중을 차지하고 있으며 웨인스타인(Weistein, 1977)의 연구만이 유일하게 모델을 이용하여 초국가 미디어 경영에 대한 검증을 시도하였다. 초국가 미디어 경영에서 인간행위적 요소들인 리더십, 사회적 네트워크, 의사결정 등의 요소가 글로벌 미디어의 확장, 제품개발, 그리고 기업적 성과 등에 어떤 영향을 주는가에 도전하는 연구가 필요하다.

신제품 개발(new product development)은 상품디자인 과정(Bonner, 1999; Doughetry, 1996), 테크놀로지와 마케팅 예측, 조직몰입 (organizational commitment)과 목표설정(Atuahene-Gima & Li, 2000), 신상품 개발에 활용된 조직구조와 팀의 효율성(Day & Schoemaker, 2000; Wheelwright & Clark, 1992), 그리고 혁신의 수용과정에서 나타난 조직문화, 전문직 문화, 그리고 국가차원의 문화의 영향(Cheng, 1998)에 관심을 두고 있다. 프랭크와 슈라이어(Franke & Schreier, 2002)는 미디어 전 산업에 걸쳐 인터넷이 어떻게 신상품 개발의 도구로 활용되는지에 초점을 맞추고 있다.

5) 조직적 문화이론

조직문화(organizational culture)는 의사결정을 내리고 우선순위를 정할 때도 영향을 주지만 행위와 성과에도 영향(Martin & Frost, 1996; Schein, 1992)을 준다는 이론이다.

조직문화란 개념의 기원은 인류학에서 출발했는데, 비록 문화라는 용어가 다양하게 정의되기는 하지만 대부분의 정의에서 문화는 역사적으로, 그리고 사회적으로 구성되는 것이다. 즉, 한 집단구성원들에 의해 경험된 실천, 지식, 가치들이 사회화를 통해 새롭게 그 집단에 들어온 사람에게 전수되며 이렇게 형성된 문화는 집단의 활동과정과 물질적 성과, 그리고 생존능력을 구체화하는 데 이용(Bantz, McCorkle & Baade, 1997; Bloor & Dawson, 1994; Limton, 1945; Ott, 1989; Schein, 1992)되고 있다. 기업이 직면하게 되는 조직적 차원의 경영환경은 주요 비즈니스 라인 체계, 생산기술, 조직이 경쟁해야 하는 시장환경 등으로 구성된다. 미디어산업의 경우 텔레비전 방송 사들처럼 동일한 영역에서 활동하는 기업들은 생산품과 시장, 기술 등이 비슷하기 때문에 조직문화에서도 유사한 부분들이 나타나기 마련이고, 이와 같은 이유로 신문사와 라디오 방송사는 문화적 차이를 가지고 있다. 조직문화란 개념은 미디어기업의 행위와 성과를 설명하고자 할 때 대중적으로 널리 사용되었으며 조직문화이론을 구성하는 개념들은 지난 수십 년간 뉴스구성 연구에 응용되고 있다. 뉴스조직의 관행에 대한 연구는 저널리스트들이 작업을 수행하는 과정, 그리고 그 안에서 관행적으로 이루어지는 작업방식 혹은 저널리스트로서의 전문주의적 규범이 기사와 정보원 선택에 미치는 영향을 분석 (Ettma et al., 1987; Hirsch, 1977; Shomaker & Reese, 1991; Tuchman, 1973)하고 있다.

조직문화와 전문직 문화론의 기초를 이루는 구성(construct)은 뉴스의 구성, 게이트키핑, 소유구조, 조직혁신과 같은 미디어 연구로 확산된다. 뉴스구성에 관한 연구는 뉴스룸, 즉 편집국의 구조, 뉴스 조직 내 관행, 저널리스트들의 인구학적 특성, 저널리스트와 정보원 간의 관계 등과 같은 변인들이 기사의 선택과 기사의 프레임 구성에 어떻게 영향을 주는가를 다루고 있다.

조직문화란 개념은 미디어기업의 행위와 성과를 설명하고자 할 때 대중적으로 널리 사용되었으며 조직문화이론을 구성하는 개념들은 지난 수십 년간 뉴스구성 연구에 응용되고 있다. 조직문화는 기업들이 당면한 다양한 문제들과 기업적 행위들을 설명하는 데 큰 잠재력을 지니고 있기 때문에, 기업합병의 결과, 미디어 소유구조가 콘텐츠에 미치는 영향, 저널리스트와 고용주 간의 가치관을 둘러싼 갈등, 미디어 조직 내에서 창조성과 혁신을 촉진시킬 수 있는지 여부, 글로벌 시장을 대상으로 생산된 미디어 콘텐츠가 해당국가와 지역문화에 미치는 영향 등과 같은 사례 분석 필요하다. 조직연구에서 리더십은 인간행동(human behavior)에 초점을 두고 있으며, 리더십의 특징과 스타일, 그리고 추종자들의 특징과 스타일, 리더십의 조건과 상황, 의사결정 방식, 커뮤니케이션 방식, 동기화와 직업만족도, 조직 내의 권력획득과 이용, 그리고 변화의 관리 등이 여기에 포함된다. 테일러(Taylor)가 과학적 경영원리(principles of scientific management)를 개발하면서부터 조직을 연구하는 학자들은 리더십을 연구하기 시작하였다.

6) 상황론적 접근

리더십 이론에 있어 상황론 또는 상황적응적 접근은, 사람의 개인적 속성이 아니라 상황이 지도자를 만든다는 사고방식에서 출발하였다. 즉, 어떤 사람이 지도자가 되는 까닭은 그가 지닌 생래적 속성 때문이 아니라 그가 처한 상황에 다라 적합한 행태를 보이기 때문이라는 것이다. 리더십 이론은 초기의 자질론에서 상황론으로 발전하였는데, 일반적으로는 상황변수 속에 리더의 속성과 추종자들의 욕구 및 상황적 변수를 포괄하여 설명하고 있다. 피에들러(Fred E. Fiedler)는 그의 상황적응적 리더십 모형(leadership contingency model)에서 리더십의 효과성을 결정짓는 상황변수로 지도자와 추종자의 관계(leader-member rlations), 업무구조(task structure), 지위권력

(position power)을 꼽는다.

리더십(Leadership)이란 어떤 상황 하에서 목표달성을 위해 어떤 개인이 다른 개인, 집단의 행위에 영향력을 행사하는 일련의 과정을 말한다. 리더(leader)는 이반 스타이너(Ivan D. Steiner), 로이드 페리(Lloyd Perry), 올드웨이 테드(Ordway Tead), 리차드 올프(Richard Wolff)등이 언급한대로 지위와 행동으로 그룹 전체의 행동과 활동에 강력한 영향력을 행사하는 자이다. 데이비스(Davis)는 ① 지능 ② 사회적 성숙도 ③ 높은 내적 동기부여와 성취 추진력 ④ 인간 관계적 태도를 구성 요인이라고 보았고, 스토그딜(Stogdill)은 ① 신체적 특성--연령, 신장, 체중, 외모 ② 사회적 배경--학력, 가정, 지역, 사회적 지위 ③ 지적능력--판단력, 결단력, 주의력, 사고력, 일반상식 ④ 성격--환경적응성, 신념, 자신감, 솔직성, 인내력, 독립심 ⑤ 과업 특성--과업지향적, 목표달성에 대한 강한 의지(동기)의 상호배반적 특성 ⑥ 사회적 특성--원활한 대인관계, 타인에게 좋은 이미지를 전달하려는 특성이 구성 요소라고 보았다. 이러한 관점에서 리더는 책임감이 강하며 목표달성에 대한 열정과 인내심을 가지고 원만한 대인관계, 자신감, 지구력, 좌절극복의 인내력이 있어야 한다. 이러한 리더의 공통점은 영향력이라고 할 수 있다. 그동안 지도력에 대한 연구는 변천을 거듭해왔다.

<표 9> 리더쉽 이론의 변천

리더쉽에 대한 기존 이론	주요내용
1. 특성이론 (Trait Approach)	특성이론은 어떤 사람은 리더가 될만한 특별한 특성을 가지고 태어나서 리더가 된다는 이론이다. 리더는 보통사람과 특성에 따라 구별 될 수 있다고 믿어지는데, 이 이론은 20세기 이후 개별 특성이 제한적이라는 비판을 받게 된다. 지도력에 대한 이론적 연구는 1930년대부터 시작되었다. 처음 연구자들이 관심을 가진 것은 좋은 지도자에게서 발견할 수 있는 정신적이며 기술적인 특성이 무엇이냐는 것이었다. 이 특성연구는 1950년대까지 계속되었는데 테드(O.Tead)와 버나드(C.I.Barnard)등에 의해서 연구되었다. 바람직한 지도력의 특징은 육체적 정신적 힘, 목표의식과 지도능력, 정열, 우호감, 기술적 수월성, 결단력, 지적 능력, 그리고 강한 신념, 지각력, 기억력, 상상력, 지구력, 용기, 통찰력, 일관성 등으로 나타났다.
2. 행태이론 (Behavioral theory)	1950년대와 1960년대에 걸쳐 연구되었다. 이것은 비슷한 특성을 지닌 지도자가 할지라도 다른 사람에 비해 목표달성을 성공적으로 해내는 행동양식을 지닌 지도자가 있음에 연구자들은 착안하였다. 따라서 형태이론은 목표달성과 이러한 목표달성을 할 수 있는 지도자의 행동양식간의 관계를 규명해 내는 것이다.
3. 능력이론 (Skills Approach)	능력이론은 리더의 능력에 주안점을 두고 설명하는 이론이다. Katz의 세 가지 리더 능력 (기술적 능력, 사회적 능력, 개념화 능력) 이 대표적이며 최근 멈포드(Mumford)와 그의 동료들이 더욱 발전 시켰다.
4. 스타일이론 (Style Approach)	스타일 이론은 위의 두 가지 리더쉽 이론과 달리 리더 본인이 아닌, 리더의 행위에 주안점을 두고 있는 이론이다. 스타일 이론에서는 리더의 두 가지 큰 행위를 가지고 설명하는데, 첫째는 Task Behavior (일 중심적 행위), 둘째는 Relationship Behavior (관계 중심적 행위)이다. 각 리더는 일 중심적이냐, 관계 중심적이냐에 따라 그 스타일이 다르며 추종자들에게 각 스타일에 따라 영향을 주므로 이 두 가지 행위를 잘 조절해야 한다.
5.상황이론 (Situational Approach)	상황 이론은 리더가 처한 개별 상황에 따라 리더의 행위가 달라진다는 이론이다. 이것은 1970년대 이후에 나타난 이론으로서 특성이론이나 행태이론으로도 설명되지 않는 지도력의 영역이 있음에 착안한 것이다. 연구자들은 지도자가 상황적 변수가 분명히 작용함을 보았다. 상황이론의 장점은 지도자가 상황을 정확하게 진단하고서 이에 합당한 지도력 행태를 구사할 수 있도록 융통성을 부여한다는 데 있다.
6. 임시이론 (Contingency Theory)	임시 이론은 리더에 중점을 두었던 이론들과 달리, 상황에 따라 적합한 리더가 달라진다는 이론이다.

7.경로-목적이론 (Path-Goal Theory)	경로-목적 이론은 리더가 어떻게 추종자들에게 동기부여를 해서 그들이 보다 효율적이고 만족하게 하는지를 설명하기 위해 개발되었다. 경로-목적이론은 임시 이론과 비슷하게 추종자들의 행위와 특성 그리고 일에 따라 리더쉽이 변하는 것을 설명한다.
8. 리더-멤버 상호교환 이론 (Leader-Member Exchange Theory)	리더-멤버 상호교환 이론은 리더와 추종자간에 '관계 프로세스'에 중점을 두고 있다. 이 이론은 리더와 멤버간에 관계가 중요한 역할을 한다는 가정하에 리더가 어떻게 하면 추종자들과 보다 나은 관계를 만들어 가느냐에 따라 보다 효율적인 리더쉽이 형성되느냐를 설명한다. 리더에게 In-group (내부 그룹)과 Out-group (외부 그룹)을 나누는 것이 중요한 요인이며, 추종자들에게 어떤 관계를 제공하느냐에 따라 리더쉽 차이가 생겨난다는 것을 설명한다.
9. 전환 리더쉽 이론(Transformational Leadership Theory)	전환 리더쉽 이론은 어떤 리더가 추종자들에게 강력한 동기부여를 통해 그들이 변화하여 보다 나은 일을 이루어 낼 수 있도록 하는 것을 설명한다. 이 이론은 리더가 추종자들의 요구와 동기를 파악하고 반영하는 것에 중점을 두며, 리더 스스로 추종자들의 역할 모델이 되고, 비전을 제시하며, 추종자들에게 책임을 부여하여 리더를 믿도록 하면 조직생활에 의미를 찾도록 하는 것을 설명한다.
10. 팀 리더쉽 모델 (Team Leadership Theory)	팀 리더쉽 모델은 조직의 성과에 영향을 끼치는 시스템적인 요인들을 설명한다. 팀 리더쉽 이론은 팀의 목표를 이루기 위해 팀원들의 성과를 모니터링하고 진단하여 적절한 대응을 하는 것이 리더의 중요한 역할이란 것을 설명한다.
11. 문화와 리더쉽 연구(Culture and Leadership)	문화와 리더쉽 연구는 2차 세계대전 이후 급증한 세계화에 따라 다른 문화에 대한 이해를 통한 효율적 소통과 실행에 관한 요구에 의해 진행되었다. 문화란 공통된 믿음, 가치, 관습이라 정의 되는데, 큰 두가지 요인은 민족과 편견에 대한 문화적 자각이다. 민족 중심주의란 자기가 속한 민족 중심적으로 세계를 바라보는 것이며 이는 종종 큰 문제를 야기하곤 한다. 따라서 리더는 다른 민족과 세계에 대한 충분한 이해를 통해 이러한 민족 중심적 사고를 방지해야 한다. 편견은 고정된 태도와 사실에 기반하지 않은 판단을 말하는데 이 또한 자기 중심적 사고에 바탕을 둔 부정적 행동을 유발하게 되므로 리더는 다른 세계에 대한 다면적 이해와 특성에 대한 충분한 관찰을 해야 한다.
12.윤리적리더쉽 (Leadership Ethics)	윤리적 리더쉽 이론은 리더가 결정을 내릴 때 어떠한 윤리적 규범을 따라야 하는지에 대한 원칙을 제공한다. 서구의 전통에 의하면 윤리 이론은 두 가지로 나뉠 수 있는데, 하나는 윤리적 행위이며, 또 다른 하나는 윤리적 특성에 대한 것이다. 윤리적 행동 이론은 리더의 행동을 지배하는 규율에 관한 것이며, 가치 중심 이론은 리더의 내적 규범 특성에 관한 것이며 이는 특히 용기, 정직, 공평함 그리고 신뢰 등을 강조한다.
13.통합이론 (Integrative (Holistic) Leadership Theory)	통합이론은 리더쉽의 각 일면을 분석하여 그 특징을 규정하는 것이 아니라 다양한 측면과 종합적 특징에 대한 연구이며, 최근 많은 주목을 받고 있다.

※ 출처: 이옥기(2012).소셜미디어연구, 소셜리더와 추종자의 사회적 의미. 397-398

경영과 리더십의 상호의존 관계는 경영에 대한 현대적 사고의 두 번째 영역을 대표한다. 통상 경영보다는 포괄적인 개념으로 간주되는 리더십은 경영학자들 사이에서는 "주어진 상황에서 목표를 달성하기 위한 개인 혹은 그룹의 활동에 영향을 주는 과정(Hersey & Blanchard, 1996, p. 94)"으로 정의된다. 리더십이 경영에만 제한되지는 않지만, 성공적인 조직들은 대부분 조직을 강력하게 그리고 효과적으로 관리하는 리더들을 확보하고 있다는 데에는 넓은 공감대가 형성되어 있다. 모든 조직은 공식적으로든 비공식적으로든 리더들을 지니기 마련인 데 그런 리더들 중에는 관리자의 위치에 있는 사람도 있지만 그렇지 않은 경우도 있다. 리더십 연구는 다양한 관점에서 시도될 수 있다. 대표적인 학자인 워렌 베니스(Warren Bennis, 1994)는 리더십이 비전(vision), 열정(passion), 통합(integrity)이라는 세 가지 기본 요소로 구성된다고 주장한다. 비전을 통해 리더들은 조직이 어디로 가기를 원하는지 알고 또한 그것을 성취하려는 과정에 장애물이 생기도록 하지 않는다는 것이다. 열정은 좋은 리더의 또 다른 자질이며, 통합은 지식과 용기, 성숙함 등으로 구성되어 있다. 베니스는 관리자와 리더 사이에는 몇 가지 구별되는 특징이 있다고 본다. 그의 구분에 의하면 관리자들은 통제하는 반면 리더들은 혁신을 도모한다. 관리자들은 단기적 관점에 급급 하는 반면 리더들은 장기적 안목을 제시한다. 또한 관리자들은 모방하지만, 리더들은 창조한다. 베니스는 대다수의 경영대학들이 개인 안에 내재하는 리더십의 자질을 계발시키려는 노력보다는 훈련이라는 편협한 측면에 집중하고 있다고 주장한다. 미디어 산업에서 리더십을 다룬 연구는 페레즈-라르테와 산체츠-타베레노(Perez-Latre 와 Sanchez Tabernero, 2003)의 연구가 유일한 데 그들은 스페인 미디어 기업들을 대상으로 리더십이 기업의 변화에 미친 영향을 평가하기 위해 질적 연구를 수행하였다. 리더십을 다룬 연구들은 매우 많이 쏟아져 나오고 있지만, 대부분 이론 지향적이라기보다는 현장의 실제적인 측면을 다룬 것들이다.

제3장 미디어 기업의 해외진출

　　미디어 산업은 플랫폼 중심의 성장에서 콘텐츠 중심의 성장으로 변화하였다. 전통매체의 전성기에는 제한적인 매체가 지배적이었지만, 기술발전에 따른 플랫폼의 다양화 시기를 거쳐 콘텐츠 중심의 미디어 융합시기로 넘어오는 과정에서 통신기술발달에 따라 사업간 경계가 붕괴되었다. 이후 콘텐츠 강자 시기에 이르러 성장의 축이 콘텐츠로 이동하면서 일방적이고 집단적인 콘텐츠 소비가 양방향적이고 개인적인 콘텐츠 소비로 변화하였다. 미디어 산업 영역에서도 변화가 시작되었다. 매체간 경계와 국가간 경계 그리고 온·오프라인 경계와 내부 조직의 경계가 모두 붕괴되기 시작하면서 미디어 기업들도 새로운 기회를 찾아 글로벌 시장으로의 진출을 모색하게 되었다.

1. 글로벌화의 이해

1) 글로벌 개념

　　세계는 국민 국가들(nation states)과 글로벌 기업들로 구성된 일련의 경제적 중심지가 되었다. 시장의 국제화는 글로벌 사업, 국민 국가, 기술의 통합으로 이루어진다. 국제화는 전 세계적인 탈규제와 민영화의 경향, 신기술의 개발, EU나 NAFTA와 같은 시장 통합, 그리고 공산주의의 붕괴와 같은 폭넓고 강력한 요인들에 의해 추동되고 있다. 눈부신 속도로 나아가는 불확실한 세계에서 모두에게 반드시 필요한 것은 자유무역과 국제 사회를 무대로 경쟁하고자 하는 의지이다. 독일의 정치학자인 칼 슈미트(Carl Schmitt)에 따르면 냉전 시대에는 친구와 적이 있었다. 그러나 국제화사회는 모든 친구와 적들을 경쟁자로 변화시킨다(Friedman, 1999). 글로벌화는 기업이 수출의 증대에서 출발하여 국제무대로 진출, 다국적 조직으로서의 성장하며 궁극적으로 초국적 글로벌 기업으로 진화하게 되는 것을 의미한다. 미디어그룹의 글로벌화 정도는 "방송프로그램 수출 → 라이센스 판 → 공동제작 → 해외직접투자 또는 조인트 벤처 → 글로벌 비즈니스" 단계로 진행된다. 세계적인 주요 미디어 기업들은 현재 글로벌 비즈니스 단계의 사업을 운영하고 있으나, 방송프로그램 판매를 시작으로, 합작회사를 설립하여 글로벌 기업운영 등을 해 나가는 방식으로 글로벌화 정도를 높였다. 현재 이 모든 단계를 다 활용하여 이익을 극대화하고 있다. 그러나 여전히 국내 미디어 기업들은 아직 글로벌 정도가 낮은 방송프로그램 수출 단계에 머물러 있으며, 일부 기업들이 공동제작, 해외투자를 시도하고 있는 단계이다. 국내 미디어 기업들의 글로벌 진출 노력에도 불구하고 방송프로그램 수출은 감소하고 있으며, 공동제작과 해외에 법인을 설립하는 단계로는 나아가지 못하고 있다. 즉, 법인을 통한 채널 진출은 소기의 성과를 내지 못하는 실정이다.

2) 글로벌 시장의 특성

글로벌 시장은 권역별로 특성이 있다. 북미시장은 위기와 기회가 공존하는 세계 최강 콘텐츠 생산능력을 보유하고 있는 최대 시장규모를 자랑한다. 남미시장은 콘텐츠 산업 분야의 시장성은 높으나 수출 비중과 유통채널이 되는 인터넷 보급률이 높지 않은 편이다. 브라질은 남미 최대 시장이자 진출의 교두보이다. 최근 스마트폰의 이용자가 급증하고 있다. 아시아 시장은 일본, 중국 등 우리나라 콘텐츠 수출의 핵심지역이자 견인지역이다. 유럽시장은 프랑스, 영국, 독일 등은 콘텐츠 선진국들이 많은 만큼, 할리우드 콘텐츠의 최대시장이자 동유럽 시장은 산업성장기에 들어선 국가로 향후 시장 점유율이 상승할 전망이다. 중동과 아프리카 시장은 장기적인 진출전략이 요구되는 지역으로 정부규제, 종교적 문화적 진입장벽이 높다.

<표 10> 글로벌 시장의 권역구분

시장명	선진시장	확산시장	개척시장	유망시장	잠재시장
해당국가	미국, 일본	중국, 프랑스, 영국, 독일, 캐나다, 호주	이탈리아, 인도, 브라질, 멕시코, 러시아, 스페인	태국, 베트남	아랍에미레이트, 인도네시아, 터키, 사우디,아라비아, 남아프리카공화국, 이집트,폴란드

<표 11> 미디어 산업 경계변화와 글로벌 시장 진출 배경

미디어 산업 경계변화		글로벌 시장 진출 배경
매체간 경계	신문, 방송, 출판, 교육, 온라인 사업 등 사업다각화	미디어 시장에서의 경쟁 증가와 미디어 플랫폼 다양화 글로벌 콘텐츠 시장 성장과 신흥 시장의 성장 미디어 속성에 따른 규모의 경제 및 범위의 경제 실현 WTO, FTA 등 통상확대
국가간 경계	FT, WSJ, 톰슨로이터 등 글로벌 정보미디어 경쟁	
온 오프라인 경계	정보사업 수익이 신문이익을 추월	
내부 조직의 경계	M&A, 제작 아웃소싱, 외부전문가 활용 등, 외부자원의 적극 활용(네트워크형 기업)	

미디어 경제의 글로벌화 배경에는 1974년의 '오일 쇼크', 1980년 대부터 시작된 글로벌 재정 위기, 1989년 베를린 장벽이 무너지는 등 동구권의 몰락과 자본주의 시장 경제로의 흡수, 이로 인한 현상들과 관련된 블록 경제의 형성, 정보 기술 발달에 따른 글로벌 커뮤니케이션, 비즈니스, 금융의 촉진 등이 있다.

3) 글로벌 진출 유형 및 전략

거숀(2000)은 미디어 그룹의 글로벌 진출에 대해 해외시장의 진입 전략을 3가지로 설명하였다. 첫째는 해외시장에 가장 고전적인 방법인 자본의 직간접적인 투자와 전략적 제휴로 접근하는 것이다. 예를 들면, 베델스만은 1999년 반즈앤노블과 조인트벤처(50%)를 설립하여 미국시장에 진출하였고, 디즈니는 일본 시장 진출을 위해 도쿄 디즈니의 입장수수료 10%와 상품 수수료 5%를 라이선싱 하는 조건으로 계약하였다. 둘째, 수직적 통합과 보완재 전략으로 1990년대 미디어 기업의 M&A 방식이 그것이다. 대규모 기업이 가치사슬 구조 각 부분간 통합으로 시너지 효과를 나타내도록 보완재나 서비스 플랫폼들이 다각화 되면서 합병한 사례를 말한다. 예를들면 디즈니가 ABC(1995)를 인수하거나 월드컴이 MCI(1997)를, AT&T가 TCI(1998)를 바이어컴이 CBS(1999)와, 타임워너가 AOL(2000)과 합병한 것을 들수 있다. 세 번째는 융합과 브로드밴드 전략으로 방송, 케이블, 전화, 인터넷 등 경계가 허물어지는 상황에 대응한 사례가 있다.

<표 12> 글로벌 미디어 기업의 진출유형

유형	형태	장점	단점
수출	직·간접 수출	초보기업, 위험요소	해외시장 통제력 미약, 수출위험 부담
계약방식	라이선싱	수입장벽 회피 수입규제, 외국인 투자 규제시 유용	라이선시 통제 어려움 상업적 위협
해외직접 투자	합작투자	적은 자본으로 대규모 사업 참여 현지기업으로 인식	이해상층요인 존재 경영통제권 약화 노하우 외부유출
	단독투자	완전한 경영권독점 투자이익독점	위험부담
	신설투자	투자 규모에 맞는 설비 규모 설정 가능 현지인력 유연하게 선택	투자 결정 후 조업까지 많은 시일소요
	인수합병	해외시장 신속진입 인력확보 어려움 해소	적절한 인수대상 기업 선정 어려움

※ 출처: 한국콘텐츠 진흥원(2012), 해외콘텐츠 시장조사

4) 글로벌 기업의 이해와 현황

(1) 글로벌 미디어 그룹

글로벌기업은 두 개 이상의 국가에 기반을 두고 사업을 운영하는

기업이다. 글로벌 기업을 구별짓는 중요한 특징은 전략적 의사결정과 자원의 할당이 국경과 무관하게 경제적 목표와 효율성에 의해 예측된다는 점이다. 글로벌 미디어기업을 여타의 기업과 구별하는 것은 판매되는 주요 상품이 정보와 오락이라는데 있다. 미디어기업들은 오늘날 지구촌 경제에도 핵심적인 역할을 하고 있다(Albarran & Chan-Olmsted, 1998; Gershon, 1997, 2000; Herman & McChesney, 1997). 글로벌 미디어기업은 글로벌 미디어 행위에서 가장 강력한 경제적 힘을 구사하고 있다. 허맨과 맥체스니(Herman & McChesney, 1997)가 지적하듯이 글로벌 미디어는 세계 자본주의의 필수불가결한 요소이다. 해외직접투자의 과정을 통해 글로벌 미디어기업은 전세계를 무대로 미디어와 정보 기술의 이용을 적극적으로 촉진시키고 있다. 이 장에서는 오늘날 글로벌 미디어 기업이 직면한 핵심적인 이슈들에 대해 살펴보고자 한다. <표 13>은 7개의 선두 글로벌 미디어기업들의 소속국가와 주요 사업을 제시하고 있다.

<표 13> 글로벌 미디어 기업

기업	본부	주요 사업 운영
베텔스만	독일	도서/음반 클럽, 도서 출판, 잡지, 음반, 영화
NBC 유니버설	미국	텔레비전, 영화, 케이블 프로그래밍, 테마파크
뉴스 코퍼레이션	호주/미국	신문, 잡지, 텔레비전, 영화, 위성방송
소니	일본	가전, 비디오게임콘솔/소프트웨어, 음반, 영화
타임워너	미국	케이블, 잡지, 출판, 음반, 영화, 인터넷
바이아콤	미국	텔레비전, 영화, 케이블 프로그래밍, 지상파 방송, 출판, 비디오/DVD 대여 및 판매
월트 디즈니	미국	테마파크, 영화, 지상파방송, 케이블 프로그래밍, 소비자 캐릭터 상품

(2) 미디어 그룹의 글로벌화

해외직접투자(foreign direct investment)는 외국에서 기업의 소유권을 가지는 것을 의미하는 것이며, 자산의 통제를 포함한다. 투자기업들은 그들이 보유한 경영, 재무, 기술적 전문성을 외국현지에서 그들이 소유한 기업들에 전이시킬 것을 약속한다(Goosse & Kujawa, 1988). 해외직접투자에 대한 결정은 시장의 이윤획득 가능성, 성장 가능성, 규제환경과 현존하는 경쟁 상황에 근거한다(Behrman & Grosse & Kujawa, 1988). 글로벌 기업은 상대국가의 법률과 규제에 민감하다. 또한 상대국가의 정치와 기업 정책에도 영향을 받는다. 해외직접투자와 관련하여 어떤 위험이 존재하는가? 전쟁, 혁명, 쿠데타와 같은 정치 불안과 관련된 위험이 있다. 또한 사기업, 특히 외국소유 기업에 적대적인 국가주의적 경향을 띤 정권의 선출로부터도 기인한다(Ball & McCulloch, 1996). 노동 조건의 변화나 최저 임금 요구 역시 해외에서 사업을 하는데 있어 어려운 요인들이다. 해외 정부들은 세금, 환율에 관련된 법을 부과하고, 기술 이전을 의무화하도록 요구하기도 한다. 해외직접투자는 상대국가가 정치적으로 안정되고, 충분한 경제적 투자기회를 제공하고, 기업규제가 합리적이라고 판단될 때에만 이루어진다. 그러한 측면에서, 글로벌 기업은 자본과 자원을 투자하기 앞서 국가위기를 진단함으로써 잠재적 위험을 신중하게 고려한다. 글로벌 미디어기업은 뉴미디어 상품과 서비스 개발에 있어, 소규모의 현지 기업이나 해당 정부에서 보조하는 산업들보다 더 많은 투자를 할 수 있다. 미디어 기업들이 글로벌화하는 이유는 5가지에 의해서 이해 될 수 있다.

첫 번째 이유는 독점자산과 천연자원을 얻기 위해서이다. 뛰어난

인력과 특수 전문가를 소유하는 것은 독점적 자산의 하나로 간주될 수 있다. 소니는 1988년 CBS 레코드를, 그리고 1989년 콜롬비아 영화사를 인수함으로써 음반과 오락 분야에서 가공할만한 강자가 되었다. 새로운 기업을 만드는 노력보다 소니는 세계 최고의 음악인들, 예능인들과 독점계약을 통해 독점자산을 획득한 것이다. 소니는 또한 다양한 음반과 영화에 대한 저작권도 획득하였다(Gershon, 2000). 두 번째 이유는 새로운 시장으로 확대하려는 분명한 욕구 때문이다. 글로벌 미디어기업들은 해외시장에 진입하고 그 지역에서 사업을 하기 위해 해외에 투자한다. 시장은 이미 존재하거나 혹은 새롭게 개발할 수 있다. 해외에 현존하는 미디어 자산을 구입하는 것은 시장 진입을 위한 가장 쉽고 직접적인 방식이다. 독일의 베텔스만은 1986년 미국시장에 진출하면서 이러한 전략을 구사했는데, 더블데이 출판사(4억 7,500만 달러)와 RCA 레코드(3억 3,300만 달러)를 인수한 것이다. 1년 후에, 베텔스만은 뉴욕에 본부를 둔 베텔스만 뮤직그룹을 설립하고 미국의 음반사들을 계속 사들였다. 오늘날 베텔스만은 기업 수입의 24.4%를 미국시장에서 거두고 있다. 세 번째 이유는 연구, 생산, 배급 효율성 때문이다. 어떤 국가들은 숙련된 노동력, 낮은 임금, 세금, 기술 인프라와 같은 중대한 이점을 제공한다. 예를 들어, 인도는 미국의 컴퓨터와 통신 기업들에게 중요한 기술과 설비를 제공하게 되었다. 텍사스 인스트루먼트와 인텔과 같은 기업들은 인도를 마이크로 프로세서와 멀티미디어 칩 생산을 위한 연구개발의 중심지로 이용하고 있다. 유사하게 IBM과 오라클은 인도의 IT 인력을 새로운 소프트웨어 개발에 이용한다. 실리콘밸리의 기술 인력이 120,000명인 반면, 인도 방갈로아에는 150,000명의 IT 기술인력이 있다. 델로이트 리서치와 가트나 그룹의 보고에 의하면 인도에서 아웃소싱되고 수행된 일이 미국기업으로 하여금 40-60%의 경비를 절감시켰다(The Rise of India, 2003). 네 번째 이유는 진입규제 장벽을 극복하기위해서이다. 어떤 글로벌기업들은 관세가 심한 시장에 진입하기 위해 해외에 투자한다. 국가별로 지역산업을 보호하기 위해 다양한 보호정책을 구사한다. 보통 관세나 수입할당제를 취한다. 1989년 10월 3일, 유럽공동체는 12개 국가의 수상 모임에서 10대 2로 국경없는 TV(Television Without Frontiers) 강령을 통과시켰다. 구체적으로, 유럽공동체 강령(EC Directive) 89/552는 유럽의 텔레비전과 영화 제작을 촉진시키려는 의도로 시행되었다. 그 계획은 국경간 전송에 부과된 장벽과 제한을 낮춰서 텔레비전 방송을 위한 시장 개방을 요구했다. 국경없는 텔레비전 강령은 뉴스, 스포츠, 게임에 할당된 시간을 제외하고, 전송시간의 대부분을 유럽의 작품을 위해 남겨두도록 의무화했다(Cate, 1990; Kevin, 2003). 글로벌 미디어기업에게, 유럽공동체 강령은 초기에 무역 보호주의의 형태로 보였다. 프로그램 쿼터의 잠재적 효과를 상쇄시키기 위해, 글로벌 미디어기업들과 두 번째 계층의 텔레비전/영화 배급업자들은 국제적 파트너십을 형성하고 공동제작을 함으로써 유럽공동체에 적응하려고 했다. 유럽의 기업이 되거나 혹은 제휴기업이 됨으로써 글로벌 미디어기업은 규제장벽을 넘어서고, 국제 텔레비전/영화 거래에 대한 통제력을 높일 수 있었다(Litman, 1998). 다섯 번째 이유는 무엇보다도 제국을 형성하기 위해서이다. 베니스(Bennis, 1986)와 같은 작가들은 CEO는 조직에 대한 신념, 동기, 기대를 형성하는데 가장 책임이 있는 사람이라고 주장한다. CEO의 중요성은 특히 사업전략의 수립에 있어 명백해진다. 뉴스 코퍼레이션의 루퍼트 머독이나 바이아콤의 섬너 레드스톤, 리버티 미디어의 존 말론과 같은 CEO들은 대기업을 운영함에 있어 일정 정도 개인적 경쟁심리와 반칙은 아니지만 속이는 관행을 가지고 있다. 성공은 단순한 이윤율을 넘어서서 측정된다. 성공적인 거래와 새로운 프로젝트 벤처에 높은 프리미엄이 주어진다. 오늘날 글로벌 미디어 기업의 소유주들과 CEO들은 최고 수준의 위험 감수자들이고, 새로운 프로젝트 벤처를 위해 수십억 달러를 기꺼이 지불하려하며 또한 지불 능력이 있는 사람들이다. 예를 들어, 바이아콤의 섬너 레드스톤은 협상에 있어 공격적인 리더십 스타일과 고집으로 유명하다.

(3) 미디어 시장의 정의

전통적으로 미디어 시장은 생산물(신문, 영화, TV 등)과 지리적 차원(지역, 전국 등)으로 구성된다. 대다수 미디어 산업은 생산물을 양면적 시장에 제공(콘텐츠 & 광고) 하는 것을 의미한다. 또한 미디어 생산물은 계속해서 서로 다른 수용자와 광고주에게 판매될 수 있으며, 디지털화가 이를 증진시키고 있다. 시장을 정의하는 전통적 접근법은 독점, 복점, 과점, 독점적 경쟁, 완전경쟁이다. 그러나 미디어 기업들이 동시에 여러 시장에 참여하고 있기 때문에 미디어 가치 사슬로 설명할 필요가 있다. 이외에도 미디어 산업에서 전통적인 접근법이 부적합한 이유는 검색과 같은 대다수 온라인 광고는 미디어 기업과 미디어 콘텐츠를 종종 가로지르고 있고, 소셜 네트워킹이 모든 비즈니스의 전략적 요소로 부각되고 있으며, 많은 미디어 기업들이 사용자와의 직접적인 연결로 브랜드를 구축하고 있으며, 피드백 수집을 위해 활용하고 있다. 예를 들면, 미디어 산업은 초기에 YouTube와 같은 서비스를 저작권 침해 등의 이유로 제한하고자 했으나, 2009년 무렵부터 그 독특성을 인정했다. 자신의 콘텐츠 접근권을 협상하는 동시에, 새로운 수용자 창출의 기회로 활용하기 시작한 것이다. 또한, 새로운 시장은 기술의 진화와 관련하여 새로운 하드웨어를 등장시켰는데, 스마트폰, 비디오 게임 콘솔이 그것이다. 이밖에도 시장에 영향을 미치는 힘들에는 사회적 측면에서 미디어 콘텐츠를 이용하는 소비자/수용자와 관련한 내용들이 포함된다. 수용자가 대중이 아니라 다양한 필요와 이해관계를 가진 인구학적/인종적/세대별/라이프스타일 집단이기에 21세기에 사회적 측면이 더욱 중요해지고 있다는 것이다. 자본에 대한 접근측면에서는 미디어 시장에서 원활한 재원 확보 없이 정상적인 미디어 기업의 활동이 불가능하다. 특히 노동 부문은 기술 등의 변화로 인해 끊임없이 변화하고 있다. 또한, 미디어 경제는 노동조합의 영향력이 큰 분야이기 때문에, 미디어 가치 사슬은 Content Creation -Production -Distribution -Exhibition로 접근해야 한다.

2. 글로벌미디어와 기업 전략

전략의 주요한 역할은 시장의 변화에 대응할 뿐만 아니라 미래를 위해 기획하는 것이다. 전략적 기획은 기업이나 조직의 장기간 성과를 결정짓는 경영적 결정과 행위의 조합이다. 나아가 경쟁적인 기업 전략은 목표에 도달하기 위해 조직이 구사하는 접근 방식과 구체적인 상품라인을 포함하는 마스터플랜이다. 포터(Porter, 1985)는 기업

의 경쟁 전략은 시장뿐만이 아니라 상품라인의 범위라는 측면에서
도 이해되어야한다고 주장한다. 전략수립은 기업 상품과 서비스의
흐름을 확대하고 개선시키는 지속적인 의지를 전제한다. 전략적 기
획은 조직내 주요 의사결정자들에게 내외부적 사업환경에 대해 정
보를 조사하고, 평가하며, 확산시키는 것을 전제로 한다. 휠린과 헝
거(Wheelen & Hunger, 1998)와 같은 연구자들은 전략적 기획에 대
한 필요성이 급박한 계기로부터 야기된다고 말한다. 경쟁적 시장,
조직 경영구조, 혹은 내부 성과나 사업운영에서의 변화 등이 이러한
전략적 기획을 절박하게 요구할 수 있다는 것이다.

1) 글로벌 기업 전략

대부분들의 기업들은 거대한 국제적 기업이 되려는 확고한 계획
을 가지고 시작하지는 않는다. 오히려 기업의 수출이 증대되면서 판
매와 서비스를 관리할 수 있는 해외지사를 설립하는 것이다. 시작단
계에서 해외지사는 유연하고 매우 독립적이다. 기업이 경험을 쌓아
감에 따라, 라이선싱이나 해외생산과 같은 국제사업의 다른 국면으
로 접어든다. 이후, 다양한 국제적 사업운영으로 인한 압력이 제기
되면서, 기업은 보다 포괄적인 글로벌 전략에 대한 필요성을 인지하
게 된다(Gershon, 1997; Robock & Simmonds, 1989). 요약해 보면,
대부분의 기업들은 신중한 선택에 의해서라기보다는 점진적인 진화
의 과정을 통해 글로벌 사업전략을 발전시킨다는 것이다.

2) 핵심역량의 이해

핵심역량(core competency)은 조직이 잘하고 있는 뭔가를 의미한다(Ireland, & Hoskisson, 1999). 핵심역량의 원칙은 매우 성공적인 기업은 경쟁자들에 비해 높은 수입을 올리고, 시장을 지배하게 하는 특별한 생산과정과 브랜드 인지, 그리고 재능을 소유하고 있다는 것이다(Daft, 1997). 핵심역량은 브랜드 정체성(디즈니, ESPN, CNN), 기술 리더십(시스코, 인텔, 마이크로소프트), 탁월한 연구개발(소니, 필립스), 고객 서비스(델, 아마존)와 같은 다양한 방식으로 측정될 수 있다. 소비자 가전에 집중한 소니는 핵심역량의 좋은 사례이다. 소비자 가전제품은 소니의 전 세계 사업 운영의 60%를 차지한다. 역사적으로, 글로벌 미디어기업은 하나 혹은 두 개의 분야에서 특히 강한 기업으로 시작한다. 예를 들어, 1980년 대 초반, 타임(워너 커뮤니케이션과 합병 이전)은 잡지와 유료케이블 방송에 집중하였고, 폭스 방송의 모기업인 뉴스 코퍼레이션은 원래 신문사였다. 오늘날 두 기업들은 다양한 미디어 상품과 서비스를 제공하는 대상 범위면에서 볼 때, 이미 글로벌적이다. 시간이 경과함에 따라, 글로벌 미디어기업은 부가적인 핵심역량을 개발시킨다. 예를 들어, 뉴스 코퍼레이션은 전 세계에 다섯 개의 위성방송 서비스를 완전히 혹은 부분적으로 소유함으로써, 위성방송 사업에서 세계적으로 독보적인 존재가 되었다.

3) 글로벌 시장 진출을 위한 전략

효율적인 글로벌 진출을 위해서는 글로벌 전략이 마련되어야 하고, 이를 수립하기 위해서는 가장 먼저 기업과 사업에 대한 전체적인 현재 상태가 측정되어야 한다. 즉 국내 미디어 기업의 장점과 단점을 파악하고, 현재 시장 환경에 있어서의 기회요인과 제한요인을 함께 살펴보아야 한다. 이러한 분석을 기반으로, 해외 진출을 위해 필요한 역량과 현재 기업에 축적된 역량 수준을 비교해 볼 수 있다. 이러한 비교과정이 마무리되면 개별 기업은 진출 전략을 조정하고 선택한 전략을 실행하는 단계에 들어서게 되는데, 이러한 과정을 거쳐야만 시행착오를 줄일 수 있다. 미디어 기업의 글로벌 전략을 수립하기 위해서는 방송콘텐츠의 속성을 반영하여 미디어 기업들은 각국의 규제정책과 방송시장 현황을 면밀히 검토한 후에, 진출 국가를 결정하고, 진출 플랫폼과 장르, 주요 시청자층 등도 결정해야 한다. 산업의 부가가치 사슬(value chain)의 어느 단계에서 경쟁할 것인지를 결정해야 하는데, 일례로 CJ는 방송산업이 열악한 베트남에서는 드라마제작에 진출했지만, 일본에서는 채널 진출을 시도하였다. 세계 방송산업의 글로벌화로 인하여 이미 외국의 미디어 기업들은 적극적으로 글로벌 시장을 개척하여 글로벌 미디어 기업으로 자리 잡고 있다. 특히, 신흥시장으로 급격히 부상하고 있는 아시아, 남미, 동유럽 시장을 대상으로 기존의 글로벌 미디어 그룹뿐만 아니라, 중국과 인도, 일본의 미디어 기업들도 진출을 서두르고 있다. 국내 방송산업은 다매체 다채널 시장으로 진화함에 따라 협소한 국내 시장에서 상호 경쟁이 심하고, 광고시장은 성장이 정체되고 있는 상황이다. 이를 극복하고 방송시장의 규모를 확대하기 위해, 그리고 FTA로 인한 콘텐츠 경쟁력의 확보를 위해 글로벌 방송시장으로의 진출은 필수적이다. 하지만 국내 방송업계는 방송통신융합 기구구성, IPTV

등의 현안 문제와 규제 장벽 등으로 글로벌 진출을 본격화하지 못하고 있다. FTA 등으로 인한 시장개방 상황에서 글로벌 진출에 실패할 경우, 이는 국내 콘텐츠 경쟁력 약화로 이어져 우리나라 문화다양성과 정체성도 위협받을 수 있다. 이제라도 국내 방송산업과 미디어 기업들의 강점과 약점을 파악하고, 국내외 방송환경의 제약요인과 기회요인을 고려한 글로벌 진출 전략 마련이 시급하다. 국내 미디어 기업의 글로벌 현황을 살펴보면, 해외진출의 필요성을 절감하고는 있지만 아직까지 글로벌화에 대한 인식부족으로 장기적 관점의 글로벌 진출 전략을 갖추지 못하고 있다. 현재는 완성된 방송프로그램을 수출하는 단계에 머물러 있으나, 단품 유통 전략은 충성도 높은 시청자를 확보하기 어렵고 외부환경에 민감해 장기적인 전략이 될 수 없다. 글로벌 미디어기업의 글로벌화와 글로벌 진출 전략

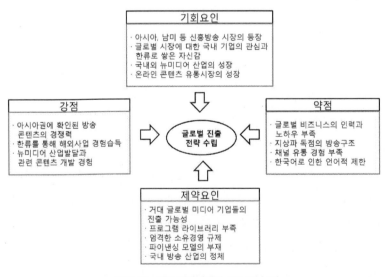

<그림 2> 국내 방송산업의 SWOT 분석

에 대한 논의와 이를 통한 국내 미디어 기업의 글로벌화를 위해 필요한 전략의 도출이 필요하다.

미디어그룹의 글로벌화 추진 정도는 지상파 방송 3사(KBS, MBC, SBS)의 경우에 국내 방송시장 침체를 극복하기 위한 하나의 방법으로 글로벌 진출을 시도하고 있다. 해외진출 시 지상파방송사들은 한류로 형성된 자사 드라마 프로그램의 높은 인기를 활용하고 있으며, 프로그램 판매를 넘어선 채널 진출을 적극적으로 시도하는 곳은 KBS 뿐이다. 하지만 KBS의 채널 진출도 공영방송사로서의 한계가 있다. 케이블을 중심으로 성장한 CJ는 사업영역을 영화와 음반, 인터넷 서비스, 게임 분야로까지 확장하면서 이러한 경험을 바탕으로 글로벌 시장 개척에 적극적이다. 통신사업을 기반으로 성장한 SK와 KT도 방송통신 융합환경에 대응하기 위해 영화, 케이블, 게임, 인터넷으로 사업을 다각화하고 있다. 하지만 SK와 달리 KT는 해외진출에 그리 적극적이지 않다.

3. 글로벌 미디어 기업의 사례

1) 해외 미디어 기업의 진출 사례

글로벌 미디어 그룹이 글로벌 시장에 진출하는 3가지 전략은 다음과 같다. 첫째, 해외시장 진입(Foreign Market Penetration)전략이다. 둘째는 수직적 통합 및 보완재(vertical integration and complementary assets)전략으로 수직적 통합은 대규모 기업이 가치사슬단계의 각 부분 간에 통합된 시너지를 증진함으로써, 좀 더 효율적인 전략이다. 오늘날 미디어 기업은 전략적 기획과 운영에서 수직적 통합의 철학을 완전히 새로운 단계로 받아들이고 있다. 보완재 전략은 플랫폼이나 서비스 다변화 전략이다. 융합의 가장 커다란 동인은 미디어와 정보 테크놀로지의 디지털화였으며, 글로벌 미디어와 융합은 동전의 앞과 뒤와 같다. 콘텐츠와 유통, 전송을 모두 필요로 하는 전략적 필요성에 의해 1990년대 미디어 기업과 정보통신 기업의 전략적 제휴가 증가되면서 산업간의 융합의 길이 마련되었고, 이러한 산업의 융합이 글로벌 규모로 확산되는 결과를 가져왔다. 글로벌 미디어기업이 되기 위한 전략은 다양하다. 각 나라의 환경, 규제, 기술 발전에 따라 전략은 차별화 되어야 하기 때문이다. 이후 미디어 산업은 글로벌 미디어 기업과 로컬 미디어 기업들이 다양하게 연결되고 존재하는 시스템으로 진화하였고, 글로벌 미디어 기업의 위상은 언어, 문화, 지역에 따라 다양하게 포지셔닝하고 있다. 미디어 산업의 발전 방향은 미디어 기업들이 각자의 경쟁력을 갖도록 하는데 맞추어져 있다. 최근의 미디어 기업들은 복합미디어 그룹으로 성장하고 있으며, 방송, 신문, 인터넷, 모바일, IPTV 등 미디어산업 전반으로 확장하고 있다. 예를 들어, 중국의 상하이 미디어 그룹의 경우 2001년에 출범한 이후 방송과 영화, 신문, 인터넷, 출판 등 미디어 전 영역에 걸쳐 확장하고 있으며, 자체 브랜드사업, 미디어 조사 사업까지 아우르는 광범위한 복합 경영을 해오고 있다. 2013년 포브스 글로벌 2000 순위에 따르면, 세계에서 가장 규모가 큰 미디어 기업은 미국의 컴캐스트이다. 세계 2000대 대기업가운데 56위를 차지하고 있다. 미디어 그룹 순위로는 월트디즈니, 뉴스 코퍼레이션, 타임워너로 다음에 랭크되어 있다. 김대호(2013)는 포브스 글로벌

2000 순위와 매출액 그리고 글로벌 시장 진출을 기준으로 미디어 기업을 크게 4개의 범주로 분류한다.

글로벌 미디어 그룹들의 특징을 보면, 첫째, 글로벌 미디어기업들은 국내 시장에서 주도적 기반을 바탕으로 세계에 진출하고 있다. 타임워너도 뉴스채널인 CNN과 영화채널인 HBO를 중심으로 다양한 국가에 진출하고 있고, BBC도 영국내 확고한 위상을 기반으로 세계에 진출하고 있다. 둘째, 글로벌 미디어 기업들은 콘텐츠에 집중하고 있다. 예를 들면, 멕시코의 Televisa는 콘텐츠의 다양한 활용과 서비스가 결합한 전략을 사용하고 있다. 셋째, 미디어 기업들은 언어나 문화적 측면에서 유사성이 높거나 국가나 지역 중심으로 진출하는 편이다. 영어권은 가장 큰 장점을 가지고 있고, TMP인어, 포르투갈어 또는 남미나 아프리카 지역에 중심적인 미디어 그룹들이 자리 잡은 것과 중국미디어 그룹들이 중국어권을 중심으로 사업 영역을 확장하는 것을 보면 알 수 있다. 한국의 미디어 기업은 규모나 해외 진출 면에서 영세한 실정이다. 따라서 미디어 산업이 글로벌기업으로 진출하기 위해서는 전략이 필요하다. 첫째, 단말기 단계에서는 한국의 미디어 기업이 글로벌 경쟁력을 가지고 있다. 특히 TV 수상기와 모바일 단말기는 세계에서 상당한 지배력을 행사하고 있다. 2013년 TV수상기의 경우에 삼성전자와 LG전자가 1,2위를 나란히 차지하였다. 이는 단말기가 더미 기기가 아니라 콘텐츠와 플랫폼을 결합하는 상황의 변화로 받아들여지고 있는 상황에서, 단말기 분야의 우위가 미디어 산업과 직결될 수 있는 단초를 마련한다는 의미에서 주목할 만한 일이다. 둘째, 네트워크 단계는 전통적인 네트워크와 차세대 네트워크에 따라 상이한 양상을 보이고 있다. 전통적인 방송 및 통신 네트워크는 오랫동안 각국이 네트워크를 국가의 자산으로 인식하여 기간 사업자들에 의해 주도되었다. 그러나 초고속 브로드밴드와 모바일 등 차세대 네트워크는 민간 주도로 발전하여 경쟁의 여지가 큰 분야이다. 따라서 글로벌 기업의 진출과 경쟁이 활발하게 나타나고 있다. 비록 디지털 CATV와 IPTV, 모바일 등의 분야에서 한국이 시작은 늦었지만, 차세대 네트워크 분야로의 진출은 한국이 경쟁력을 보여줄 수 있는 분야이다. 셋째, 플랫폼은 이용자와 만나는 지점에 있는 단계이기 때문에 기업들이 치열한 경쟁상황에 있지만, 주요 플레이어는 국내의 방송, 통신사업자로는 미약한 수준이다. 뿐만 아니라 국내의 이용자보호, 국내 산업 보호를 위해 과점에 대한 규제가 적용되고 있다. 따라서 미디어 기업들은 플랫폼 진출이 단말기, 네트워크, 콘텐츠 등과 가치사슬을 융합하는 전략이 필요하다. 넷째, 콘텐츠는 드라마, 음악, 홈쇼핑 등 개별 프로그램을 수출하는 단계에서 시작하여 비디오와 DVD 판매, 포맷 판매, 채널 재전송, 채널출범과 같은 단계로 확장해 나가고 있다. 따라서, 한류에 영향으로 인한 콘텐츠 진출과 단말기를 기반으로 한 경쟁전략이 요구된다.

미디어 산업의 가치사슬에서 볼 때, 한국은 콘텐츠, 단말기, 차세대 네트워크 등의 측면에서 충분한 글로벌 경쟁력을 갖추고 있다. 따라서 이제 한국은 미디어 생태계적 접근에 기반한 글로벌 진출의 전략을 모색해야 한다.

<표 14> 글로벌 미디어 기업 매핑(단위,billion)

제 1그룹				제 2그룹				제 3그룹				제 4그룹			
포브스 글로벌 2000 순위 300위권에 들면서 매출액 20조원 이상				포브스 글로벌 2000 순위 300위권에 들면서 매출액 20조원 이상				포브스 글로벌 2000 순위 300위권에 들면서 매출액 20조원 이상				포브스 글로벌 2000 순위 300위권에 들면서 매출액 20조원 이상			
기업	국가	순위	매출액	기업	국가	순위	매출액	기업	국가	순위	매출액	기업	국가	순위	매출액
Comcast	미	56	62.6	CBS	미	380	14.16	Discovery Communications	미	869	4.5	Eutelsat Communications	프	1724	1.5
Walt Disney	미	108	42.8	Viacom	미	381	13.2	BBC	영	-	7.91	The Times Group	인	-	1.5
News Corp	미	137	34.3	Dish Network	미	616	14.3	NHK	일	-	6.77	KBS	한	-	1.29
Time Warner	미	153	28.7	Libert Global	미	687	10.3	CCTV	중	-	-				
Time Warner Cable	미	250	21.4	British Sky Broadcasting	영	700	10.7	Grupo Televisa	멕	918	5.4	CJ	한	-	2.07
DirecTV	미	310	29.7					Shaw Communications	캐	983	5.1				
콘텐츠 생산과 유통, 판매망을 소유, 인터넷, 케이블, 영화, 방송, 출판 등에 진출. 미국, 유럽, 아시아, 라틴아메리카 등 활동 다양한 콘텐츠 제작과 저작권 확보로 차별화된 전략				특정 미디어 분야에서 글로벌 시장에 진출. 영국의 BSktB, 미국의 Libert GlobaL은 뉴미디어 플랫폼 기업, CBS, Viacom으니 콘텐츠 특화 기업				언어나 문화권에 의해 몇 개 국가들의 집합단위별 2012년 BBC는 전세계 44개의 전체 혹은 일부 합작 채널을 운영. Televisa는 스페인어권 최대 미디어 그룹				매출 1조원대 그룹으로 해외진출이 적은 기업. 국내에서는 주도적인 위상을 가지고 있는 미디어 기업, 해외진출은 미약			

※ 출처: 김대호(2013), 글로벌 미디어산업 지형을 참고로 재구성

2) 국내 콘텐츠 진출사례

(1) 한국 음반 중국 진출 과정

중국에서 외국 음반을 발행하려면, 중국 문화부에서 허가한 국영 음상 출판사를 통해야만 가능한데, 1990년대 후반 중국에서의 한국 음악과 가수에 대한 인지도는 상당히 낮은 상황이었다. 한국어로 부르는 노래는 중국에서 성공할 가능성이 없다는 것이 당시 중국 음상 출판사의 반응이었다. 그러나 반년 이상 국영 음상 출판사를 설득하여 1998년 5월 21일 HOT 음반이 역사상 최초로 중국에서 발행되었는데 발행 3개월 만에, 정판 5만장이 돌파하는 약진을 보였다. HOT 음반 성공 이후 NRG, 베이비복스, GOD, 코요테 등 한국의 우수한 댄스 음반들이 중국에 지속적으로 소개 되었다.

(2) 한국 가수 TV 프로모션

한국 댄스그룹 음반이 지속적으로 소개되면서 중국 젊은 층들이 한국 댄스 음악에 심취하게 되자, 한국가수들의 중국 진출을 위한 프로모션이 강화되었다. 중국의 오락 프로그램의 시청률 조사결과 CCTV나 북경 베이징 TV보다는 호남성의 호남 위성 TV가 시청률이 높고 영향력도 높았다. 1999년 7월에 최초로 NRG가 호남 위성 TV "쾌락대본영"에 출연했을 당시, 역동적인 댄스와 함께 노래를 부르는 한국 가수 NRG에게 중국인들은 폭발적인 반응을 보였다. 이후 베이비복스, 코요태, 구피, 티티마 등 한국 댄스가수들이 호남 위성 TV에 출연하게 되면서 중국 팬들이 한국 댄스 음악에 심취하게 되었다.

(3) 한국 가수들의 중국 내 콘서트 개최

1999년 6월부터 반년간 기획을 통해 2000년 2월 1일 HOT가 북경 공인 체육관에서 중국에서의 첫 번째 콘서트를 개최하였다. 콘서트 기획 단계부터, 흥행여부에 관해서 중국 이벤트 관련 종사자들은 전부 비관적인 견해를 보였다. 그러나 SM기획사는 HOT 지지층과 한국 가수의 우수성을 믿고 공연을 강행 하였는데 결과는 대성공이었다. 이를 계기로 비관적이던 당시 기성층과 중국 제도권 언론은 큰 충격을 받았다.

(4) 한류 확산 및 한류스타 배출

HOT 공연 성공을 계기로 중국 제도권 언론에서 한류 관련 기사가 보도되기 시작하였다. 한류가 고유명사로서 등장하게 되면서, 중국에서 한류가 뿌리내리는 계기가 되었다. HOT 콘서트 성공을 계기로 2000년 7월에 NRG가 북경 수도 체육관과 상해 대무대체육관에서 대규모 공연을 개최하였다. 중국 팬들의 뜨거운 반응을 불러일으켜 한류가 일시적인 현상이 아니라 이제 전반적이고 보편적인 현상으로 자리잡게 되었다. 한국가수들의 음반이 중국에서 발행되던 초기에는 중국 대형 음악잡지가 매월 발표하는 인기가수 순위 톱10에 한국 연예인은 한 명도 진입하지 못했다. 그러나 한국 가수들이 지속적인 음반 발행과 프로모션, 콘서트 성공을 계기로 2000년 말부터 대거 톱10에 진입하게 되었다. 2000년대까지는 미국이나 일본 가수가 주류였으나 2000년 말부터 2001년 한국가수가 상위에 랭크되기 시작했다.

(5) 한류스타 CF 진출

한국 가수를 중국기업 CF에 출연시키면 짧은 노출시간이지만 중국 TV를 통해서 한국 연예인이 중국팬들과 접할 수 있다는 강점이 있어 한류 스타들이 CF에 진출하게 되었다. 2000년 6월에 NRG가 중국의 전자업체 CF모델로 계약했다. 2000년 후반기에 베이비복스, HOT가 중국 TV CF촬영을 하였다. 현재 20~30편의 CF에 한국가수들이 활동하고 있으며, 중국대륙에 프로모션에 적극 가담하는 적극적인 전략을 펼치고 있다.

(6) 한류관련 라디오 방송 운영사례

한국방송은 중국 중앙 인민방송과 6개월간 협의 끝에 2001년 8월 21일에 매일 7시 ~7시 30분까지 중앙인민방송 전파를 타고 중국 전역에 한국의 최근 소식과 한국 가수의 음악을 들려줄 수 있는 프로그램을 제작하게 되었다. 중앙인민방송은 전국을 포괄할 수 있는 채널이기 때문에 보수적으로 특정 국가의 음악과 방송 프로그램 제작은 안 된다는 분위기였으나 끊임없는 접촉과 설득을 통해 방송이 가능하게 되었다.

(7) 중국 댄스그룹 결성 사례

2003년부터 중국 댄스그룹 결성을 기획 추진하여 중국내 춤 잘 추는 4명의 청소년을 선정해서 한국에서 훈련하는 프로젝트가 시작되었다. 이 프로젝트로 그룹 멤버를 제외한 나머지는 한국 기술로 제작된 댄스그룹 "신무기"가 탄생되었다. 중국 댄스그룹의 결성은 1년 내내 중국 팬과 접할 수 있고 중국 팬들과 언어소통이 되는 장점이 있다. 문화콘텐츠가 불투명한 오프라인 시장에서 외화 획득에 실패한 상황에서 온라인 시장이 보편화 되면서 이전보다 투명한 중국 시장에서 외화획득이 가능하게 되었다. 정치, 문화, 교육 측면에서 중국과 한국은 최대 교류국인 이점이 있는 만큼, 문화콘텐츠 시장에서 한류 콘텐츠의 점유율을 지속적으로 확대해나가면, 현재의 온라인 시장에서의 성공만큼 문화콘텐츠 면에서도 중국시장의 최대 강자로 떠오를 수 있다는 기대감이 우리가 중국에 진출하고자 하는 가장 큰 이유이다. 중국언론에서 한국, 음악, 드라마, 영화, 게임을 좋아하는 중국 팬들을 일컬어 하한족 이라 한다. 한국의 이미지가 높다는 것은 문화 콘텐츠를 비롯한 다양한 업종의 중국시장 개척에 유리한 요소로 작용할 것으로 예상된다.

이외에도 산업별로 진출 사례를 보면, 방송은 지상파 방송(MBC, SBS)는 대표처를 두고 대부분 완성된 드라마에 대한 판권형태로 프로그램 수출하고 있다. 제작진출의 사례로는 올리브나인은 중국상해 천오 전파유한공사와 중국 드라마 공동제작에 합의(2010)한 바 있다. 중국 영화산업 진출은 계약을 통한 콘텐츠 공급외에 합자 형태 영화관 설립하는 형태로 진출하고 있다. 게임산업은 넥센, 네오위즈 게임즈는 현지 파트너로사와 퍼블리싱 계약을 맺고 진출했는데, 합작 법인들은 중국 진출에서 정부규제와 치열한 경쟁으로 인해 상대적으로 부진하다.

<表 15> 중국시장 진출 사례

방송	영화	게임	애니메이션	음악공연	출판
MBC,SBS- 드라마 판권형태로 프로그램 수출	CJ CGV-상해, 무한, 북경, 천진에 영화관 운영. 중국국영 상하이 필름그룹과 공동투자로 멀티플렉스관과 부대시설 공동 건설, 운영 계약체결(2006). 2011년부터 매년 10개 신규 영화관 오픈, 2015년 까지 60개 확보	'크로스파이어' 최대 동시접속 자수 200만명 (네오위즈게임즈), '던전앤파이터' 220만명 (넥센)	아니코닉스, 선우엔터테인먼트, 동우는 중국내 애니메이션 제작 현지법인 설립	SM 엔터테인먼트-중국 현지지사설립(2004), 한중일 3국 합자회사 SMAC 설립(2007)	대교, 웅진출판그룹,YBM시사, 계림출판사등이 중국업체와 프로젝트 합작형태
올리브나인이 기회과대본, 프로듀서를 파견, 중국 현지에서 중국제작사와 공동제작		CJ 인터넷(2006) 합작법인 설립 2010년 회사 청산	디지아트-3D 애니메이션 영화 '신서유기' 공동제작 중국 방다사와 양해각서 체결 (2010)	JYP엔터테인먼트-JYP 차이나 설립(2008)	야외 저작권 에 이전시로 10여개 신원, 에릭양, 캐럿 에이전시 등 활약
초연(공동제작), 아내의 유혹(리메이크)-CCTV- 8 (2011.3)에서 23부작 한중공동제작 드라마 초연(첫사랑) 방영후난성위성TV에서 방영(2011.2), 최고시청률 5.23%, 동시간대 위성채널 프로그램중 10년만에 최고기록 갱신	MK 픽처스-중국 국영기업 보리(Poly)와 합자로 중국내 영화관 오픈. MK 픽처스와 보리의 한중 합작법인 東方神龍營業有限公 계약체결(2007) 중국내 멀티플렉스운영 및 영화제작과 배급, 연예기획사,광고대행업등 영화 전반에 걸친 공동사업추진. 중국 국영 영화채널 CCTV-6과 TV 방영권 공급계약. 위험한 관계(공동제작, 2012), 만추9(2011), 중국시장 겨냥. 한중합작영화 이별계약(CJ E&M) 최고흥행(개봉 11일만에 제작비 5배 넘는 1.5억 위안 수입)	NHN 중국게임포털 운영업체 아워게임 에 셋즈 지분 전량 매각(2010) 열혈강호(엠게임)-2005년 중국 서비스 시작, 최고 동시접속자 50만명 돌파. 2011년 서비스 연장 계약(향후 2년간 로열티 외에 추가 계약금 400만(약 44억원} 달러 지급)	시너지미디어는 빼꼼 극장용으로 내수시장 공략 로라의 별 (2011, 독일 워너브라더스와 합작)-한국인 애니메이션 첫 중국 상영작, 1000여개 상영관 동시상영, 2011년 '쓰촨 TV 페스티벌'에서 최우수 국내 애니메이션상 및 최우수 극본상 수상	CJ E&M- 중국 최초 라이선스 뮤지컬 '맘마미아 亞洲聯創에서 공동제작(2011)	10년동안 총 1204종의 출판 저작권 수출(아동도서 834종)

※ 정미경(2013), 미디어 기업의 글로벌 진출 사례 및 시사점을 참고로 재구성

3) 국내 미디어그룹의 글로벌 진출 과제

국내 미디어그룹들이 글로벌로 진출하기 위해서는 다음과 같은 사항을 고려해야 한다.

첫째, 콘텐츠 축적을 위하여 스튜디오 모델의 도입과 프로덕션 매니지먼트 기능의 강화가 필요하다. 이는 프로그램의 제작 역량 강화가 유통환경의 개선에 도움이 될 것이다. 그리고 단품 유통이 아닌 채널 진출을 위해 필요한 콘텐츠 라이브러리를 구축 및 축적하기 위해서는 미국의 스튜디오 모델을 원용하여 우리나라의 방송산업체제를 개편할 필요가 있다. 스튜디오 모델은 미국에서 거대 스튜디오들의 진화가 보여주는 것처럼 전 세계를 대상으로 프로그램을 기획하고 이를 다수의 제작사로부터 납품받아 시장에 유통시키는 과정을 거쳐 프로그램 라이브러리를 축적하는 방식이다. 스튜디오 중심의 제작 시스템에서는 프로그램 기획과 파이낸싱, 제작 과정에 대한 매니지먼트가 핵심이다. 스튜디오 모델로 국내 방송 산업이 재편된다면 이는 지상파 방송 중심의 방송프로그램 제작 구조의 개선을 의미한다. 플랫폼에 종속되었던 콘텐츠 제작과 유통부문이 독립된 산업으로 자리 잡을 수 있으며, 스스로 성장 동력을 찾을 수 있을 것으로 기대된다. 스튜디오 모델에서 스튜디오는 외부제작자의 프로그램 개발 및 제작을 지원 하고, 프로그램 라이브러리를 구축하며, 콘텐츠의 마케팅 및 배급을 관할한다. 이처럼 스튜디오 모델에서는 외부제작자에게 실질적인 제작을 아웃소싱하기 때문에 고품질의 프로그램을 제작할 수 있도록 감독할 수 있다. 스튜디오 모델에서는 유통물량이 많아지더라도 내부 투자 포트폴리오의 관리를 통해 위험을 관리할 수 있기 때문에 수입이 안정적으로 형성된다는 장점이 있다.

둘째, 프로젝트 중심의 파이낸싱 모델의 정착과 방송프로그램 투자 조합 활성화가 필요하다. 이는 스튜디오 모델로 전환하면 제작사의 자금조달 활성화를 위해 필요하기도 한 요소이다. 프로젝트별 파이낸싱 모델은 미국의 메이저 스튜디오와 같은 대규모 투자가가 존재하지 않는 국내 현실에서 스튜디오 모델로 전환하기 위한 가장 중요한 선결과제이다. 방송프로그램 제작에서의 프로젝트 파이낸싱은 방송프로그램 제작 시 별도의 프로젝트 회사(SPC)를 설립하고 그 회사의 현금 흐름을 관리하는 방식이다. SPC에 의한 방송프로그램 제작이 본격적으로 도입되면, 투자·프로그램 제작, 유통관리의 노하우가 쌓인 기업이 자연스럽게 한국형 스튜디오로 성장할 것이고, 그 기업은 투자한 프로그램의 라이브러리를 바탕으로 글로벌 미디어 기업으로 성장할 수 있을 것이라 기대된다.

셋째, 새로운 융합 환경을 활용하는 시장개척을 위해서는 복잡한 저작권 관리 방식을 집중관리 체제로 개선하고 디지털 환경에서 적용 가능한 복제방지 시스템의 개발이 필요하다. 온라인을 통한 영상 콘텐츠의 유통은 전 세계에서 급속하게 성장하고 있으며, 우리나라는 이 분야에 강점이 있다. 하지만 현재 방송프로그램의 저작권 관리방식은 매우 복잡하여 효율적인 서비스 제공이 어려운 실정이다. 지금처럼 지역별이나 유통창구별로 방송사와 제작사가 쪼개서 소유하는 방식을 적어도 유통창구별로 저작권을 집중적으로 소유, 관리할 수 있는 유통회사의 등장이 필요하다. 디지털 환경에서 적용 가능한 복제방지 시스템의 개발이 필요한데, 복제 방지 시스템은 DTO 서비스 등 온라인 유통 서비스에 반드시 필요한 시스템이다. 하지만 이를 개별기업차원에서 해결하기는 어려우며, 이를 해결하기 위한 정부차원의 기술 개발 지원을 고려할 필요가 있다.

넷째는 다채널의 정보와 오락 서비스를 가정으로 배급하는 능력을 의미하는 브로드밴드 커뮤니케이션 전략이 필요하다. 케이블 사업자와 지역전화 사업자 모두 많은 소프트웨어 상품을 가정의 소비자에게 배급하는 목표를 가지고 있다. 브로드밴드는 또한 케이블 모뎀이나 DSL을 통해 초고속 인터넷을 공급하는 것을 의미한다. 결합된 멀티미디어 포맷, 인터넷, 웹TV, 온라인 비디오 게임뿐만 아니라 케이블 방송, 전화, 위성방송을 포함한 다양한 정보배급 플랫폼을 이용해 가정으로 정보와 오락 서비스를 공급하는 능력이 융합의 주요 관심사가 되었다(Chan-Olmsted & Kang, 2003). 따라서 스마트홈의 미래를 겨냥할 필요가 있다.

다섯째는 다각화가 필요하다. 다각화는 다양한 관련/비관련 사업을 소유하는 가치를 인식하는 성장전략이다. 원칙적으로, 다양한 사업 포트폴리오를 소유한 기업은 투자에 대한 위험을 분산시킬 수 있다. 이러한 방식으로 한 사업의 열세가 다른 분야에서의 성공적인 성과로 상쇄되는 것이다. 그러나 적절하게 관리되기에는 너무 방대하고 비효율적인 조직이 될 수 있다는 단점이 있다. 사업전략으로서 다각화는 일반 상품라인의 틀 안에서 발생할 수 있다(Albarran & Dimmick, 1996). 어떤 글로벌 미디어기업들은 다른 기업보다 더 다각화되어있는데, 차이는 상품관련성 정도와 지리적 영역의 문제이다. 비방디 유니버설과 베텔스만 같은 기업은 디즈니나 바이아콤보다 상품라인 측면에서 보다 다각화되어있다. 미국에 본부를 두지 않은 베텔스만, 소니, 뉴스 코퍼레이션은 지역적으로 보다 더 다각화

되었다(Chan-Olmsted & Chang, 2003).

여섯째, 해외 콘텐츠 마케팅 전략에 대한 고찰이 필요하다. 해외 시장 진출을 위해서는 타켓 국가의 구조에 대한 이해, 시청자의 취향, 각 나라의 특성에 대한 이해와 분석이 필요하다. 뿐만 아니라 새로운 컨텐츠 트랜드를 추적해서 대체 상품이 될 것인지 경쟁 상품이 될 것인지도 선택해야 한다. 컨텐츠 판매 방식 역시 직접 공급 또는 간접 공급 방식 중에서 선택해야 한다. 또한 글로벌 유통 네트워크 인프라 전략을 세우는 것이 중요하다. 큰 시장의 경우에는 현지 기업을 운영하거나 현지의 강력한 파트너를 물색해서 Joint Venture를 만들어서 현지 거점 확보를 해야 하며, 각 나라 국민 마다 컨텐츠를 향유하는 취향이 다르므로 어느 정도는 소스 컨텐츠를 로컬 콘텐츠에 접목시켜줘야 한다.

제4장 미디어 기업 분석

1. 미디어 기업의 지형 변화

2013년 전세계에 걸쳐 미디어 산업의 지형이 변화하고 있고. 그 가운데 구글, 애플, 아마존, 페이스북, 야후, 마이크로소프트와 같은 IT기업들이 미디어 산업의 지형을 뒤흔들고 있다.

소비자들은 스마트폰을 손에서 뗄 수 없는 존재로 여기게 되었고, 구글 검색과 페이스북 포스팅은 언제어디서나 일상의 여가 시간을 할애하는 미디어가 되었다. 우리나라의 경우, 2012년 현재 전체 인구의 73%가 스마트폰을 사용하고 있으며, 2012년 12월 미국을 기준으로 구글은 가장 많은 이용자가 방문하는 사이트인 반면, 페이스북은 가장 오랜 시간을 머무는 사이트다.

즉 미디어 기업이 기존의 대중매체에서 IT를 기반으로 하는 새로운 유형의 미디어 기업으로 전환하고 있는 것이다. 이들은 주로 통신을 포함하고 있어서 기존의 미디어 기업과는 차별화되는 기업행위, 전략, 성과 등을 나타내게 되었다.

지상파 방송이 주를 이루던 방송시장도 새로운 플랫폼들의 등장으로 콘텐츠를 기반으로 하여 여전히 건재하지만, 넷플릭스 같은 새로운 플레이어들이 부상하면서 콘텐츠가 왕이 되었고, 광고 권력 또한 이동하고 있다.

즉, 방송사의 편성 스케줄에 맞춰 정해진 시간에 TV프로그램을 시청하던 소비자들이 시간과 장소, 디바이스의 구애를 받지 않고, 37%는 PC로, 16%는 인터넷으로, 8%는 스마트폰으로, 6%는 태블릿을 이용한 TV 시청 행태를 보이고 있는 것이다. 구체적으로 67%에 해당하는 시청자들이 비선형 TV 시청을 통해 TV 프로그램을 몰아서 한꺼번에 이용하는 몰아보기(Binge Viewing) 행태를 나타내었다. 방송뿐 아니라 모든 미디어 산업 전반에 걸쳐 스마트(스마트 기기, 스마트 플랫폼, 스마트 이용자)를 기반으로 한, 모바일, 소셜이 미디어로 불리워지고 있다. 예를들면, 구글, 애플, 페이스북, 아마존, 넷플릭스 같은 플랫폼들이 스마트, 모바일, 소셜을 통해 새로운 콘텐츠와 서비스로 진화하고 있다. 이미, 구글은 2013년 5월 포춘지가 선정한 500대 기업 중 55위로 기록될 만큼 성장했다.

이로써, 미디어 산업은 스마트폰과 태블릿 보급의 증가 그리고 디지털 콘텐츠의 확산을 통해 세컨드 스크린(second screen), 멀티스크린(multi screen) 이슈를 불러왔고, 소셜TV와 연계하는 멀티 태스킹 시대로 진화하고 있다. 이와 같은 관점에서 미디어 산업은 가치사슬 전반에 걸친 생산과 유통, 소비의 전 단계에 걸친 변화를 초래하고 있다.

2. 해외기업분석

1) 신문기업

(1) 가넷(Gannett)

가넷은 미국에서 규모가 가장 큰 신문 출판 기업이다. 가넷 (http://www.gannett.com/)은 82개의 주요 일간지를 갖고 있으며, 이를 통한 유료 구독으로 4,700만 달러의 매출을 올리고 있다. 하지만 이러한 수치는 2008년 이후 지속적으로 감소 추세에 있다. 종합 일간지인 ≪USA 투데이≫와 주간지인 ≪USA 위켄드≫를 발행한다.

가넷은 최근 들어 전략적인 합병과 인수를 해왔고, 디지털 기술에 엄청난 자금을 투자해 오고 있다. 대표적인 예로 온라인 부동산 장터인 홈 파인더(HomeFinder)를 2009년에 인수했고, 2013년에는 텔레비전 방송국인 벨로 코퍼레이션(Belo Corporation)을 사들였다.

(2) 뉴스 코퍼레이션((News Corporation, News Corp.)

뉴스 코프는 미국에 기반을 두고 있는 미디어기업이지만, 호주 출신 재벌인 루퍼트 머독(Murdoch)가에서 소유하고 있는 회사다. 신문사, 잡지사, 출판사, 텔레비전 방송, 케이블과 위성TV, 인터넷 미디어와 영화 제작사 등을 세계 각지에 보유하고 있는 미디어기업이다. 미국에서는 뉴욕포스트(New York Post), 월스트리트 저널(Wall Street Journal, WSJ) 등을 포함해 126개 일간지를 경영하고 있다.

모든 기업과 조직이 가장 우선시하는 목표는 사업 운영 단계의 대부분 혹은 전부를 통제하여 내부 시너지를 이끌어내는 것이다. 뉴스

코프는 2004년 말에 본사를 미국으로 이전하였고, 기업의 핵심 사업 분야는 콘텐츠 분야이다.

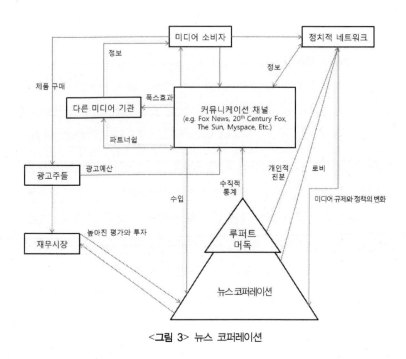

<그림 3> 뉴스 코퍼레이션

콘텐츠 분야를 핵심으로 하는 뉴스코프의 사업 부문은 영상제작(Filmed Entertainment), 방송(Television), 케이블(Cable Network Programming), 위성방송(Direct Broadcast Satellite), 신문(Newspaper), 잡지 및 광고(Magazines and Inserts), 서적출판(Book Publishing), 기타(Other)로 구성되어 있다. 이들은 각 사업 분야에서 제작, 배급, 유통에 이르는 미디어 사업 전 부문을 포함하고 있으며, 세부 사업별로도 지리적 시장의 분포에 있어서 다각화의 정도가 높아 글로벌 미디

어 기업의 전형적인 모습을 보여주고 있다.

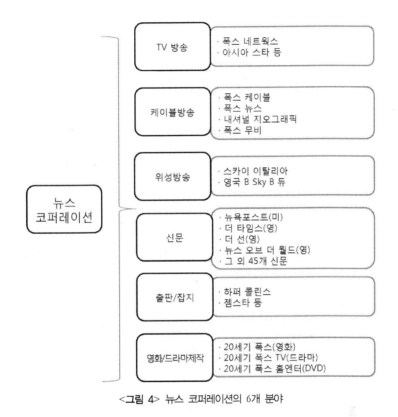

<그림 4> 뉴스 코퍼레이션의 6개 분야

　뉴스코프는 해외진출에 적극적이며, 가장 먼저 영국에 진출하여 일요판 신문 '뉴스 오브 더 월드'에 이어 '선', '더 타임즈' 등을 인수하였고, 1973년에는 '샌 안토니오 익스프레스'를 인수하여 미국 시장에 진출하였다. 1976년 '뉴욕 포스트'와 '폭스 채널'을 인수하는 등 지속적으로 사업을 확장하고 있다. 이후에도 아시아, 남미, 유럽 지역으로 해외시장을 지속적으로 개척하였고, 현재는 약 46개국에서

운영중이다. 미국 이외의 지역에 80개 케이블 채널을 운영하고 있으며, 가입자는 1천7백만 명에 달하고, 남미와 이탈리아에서는 폭스채널이 가장 큰 규모이다. 위성방송 분야에서도 다양한 국가와 지역에 진출하였는데, 이탈리아의 스카이 이탈리아(Sky Italia)는 뉴스 코프가 100% 소유하고 있으며, 스카이 이탈리아는 이탈리아 제1의 유료 TV 사업자인 텔레츄(Telepju)를 비방디 유니버설(Vivendi Universal)로 부터 인수하였다.

<표 16> News Corporation 전략분석

News Corporation SWOT분석 내용		기회	위협
News Corporation SWOT분석 내용		FCC위성방송독점 규제 FCC의 동일지역 다매체 소유 규제 완화 중국 위성방송의 수요 증가 위성 방송의 기술 발전	각국 정부의 규제 산업 내 경쟁의 심화 (수많은 M&A : Big3 위주) 인터넷의 확산
장점	위성 방송사업의 노하우 다양한 Media Network 자금력 / 경영능력 풍부한 M&A 경험	미국위성방송 사업 진출 M&A / 전략적 제휴 중국 시장 공략 (사업권획득)	현지 기업과의 전략적 제휴
약점	부정적인 이미지 Star TV의 적자 구조	중국 시장 공략 전략적 제휴	현지 기업과의 전략적 제휴 전략적 제휴

News Corporation 산업분석 내용	사업영역	사업 영역별 수입 분석 (2014년)
Newspaper		18.0%
Broadcasting		27.4%
Movie		25.9%

(3) 트리뷴 컴퍼니(Tribune Company)

트리뷴 컴퍼니는 자회사로 신문 출판을 비롯해 텔레비전, 라디오 방송국, 엔터테인먼트 등을 거느리고 있다. 전체 회사 매출의 3분의 2는 신문 분야에서 비롯되고 있는 것으로 나타났다. 트리뷴 신문사의 자회사들은 광범위한 틈새시장 공략을 해오고 있다. 틈새시장 공략의 예로는 지역커뮤니티 신문 출판, 라이프스타일 잡지, 그리고 많은 신문들이 안내광고(Classified ads)에 전력을 기울이고 있다. 이밖에 자회사들은 직접마케팅 분야, 상업 인쇄 대행과 관련 서비스 비즈니스를 해오고 있다. 지난 2013년 7월 지역 텔레비전 방송국인 LLC를 2.7억 달러를 주고 인수하면서 트리뷴은 미국 최대의 상업방송국 소유자가 되었다.

<그림 5> Tribune Company - 시카고에서 촬영

(4) 뉴욕 타임즈 그룹(The New York Times Group)

뉴욕 타임즈 그룹은 신문 판매 부진과 관련 비즈니스의 침체로 상당한 변화를 겪고 있다. 뉴욕 타임스는 현재 뉴욕 타임즈 미디어 그룹과 뉴잉글랜드(New England) 미디어 그룹이 공동 경영하고 있다. 뉴욕 타임스 미디어 그룹은 뉴욕 타임즈와 인터내셔널 뉴욕 타임즈(International New York Times)를 발행하고 있다. <인터내셔널 해롤드 트리뷴(International Herald Tribune)이 2013년 10월에 인터내셔널 뉴욕 타임즈(International New York Times)로 명칭을 변경>

뉴잉글랜드 미디어 그룹은 보스톤 글로브(Boston Globe), 워체스터 텔레그램(the Worcester Telegram), 그리고 가제트(Gazette)등을 발행하고 있다. 2009년과 2010년에는 수익성이 떨어지고 있는 판매 분야를 대폭 축소하고 대신 구독료를 인상하면서 뉴욕 타임즈의 발행 부수는 평일 평균 96만 부, 주말판은 140만 부 정도 판매가 감소되기도 했다. 구독료 인상으로 신문 수요가 감소하기도 했지만, 이러한 조치로 이익률은 높아졌고 매출도 동반 상승한 것으로 나타났다. 2010년 하반기에는 프레스 엔진(Press Engine)이란 신기술을 선 보였는데, 여러 미디어기업이 다양한 형태의 미디어 플랫폼(예: 애플 아이폰, 아이패드, 아이팟 등)에 콘텐츠를 전송할 수 있는 기술이다. 2011년 1월 뉴욕 타임즈는 기존 광고 수익을 유지하면서 또 다른 수익 창출을 위해 뉴욕 타임즈 닷컴(NYTimes.com) 가입자를 대상으로 유료모델을 도입했다.

이 모델의 핵심은 그동안 비가입자나 비구독자를 대상으로 온라인판 뉴욕 타임스를 읽는 소비자들에게 구독료를 징수해 오던 방식을 바꿔, 매월 일정량의 기사를 무료로 제공하는 모델이다. 월스트리트 저널의 온라인판도 이 모델을 성공적으로 적용한 사례로 보고 있다.

2) 텔레비전 방송 기업

(1) NBC 유니버설(NBC Universal Inc., NBCU)

NBC 유니버설은 지난 몇 해 동안 소유자가 여러 번 바뀌는 등 우여곡절을 거친 끝에 현재는 뉴욕에 기반을 둔 컴캐스트(Comcast)가 단독으로 소유하고 있다. NBC 유니버설은 26개 방송국을 소유하고 경영하고 있으며, 미식프로축구 선데이 나잇 풋볼(Sunday Night Football), 2012년 슈퍼볼(Super Bowl), 2020년까지 올림픽 독점 중계권을 사들였다.

NBC 유니버설은 2013년 TV 방송 매출이 6.4억 달러에 이르렀다. 이러한 매출 신장은 2012년 구조조정에 이은 경영 확충과 2012년 올림픽 독점 중계에 기인한 것이다. 매출은 지난 5년 동안 매해 평균 11.3% 상승을 기록해, 2013년 영업이익은 1.9%로 나타났다.

(2) 디즈니(Walt Disney)

디즈니는 ABC 텔레비전 네트워크와 같은 자회사를 통해 텔레비전 방송산업에 관여하고 있다. ABC는 미국 전역에 239개의 계열사를 거느리고 있다. 10개의 텔레비전 방송국을 소유하고 있어, 미국 가구의 23%를 가시청권 가구로 확보하고 있다.

디즈니가 가장 많은 수입을 올리는 부문은 미디어 네트워크다. TV, 케이블, 라디오의 제작 및 배급으로 기업 수입의 45%를 거두고 있다. 특히 ESPN, 디즈니 채널, A&E, 라이프타임(Lifetime), 히스토리 채널(History Channel) 등 케이블TV 사업 수입이 미디어 네트워크 전체 수입의 2/3에 달해 가장 큰 비중을 차지하고 있다. 두 번째로 큰 수입원은 테마파크사업으로 전체 수입의 30%를 차지한다. 뒤를 이어 영화 사업(14%)이 큰 비중을 점유하고 있으며, 소비자 상품 부문에서 8%의 수입을 올렸다. 디즈니 스토어(북미 200개 유럽 100개 일본 50개)와 디즈니 출판사를 통해 판매하는 비디오 영화, 책, 라이선싱 의류를 판매한 수입이다. 마지막으로 인터액티브 미디어 부분에서 벌어들이는 수입이 있다. 게임과 온라인 사업이 여기에 포함 된다. 미디어 자이언츠 뉴스코퍼레이션, NBC유니버설(컴캐스트)와 공동 투자해서 훌루를 운영하고 있고, 구글 유튜브에 ABC와 ESPN 동영상을 공급하고, 애플의 아이튠즈 스토어를 통해 영화와 방송 프로그램을 판매하고 있다. 다양한 협력을 통해 사업을 추진하고 있지만 아직 이 부문에서의 수입은 2%에 머물고 있다.

<그림 6> 월트디즈니 컴퍼니 개요도   <그림 7> NBC 유니버설 개요도

출처: https://namu.wiki/w/ 참고로 재구성   출처: http://www.nbcuniversal.com/참고로 재구성

미디어 복합기업으로 ABC, 픽사, 마블, 루 카스필름, ESPN, 디즈

니 인터액티브는 디즈니의 주요 사업체이고, 훌루는 디즈니가 출자한 조인트벤처다. 전통적인 미디어 복합기업인 21세기폭스, NBC유니버설, 컴캐스트로 디즈니의 주요 경쟁자이다. 순이익률에서는 21세기폭스는 산업 평균을 상회하고 있는 반면, 디즈니는 산업 평균대에 머물고 있다. 그러나 이 비교표에서 21세기폭스는 뉴스코프에서 분사한 이후 수익률이 높은 재정 상태이다.

<그림 8> 유니버설 - 올랜도

<그림 9> 디즈니랜드 - 올랜도

디즈니의 주요 경영전략은 다른 미디어 복합기업과 마찬가지로, 디즈니는 영화, 방송, 출판 등 다양 한 분야에서 정보오락 상품을 제공하고 있다. 특히, 디즈니는 어린이를 대상으로 한 캐릭터와 지적재산권에 기반해서 사업을 하고 있다. 케이블 채널에서부터 애니메이션, 영화까지 어린이와 가족용 콘텐츠를 가장 많이 확보하고 있는 기업이다.

〈표 17〉 세계 미디어 그룹

	뉴스코퍼레이션	타임워너	월트디즈니 컴퍼니
연매출(2007)	678억 달러	465억 달러	355억 달러
신문 / 출판 / 잡지	뉴욕포스트, 월스트리트저널(미) 더타임스, 더선(영) 더오스트레일리언(호주) 아시안월스트리트저널(아시아) 하퍼콜린트, 챔스타	타임, 포천, 피플	
영화 / 드라마	20세기폭스, 20세기폭스TV 20세 기폭스홈엔터	워너브러더스 뉴라인시네마	월트디즈니 픽처스 부에나비스타 픽처스, 터치스톤 픽처스 이라텍스 픽처스
TV / 케이블	폭스브로드캐스팅컴퍼니 폭스뉴스, 스타TV, 내셔널지오그래픽	CNN, HBO, 시네팩스, TBS, TNT, 카툰네트워크, 타임워너케이블	ABC텔레비전그룹 ESPN 채널스
위성	디렉Tv(미), Bsky B(영) 타타크카이(인도) Sky이탈리아 등	-	-
인터넷	-	AOL(앱퀘스트, 컴퓨서브, 넷스케이프, 디지털시티 등)	월트디즈니 인터넷그룹

　어린이 캐릭터, 이를 활용한 의류와 상품들, 그리고 테마파크를 통해 어린이들에게 다가갈 뿐만 아니라 어른들에게도 향수를 불러일으키는 것이 디즈니의 가장 큰 전략이다. 결국 이를 위해 끊임없이 디즈니 콘텐츠 역량을 강화하기 위한 새로운 콘텐츠 제작을 추구하고 있다. 또한 과거 방송 유통망에서 벗어나 디지털 채널들을 적극 활용하는 것이 디즈니의 새로운 변화라고 할 수 있다. 나아가 새로운 디지털플랫폼을 구축해서 직접 유통에 나서고 있다.

<表 18> 디즈니의 주요 경영전략

전략	주요내용
콘텐츠 역량 강화로 우월 지위 확립	어린이를 위한 애니메이션, 최고의 가족영화 흥행 브랜드 스타워즈의 영입, 남성층을 공략하는 영화 보강
온라인 유통 채널 다변화	2012년 12월 넷플릭스와의 독점 계약-디지털 플랫폼 활용 온라인 서비스 사업 적극 진출
디지털 플랫폼 구축을 위한 협력	뉴스코퍼레이션과 NBC유니버설(컴캐스트)이 합작으로 온라인 스트리밍 서비스 훌루를 출범
해외 방송사 및 영화사 적극 인수	콘텐츠 비즈니스를 인수
인터액티브 미디어 강화를 위한 출판 사업 인수	마블등 출판사 인수

(3) 폭스 브로드캐스팅 컴퍼니(Fox Broadcasting Company, FOX)

뉴스 코프를 소유하고 있는 FOX는 217개 계열사와 27개의 방송국을 거느리고 있다. 이 중 9개 방송국이 미국 방송시장 톱 10 시장에 위치해 있다. FOX는 로우 앤 오더(Law & Order), 딜 오아 노딜(Deal or No Deal), WWE스멕다운(WWE Smackdown) 등과 같은 프로그램의 저작권을 사들였고, 미식프로축구(NFL) 중계, 프로야구(MLB), 자동차경주(NASCAR), 스프린트 컵(Sprint Cup), 볼 챔피언십 시리즈(Bowl Championship Series) 등과 같은 스포츠 프로그램을 내보내고 있다.

FOX 시청자의 평균 연령은 41세로, NBC가 49세, ABC가 50세, CBS가 55세 임을 감안할 때, 광고주의 주 타깃층인 18세~49세 연령 그룹을 끌어들이는 데 FOX가 다소 유리한 위치에 있다고 볼 수 있다.

FOX는 해마다 5% 성장하여 2014년 매출은 18억 9천만 달러에 달했다. 광고 매출과 프로그램 판매 수수료로 이뤄지는 매출 신장세를 기록했다.

최근에는 케이블과 위성TV와 FOX 프로그램 재전송 수수료를 포함한 협상을 하고 있다. 실례로 가입자를 바탕으로 하는 케이블 서비스가 FOX 채널을 포함하는 경우 케이블 방송국이 FOX에 채널 이용료 지불을 명시하는 등의 계약을 타임워너(Time Warner)와 새로 체결하기도 했다.

(4) CBS 코퍼레이션(CBS Corporation)

1927년에 설립된 CBS는 현재 미국에서 가장 큰 미디어기업 중의 하나다. 회사의 모기업인 바이어(Viacom)컴은 지난 2005년 이 회사를 두 개의 독립법인으로 분리했다. CBS의 2013년 매출은 총 14.3억 달러에 이를 것으로 추정되고 있다. CBS는 엔터테인먼트, 케이블 네트워크, 출판, 지역방송 그리고 아웃도어(Outdoor) 등 5개 분야를 경영하고 있다. 회사 매출의 63%는 광고판매에서 창출되고 있다.

CBS는 텔레비전 방송과는 점차 거리를 두고, 가입자와 광고 등에서 매출을 올릴 수 있어 수익성이 높은 케이블 TV 모델로 전환을 꾀하고 있다. 이러한 움직임은 최근 타임워너(Time Warner)와의 서비스가입 수수료 문제로 불거져 난항을 겪고 있다. CBS의 매출은 지난 5년 동안 매년 평균 3.4%씩 감소한 것으로 나타났다.

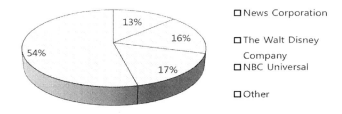

※ 출처:www.ibisworld.com

<그림 10> 텔레비전 방송 기업의 미국 시장점유율

(5) 바이어컴(Viacom)

디즈니, AOL 타임워너, 바이어컴, 뉴스코프, 소니(Sony), 베텔스만(Bertelsmann) 등은 이름만 대도 누구나 알 정도로 유명한 거대 다국적 미디어 기업들이다. 이러한 다국적 미디어 기업들의 파워와 영향력은 날이 갈수록 더욱 커지고 중요해지고 있다. 20세기 들어서 '인터넷(Internet)'이라는 새로운 창구(window)가 생긴 뒤로는 더욱 가속도가 붙어 이제는 유럽시장뿐만 아니라 아시아 시장에까지 그들의 영향력이 뻗쳐나가고 있는 실정이다. 미디어컨텐츠(Media Contents) 분야는 이들 6대 메이저(Major) 기업이 전세계 시장을 주도하고 있으며, 메이저들은 컨텐츠의 제작, 유통, 이용에 이르는 사업 구축을 통해 미디어 컨텐츠 비지니스의 시너지(synergy) 효과를 극대화하고 있다. 바이어컴의 CBS의 역사는 90년 전으로까지 거슬러 올라가지만 1970년대부터 본격적인 합병과 인수를 통한 그룹 만들기가 개시된다. 바이어컴이라는 이름은 1970년대말 라디오(Radio) 방송국들에게 붙여진 이름이었다. 바이어컴은 1980년대 쇼타임(Showtime)과 영화 채널(Channel)을 아우르게 되었고 1981년에 탄생해 방송의 대반란이자 실험정신으로서 전 세계인의 이목을 집중시키기도 했던 MTV 네트워크를 1986년에 인수하였다. 그 다음해인 1987년에 섬너 레드스턴(Sumner M. Redstone)이라고 하는 미국 미디어 업계의 거목이 자신의 회사 내셔널 어뮤즈먼츠(National Amusements)를 통해서 바이어컴의 지분 83%를 인수, 경영권을 행사하기 시작하면서 오늘날 거대그룹 Viacom CBS의 기틀이 잡혔다.

바이어컴은 인수행진만 벌인 것이 아니라 직접 미디어를 만들기도 하였는데, UPN(유나이티드 파라마운트 네트워크, United Paramount Network)의 경우 바이어컴이 1995년 창업하여 미국내 5대 TV 네트워크의 반열에 올려놓는 기염을 토하기도 하였다. 또한 인터넷 비즈니스(Internet Business)의 붐(Boom)에 맞춰 그룹(Group)의 대표 브랜드 중 하나인 MTV의 MTV 네트워크 온라인(Network Online)을 만들어 MTV와 VH1의 컨텐츠(Contents)를 '멀티 유즈(Multi Use)'하게끔 안배하였다. 결국 MTV쪽은 MTVi그룹으로 묶게 되고 애니메이션 채널(Animation Channel)의 세계적인 심볼(Symbol)로 떠오르게 된 니켈로디온(Nickelodeon) 계열의 디지털 콘텐츠는 니켈로디온 온라인 그룹으로 모아 주었다.

바이어컴은 현재 직원 수만 12만 3천명에 주주들은 6,327명에 달하는 미국의 대표적인 주식상장 미디어 기업이다. 기업 규모의 측면에서 살펴보면, AOL 타임워너에 이어 미국 내 제 2위의 규모이며, 전 세계적으로는 5위권에 포함된 메가톤(Megaton)급 미디어 기업이다. 바이어컴의 주요 사업 분야는 텔레비전 방송국이며, 기타 라디오 방송국, 케이블 및 유료 텔레비전 서비스, 음반 사업, 특허 관련 사업, 영화제작 사업, 영화 및 비디오 배급 사업, 비디오테이프 대여 사업 등을 포괄한다.

바이어컴의 강점은 케이블 네트워크 성장에 따른 브랜드 효과가 큰 미디어 자산을 확보하고 있다는 점이다. 음악 전문 채널인 MTV 네트워크를 포함해서, 흑인 대상의 엔터테인먼트 채널인 BET(Black Entertainment Television), 유료 텔레비전 프로그램 서비스인 쇼타임 네트워크(Showtime Network, Inc.) 등을 운영하고 있다. 이들 채널의 국제적 지명도는 다른 제조업 분야의 글로벌 기업들을 능가하는 새로운 세계적 문화의 코드로 활용될 정도이다. 섬너 레드스톤은 올해 극장권을 강타한 '아이언맨'을 비롯하여, 몇달전 큰 흥행을 보였던 '트렌스포머'를 제작한 파라마운트사를 비롯한 MTV, CBS 등등의 미디어콘텐츠 회사를 소유하고 있다.

바이어컴의 케이블 시장 점유율은 11.6%다. 대표적인 채널 브랜드로 MTV, MTV2, VH1, CMT, 니켈로데온(Nickelodeon), 코메디센트럴(Comedy Central), BET 등이 있다. 전 세계적으로 가장 많이 배급되고 있는 니켈로데온 채널은 미국 내 9,000만 가구에 제공되고 있고, 세계적으로는 3억 가구에 제공되고 있다. 바이어컴 전체 매출의 70.6%는 미국 내에서 이루어지고 있는 것으로 나타났다.

바이어컴 케이블 네트워크는 음악그룹(Music Group), 니켈로데온 그룹(Nickelodeon Group), 엔터테인먼트 그룹(Entertainment Group)과 BET 네트워크(흑인 시청자를 타깃) 등의 4개 그룹으로 나뉘어져 있다. 이러한 분할 체계는 광고주에게도 영향을 주어서 회사 매출 성장에 기여하고 있다. 대부분의 콘텐츠는 자체 제작하고 있으며 다른 네트워크를 위한 콘텐츠도 제작하고 있다.

바이어컴 케이블 네트워크의 2013년 매출액은 1.7억 달러로 나타났다. 이러한 수치는 지난 2008년 이후 매해 평균 8.1%씩의 성장에 기반을 둔 것이다.

바이어컴의 경영실적은 독창적인 프로그램 제작 및 편성에 대한 과감한 투자와 보유채널들이 디지털 플랫폼으로 확장 등과 밀접한 연관이 있다. 넷플릭스(Netflix) 등과 같은 온라인 스트리밍 서비스가 상용화 되면서 니켈로데온 프로그램을 어린이들이 보고 싶을 때 시청할 수 있게 되었고, 이는 니켈로데온 부문의 성장을 어렵게 만드는 요인이 되고 있다.

(6) 타임워너(Time Warner)

타임워너는 2001년 1월에 인터넷 서비스 제공업체 AOL과 미디어 기업인 타임워너의 합병을 통해 탄생했다. 2003년 3월에 미디어 콘텐츠 생산 기업인 타임워너 엔터테인먼트와의 소유권 문제를 완결지으면서 워너 브라더스, HBO, 워너 브라더스 텔레비전 방송(WB Television Network)과 카툰 네트워크(Cartoon Network)를 실질적으로 소유하게 되었다. 타임워너는 콘텐츠 생산과 유통, 판매망까지 소유하고 있는 전형적인 글로벌 미디어 기업으로서 주요 사업 분야는 인터넷 사업, 케이블 사업, 영화, 방송, 출판사업으로 구성되어 있다. 타임워너에서 인터넷과 출판 사업이 차지하는 비중은 매년 줄어들고 있으며 케이블과 방송이 차지하는 비중은 지속적으로 늘어나고 있다. 타임워너는 네트워크 사업분야에서도 적극적으로 해외로 진출하고 있다. 네트워크 사업은 터너 브로드캐스팅 시스템(Turner Broadcasting System Inc.)에 의해, 유료 방송 사업은 홈 박스 오피스

(Home Box Office, Inc.)에서 운영하고 있다. 터너 브로드캐스팅 시스템은 세계 곳곳에서 엔터테인먼트와 애니메이션, 뉴스 네트워크를 지니고 있다. 대표적인 채널인 CNN은 200여 개국에 진출하여 7개 언어로 방송 중이며 전세계에서 10억 명이상이 시청하고 있다. 애니메이션채널인 카툰 네트워크(Cartoon networks)는 현재 유럽과 아시아 지역에 진출해 있으며, 다양한 현지어로 방송되고 있다. HBO는 미국에서 가장 성공한 프리미엄 유료 텔레비전 방송으로 미국 뿐 아니라 남미, 유럽, 아시아 지역에 조인트 벤처사를 50개 이상 보유하고 있으며 HBO의 프로그램은 150여 개국에서 팔리고 있다. HBO는 56개 메이저 영화사에서 방영권을 구입하여 제공하기 때문에 HBO 영화의 판권을 타임워너가 보유하지 않는 경우가 많아 해외 진출 시 미국의 메이저 스튜디오나 현지 기업과 조인트 벤처 형식으로 진출하는 경향이 있다.

<표 19> 타임 워너의 사업분야

AOL	Cable	Film Entertainment	Networks	Publishing
AOL	Time Warner Cable	Warner Bros. New Line Cinema	TBS,HBO	Time
- CompuServe, Netscape,MapQuest, ICQ 등을 보유한 세계 최대 ISP업체 - AOL은 'Content'와 'Access' 부문을 분리하는 전략을 추진 -> 가입자 감소에 따른 AOL의 수익악화를 최소화하고 비즈니스 모델을 최적화 시키기 위함	- 美 27개주를 대상으로 케이블 서비스를 제공 - TWC는 이동통신 서비스 제공을 위해 Comcast, Cox Communication, Sprint와 컨소시엄 구성 -> 20억 달러를 투자해 美 주요 도시의 무선 주파수 대역 라이선스 획득(2006.8) - 뉴욕 증권거래소 상장 (2006.3.1)	- 영화 제작 및 배급, TV프로그램 제작, 유통, 라이센싱 등 담당 - Time Warner 글로벌 사업의 주축 -> 특히 Warner Bros.를 중심으로 영화시장의 구조적 정체와 미국 영화 시장 성장의 포화에 따른 수익성 악화를 글로벌 시장을 통해 돌파하려는 움직임을 나타내고 있음	- 미국 및 글로벌 시장을 대상으로 케이블 방송 채널 서비스를 제공 - 사업영역은 Basic Cable Service, Pay TV, Broadcasting Television 등으로 구성 - 최근 글로벌 시장 확대를 가속화 하려는 움직임을 나타냄 - 이외에도 드라마 등의 DVD 버전 출시로 새로운 수익원을 창출하고 있음	- 세계 최대 잡지 출판사 - Time, people, Sports Mustrated, Entertainment Weekly, Southern Living In Style, Cooking Light 등을 포함한 130여 개 이상 (2007년 3월말 기준)의 잡지를 출간

<표 20> 타임워너 산하 터너 네트워크의 연간프로그램 사용료 매출전망

구 분	2014	2015	2016
TNT	10.5%	9.0%	12.8%
TBS	9.6%	8.3%	11.6%
Cartoon/ADSM	13.3%	10.8%	16.6%
CNN	8.5%	7.6%	10.2%
truTV	15.2%	12.1%	19.1%
TCM	7.0%	7.0%	7.0%
기타	6.0%	5.0%	5.0%
Turner Networks	9.9%	8.6%	12.0%

※출처 : TimeWamer, Credit Suisse

(7) 리버티미디어(Liberty Media Corp.)

리버티미디어는 지난 1991년 당시 미국 최대 목표관리였던 TCI (텔레-커뮤니케이션, Tele-Communications, Inc.)의 자회사 형태로 채널 콘텐츠에 대한 투자를 목적으로 설립되었다. 이후 리버티미디어는 1999년 3월 AT&T와 TCI간의 M&A에 따라 AT&T 브로드밴드 (Broadband)라는 법인 산하로 편입되었다가, 2001년 8월 AT&T 브로드밴드가 컴캐스트로 인수되는 과정에서 완전히 독립된 회사로 거듭났다. TCI가 AT&T에 의해 인수되는 과정에서 리버티미디어는 기존의 SO와 PP 중심의 투자전략에서 벗어나, 투자 포트폴리오를 다각화하고 글로벌화하게 되었다. 세계 최대의 인터랙티브 TV 솔루션(Interactive TV Solution) 업체인 오픈 TV(Open TV) 인수와 리버티브로드밴드인터랙티브TV(Liberty Broadband Interactive TV), 리버티라이브와이어코프(Liberty Livewire Corp.) 등 인터랙티브 TV 관련 회사 설립, 위성 DMB 사업체인 XM 새틀라이트 라디오 홀딩스(XM Satellite Radio Holdings Inc.)에 투자하여 IT 분야의 투자도 적극적으로 확대해 나감으로써 보유 투자 포트폴리오의 구성을 한층 다양화했다. 일본 스미토모 상사와 공동으로 일본 최대 목표관리인 쥬피터 텔레커뮤니케이션(Jupiter Telecommunications)과 MPP 지주회사인 쥬피터 프로그래밍사(Jupiter Programming)를사를 설립하였고, 유럽의 메이저 케이블 TV 및 전화서비스 회사인 유나이티드 글로벌컴(United Global Com)사 인수(14억 달러), 영국 최대의 목표관리인 텔레웨스트(Telewest) 지분 확보, 도이치 텔레콤(Deutsche Telekom)이 소유한 독일 SO(가입자 총 1,000만 가구)의 지분 55%를 25억 달러에 인수하는 등 본격적인 해외진출을 시도해 남미, 유럽, 아시아 등으로 투자범위를 넓히고 있다. 현재 리버티미디어의 투자 현황을 보면, 머독의 뉴스 코프에 대한 지분 18%를 비롯, AOL 타임 워너(4%), 바이어컴(1%), 비방디 유니버설(Vivendi Universal) (3%) 등의 글로벌 미디어 그룹의 지분을 보유하고 있다. 리버티미디어는 "목표관리의 수신료 → 채널 투자 → 콘텐츠의 질적 향상 → 시청자의 만족도 향상과 가입자수의 확대"로 이어지는 선순환 모델의 전형을 보여주고 있다. 이처럼 리버티미디어는 미디어 관련 투자를 전문으로 하는 기업으로 투자 범위가 케이블 TV 및 위성방송 채널사업이나 거대 미디어 그룹의 범위를 넘어서 인터넷 비즈니스, 브로드밴드 사업, 모바일 서비스 등 미디어 및 엔터테인먼트 사업 전반에 걸쳐 광범위한 투자 포트폴리오를 형성하고 있다. 이러한 점은 향후 방송통신융합의 시대에 대비하는 글로벌 미디어 그룹의 중장기적인 포석의 대표적인 사례라 할 수 있다.

3. 국내 미디어 기업 분석

국내 미디어 그룹의 글로벌 진출은 경쟁력 있는 콘텐츠를 문화적 지리적 연관성이 있는 지역을 중심으로 미디어 산업의 가치사슬에 포함된 기업들이 연합해서 진출하고 있다. 지역적으로는 유럽, 북미 지역은 틈새시장을, 아시아 지역은 협력강화를 통한 지역별 특성에 맞는 전략을 통해 진출하고 있다. 산업별 현황을 살펴보면, 방송산업은 계약방식으로, 애니메이션산업은 프로젝트성 공동제작 방식으로, 음악산업은 우회투자 방식을 통한 진출을 하고 있다. 게임 산업은 중국업체를 통한 퍼블리싱 전략이 유효한 진출방식이 되고 있고, 모바일 게임은 현지화 서비스가 요구되지만, 현지법인의 설립이 불가하기 때문에 현지 업체와의 협업에 의한 전략을 펴고 있다.

(1) CJ E& M

CJ E& M 그룹은 영상 콘텐츠 제작과 유통까지 아우르는 미디어 그룹이다. CJ 미디어그룹의 형태는 영화의 제작과 배급은 CJ엔터테인먼트가 담당하고 있으며, CJ엔터테인먼트는 드림웍스가 제작한 영화를 한국을 비롯하여 아시아 지역에 독점배급하고 있다. 콘텐츠 유통 체계를 보면, 1차 유통은 극장체인 CGV에 의해, 2차 유통인 CJ미디어 PP채널에서 공급되며, 3차 유통은 CJ인터넷에 의해 온라인으로 보급되고 있다. CJ케이블 넷과 CJ미디어는 각각 국내 거대 목표관리와 MPP로서 케이블 사업부문을 총괄하고 있고, CJ케이블넷은 전국 13개 지역에서 케이블 유선방송사업을 하고 있으며 CJ미디어는 음악채널 M.net, 종합오락채널 tvN, 영화채널 채널 CGV, 스포츠채널 Xports 등을 운영하고 있다. 이 외에 음악 중심의 콘텐츠를 기획·제작·방송·유통·판매하는 엠넷미디어와 넷마블을 운영하는 인터넷 기업 CJ인터넷, 파워콤과 CJ미디어와의 합작투자로 설립된 네트워크 기업 CJ파워캐스트, 홈 엔터테인먼트 분야를 담당하는 CJ조이큐브가 있다. CJ계열의 해외진출은 2005년 베트남 드라마 제작에 투자하면서 본격화 되었는데, '무이응오가이'의 대본, 촬영, 방송기술, 마케팅을 담당했다. 2006년 2월 M.net을 기반으로 CJ미디어 재팬을 설립하면서 일본에 진출하였고, 현재 위성과 케이블에서 방송하고 있으며, 대만, 말레이시아, 싱가포르, 홍콩 등에 채널 사업 구상 중이다.

(2) SK

SK미디어그룹은 방송통신 융합이란 새로운 미디어 환경에 대응하여 사업영역을 미디어 시장까지 넓히고 있다. SK는 2003년 SK커뮤니케이션을 통해서 싸이월드를 인수하면서 콘텐츠 사업에 진입하였다. 그 후 국내 최대 연예 매니지먼트사인 IHQ를 인수, YBM 서울음반을 인수하는 등 주로 인수합병을 통하여 그 영역을 넓혀왔다. 최근에 SK는 하나로텔레콤을 인수하여 IPTV 시장에 진출하였다. SK에서는 IHQ가 콘텐츠와 관련한 전반적인 부분들을 담당하고 있다. IHQ는 싸이더스HQ를 통하여 매니지먼트, 드라마콘텐츠, 음악콘텐츠를, 영화제작사인 아이필름을 통하여 영화콘텐츠를 확보한 후, 이것을 케이블 방송사인 CU미디어에 제공하고 있다. 또한 3개의 음악펀드, 4개의 영화펀드를 통하여 콘텐츠 사업에서의 역량을 더욱 강화하고 있다. 2005년 합병된 엔트리브소프트가 게임분야에 진출해있으며, SK텔레콤은 솔루션 개발업체인 이노에이스, 디지털 마케팅 회사인 에어크로스, 위성DMB업체인 TU미디어의 지분을 가지고 있다. SK의 해외진출은 음악산업을 중심으로 인터넷, 게임 분야에서 해외사업을 진행하고 있다. SK텔레콤은 2008년 중국 음반사인 'TR Music(Tai Rye Music Co.,Ltd.)' 경영에 참여(지분 42.2%)하고 있으며, IHQ와 투자사인 JYP엔터테인먼트도 TR Music과 가수와 프로듀서 상호 교류, 스타 발굴 및 교육, 엔터테인먼트 시장 개척 등 3개 분야에 협력한다는 양해각서(MOU)를 체결하였다. IHQ는 2006년에 미국에 IHQ USA를 자본금 6억 원에 설립하였고, 2008년에는 중국에 SK텔레콤의 중국현지법인인 SK텔레콤차이나와 합작으로 베이징 싸이더스HQ를 설립하였다. YTN미디어는 2006년 일본의 뉴미디어방송그룹 USEN과 콘텐츠를 공급하는 계약을 체결하였고. 온라인 커뮤니티인 싸이월드는 2005년에 중국과 일본, 2006년에 미국과 대만, 2007년에는 베트남에서 싸이월드 서비스를 시작하였다. 중국의 온라인 게임회사인 '매직그리드(Magicgrids Networks)'의 홍콩 법인인 매직 테크 네트워트(Magic Tech Network)에 780만 달러(USD)를 투자하여 지분 30%를 확보하였고, 이를 통해 SK텔레콤은 매직그리드의 회사 경영에 공동으로 참여하고 있다.

(3) KT

공기업인 한국통신이 2002년 민영으로 바뀌면서 사명을 현재와 같이 변경한 KT는 SK와 같이 통신을 기반으로 사업을 시작하였지만 최근에는 미디어 기업으로 진화하고 있다. 2005년 계열사로 편입한 싸이더스FNH는 영화제작사이고, 올리브나인은 드라마, 예능, 정보프로그램, 영화, 디지털 콘텐츠를 제작하며, 매니지먼트 사업, 미디어 채널 사업 등도 담당하고 있다. 블루코드 테크놀로지(현재 KTF 뮤직)는 음악콘텐츠 서비스와 음악 콘텐츠 제작, 유통을 하며, 블루코드 테크놀로지의 계열회사인 도레미 미디어는 음반 기획, 제작, 유통 및 매니지먼트 사업, 뮤직시티 미디어는 공연기획 및 위성 DMB방송, 파란고양이는 뮤직비디오 제작 등을 담당하고 있다. 이외에도 인터넷 포털 파란을 운영하는 KTH, 전자상거래 전문기업으로 KT몰, 엔조이 뉴욕. 엔조이 밀란을 운영하고 있는 KT커머스가 계열사로 있다. KT는 유선 네트워크사업과 관련하여서는 활발한 해외사업을 하고 있지만 미디어사업 분야에서는 별다른 해외사업은 이루어지지 않고 있다.

(4) KBS

공영방송인 KBS는 자국에서는 철저히 공익성을 추구하지만 해외에서는 유선방송에 진출하여 수익을 거두어 이를 자국의 방송발전에 투자하는 BBC와 NHK를 모델로 하여 해외 진출 전략을 수립하고 있다. 즉 방송프로그램 수출에 머물지 않고, 보다 적극적으로 해외의 유료방송시장에 채널로 진출하여 보다 안정적인 수익구조를 마련하고자 하고 있다. 현재 54개국의 케이블·위성채널에 "KBS월드(KBSWorld)" 채널이 진출하여 4,019만 가 시청가구를 확보하고 있다. 이는 가입가구수가 일정정도 확보된 현지플랫폼에 직접 진입하는 방식을 선택하고 있기 때문이다. 현지화 전략의 일환으로 자막방송(일본어와 인도네시아어)을 하고 있다. 일본어 자막방송은 하루 21시간 방송되고 있으며, 일본에서는 일본내 케이블 시청률에 근거해 일정정도의 성과를 거두고 있다.

(5) MBC

MBC도 기존의 프로그램 수출과 더불어 보다 적극적인 채널 진출이 병행하여 이루어지도록 노력하고 있다. 현재 채널 진출은 몽골, 베트남, 카자흐스탄, 그리고 이집트 등 네 개국에 진행 중이다. 하지만 아직 채널이 본격적으로 운영되는 곳은 없으며, 면허를 기다리거나 혹은 행정적 소송 등의 문제를 겪고 있다. 최근에는 SBS와 함께 일본의 한국어 채널인 KNTV에 지분투자 하였다.

(6) SBS

국내의 대표적인 민영방송인 SBS는 지상파사업 외에도 케이블 채널사업과 영화사업에도 참여하고 있다. 최근에는 SBS도 다른 지상파 방송사와 같이 해외진출을 시도하고 있다. 자회사인 SBS프로덕션은 인도네시아에 합작법인인 GMC(글로벌 마트라 컨설팅, Global Matra Consulting)를 설립하여 동남아시아를 중심으로 해외사업을 하고 있다. SBS는 인도네시아, 대만 등에도 진출하였는데, 인도네시아의 경우는 콘텐츠 제작, 배급을 위한 조인트 벤처를 설립하였고, 대만의 경우는 대만 G-TV와 공동으로 K-channel을 만들어서 종합편성으로 운영하고 있다.

<표 21> 국내 미디어기업의 계열사 현황

구분	CJ	SK	KT
연예 매니지먼트	메디오피아(GM기획)	IHQ(싸이더스HQ)	
제작		아이필름, 청어람 (IHQ가 2대주주) SK C&C(인디팬던스)	싸이더스FNH
배급	CJ엔터테인먼트, 시네마서비스		싸이더스FNH
상영	CJ CGV, 프리머스 시네마	CINUS	
케이블(PP)	CJ 미디어	YTN미디어	
케이블(SO)	CJ 케이블넷		
디지털위성방송			Skylife
IPTV			KT
위성DMB		TU미디어	
지상파DMB			
WiBro		SK텔레콤	KT
음원	메디오피아(MaxMP3) CJ뮤직	YBM서울음반 WS엔터테인먼트	
게임	CJ 인터넷(넷마블)	엔트리소프트	
인터넷		SK Communications (싸이월드, 네이트온, 이투스)	KTH(Paran)

제5장 스마트 미디어와 스마트 경영

1. 스마트 미디어 경영을 위한 요소

1) 스마트인터랙션의 개념과 현황

스마트 시대는 통신사업자 네트워크(2G, 3G, LTE 등)가 아니라, 개인간 (Pear to Pear)의 자유로운 정보가 공유되는 환경이 제공되고, 무선네트워크(WIFI: Wireless Fidelity)와 근거리 통신 환경(PAN: Personal Area Network) 그리고 초단거리 통신(NFC:Near Field Communication) 환경이 제공 될 것이다.

소프트웨어도 개인 소유의 개념으로 변해갈 것이다. 이제 개인이 원하는 것을 하드웨어에 다운로드 받아 언제 어디서나 소통할 수 있도록 해주는 편리성과 휴대성이 향상된 기술들이 등장하고 있기 때문이다. 뿐만 아니라 네트워크를 기반으로 컨텐츠의 생산과 소비를 자동화시키는 방향으로 발전되어 감에 따라, 스마트 디바이스를 통한 커넥티드 정보기기를 양산해내는 산업도 동반성장 하게 될 것이다. 이에 따라 미디어 기업들은 IT가 다양한 사회시스템과 융합하여 새로운 가치를 창출하는 스마트사회에 적합한 경영전략을 필요로 하게 될 것이다. 왜냐하면 기업은 기기와 사용자를 고려하여, 스마트 디바이스와 상호작용이 가능한 생태계 즉 스마트 인터랙션을 조성해야 하기 때문이다.

스마트 인터랙션이란 기기와 상호작용을 하는데 있어서, 음성 혹은 동작 등과 같이 보다 인간 친화적인 방식을 사용하는 것을 의미한다. 스마트 인터랙션의 방식으로는 음성인식, 동작인식, 얼굴인식, 감성인식, 마인드인식(BCI) 등을 꼽을 수 있다. 이처럼 스마트 인터랙션 기술은 차세대 HCI기술로 유비쿼터스 환경에서 컴퓨터를 비롯한 정보기기를 이용할 때 사람과 디바이스 사이의 상호작용을 더 자연스럽고 편리하게 하기 위한 SW/HW인터페이스 기술을 의미한다.

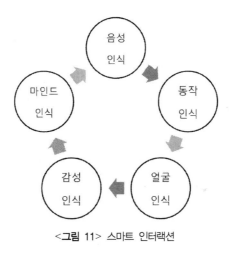

<그림 11> 스마트 인터랙션

삼성전자는 스마트인터랙션 기술을 세계 최초로 TV에 적용하여, 사람의 동작이나 음성 그리고 얼굴까지 인식해 직관적으로 TV를 컨트롤 할 수 있도록 했다.

애플은 2011년 한 단계 진화된 음성인식 서비스로 시리(Siri)를 출시했으며, 삼성전자는 2012년 스마트TV 제품을 출시하면서 음성인식, 동작인식, 얼굴인식 등의 기능을 대거 제품에 적용하였다. 스마트 인터랙션을 사용하는 TV 앱 개발용 SDK도 공개했다. 삼성은 스마트 인터랙션을 단순히 기기나 UI의 일부 요소가 아니라, SDK에 기반한 애플리케이션을 만들 수 있도록 함으로써 자사의 기술에 기반한 생태계를 조성하는 이른바 삼성은 이미 전략적으로, 스마트 인터랙션 기반의 플랫폼 비즈니스 사업을 진행하고 있는 것이다.

<표 22> 스마트 인터랙션 기술

구분	현재	미래
센서기술	소자형 소형센서 기술 접촉형 센서기술 PPG, GSR, 온도, 기울기, 가속도, 영상센서등	One chip형 초소형/초정밀 센서소재 비접촉형 센서 기술 원칩센서(온도) 원칩환경센서(가속도, 기울기, 중력, 음성, 영상) 각종 스마트 센서/소재
인지기술	생체신호 인식 환경신호 인식 음성인식 움직임 인식 영상인식 정형화된 감성인식	의도 의미인지 UI 대상인지 UI 감성증강 UI 3D 모바일 UI
통신	데이터 통신, 유무선통신	개인감성정보보호 감성교감통신네트워크
플랫폼	모바일 플랫폼, 실감미디어 재현, 3D 플랫폼	감성스마트 소재 제어 플랫폼 감성디자인 플랫폼 디지털오토플랫폼
인터랙션의 진화	마인드, 음성, 동작, 감성, 얼굴 인식	멀티모달기반의 인지, 교감, 융합

2) 클라우드컴퓨팅이 이끌어내는 혁신과 경영의 변화

스마트 시대란 인터넷의 잠재성이 본격화되는 시대를 지칭하는 것으로, 애플리케이션, 디바이스, 네트워크의 각 부문이 서로를 보완하고 변화시키는 '생태계 혁신'의 시대를 말한다. 예를 들면, 스마트 TV에서는 스마트폰 운영체제(Operating System)를 탑재해 소비자가 인터넷을 통해 다양한 애플리케이션(Application)을 다운로드 받을 수 있고, 기존의 TV 수상기의 TV 프로그램 시청 외에 인터넷 브라우징, 스트리밍 비디오, 소셜커머스, 앱이나 게임 이용을 포함하는 서비스를 사용할 수 있다. 이와 같이 스마트TV는 네트워크와 애플리케이션을 통해 서비스를 제공하게 되는데, 이때 보다 많은 서비스를 제공하기 위한 핵심은 바로 클라우드 컴퓨팅이다. 이 클라우드 컴퓨팅 기술을 통해 클라우드 서비스와 데이터마이닝(Data mining)에 기반한 혁신적 서비스가 실현되는 것이다. 점차로 미디어 기업들에게 데이터는 핵심 경쟁력이 될 것이고, 그 가운데 큐레이션, 소셜화, 고도화를 통한 킬러콘텐츠의 제공이 핵심이 될 것이다.

(1) 큐레이션

스마트 콘텐츠의 공급이 요구되는 가운데, 개방형 플랫폼의 확산으로 다양한 서드파트들이 자유롭게 콘텐츠를 생산하게 되면서, 콘텐츠 제작과 생산량이 늘어나고 있다. 특히 축적된 콘텐츠와 급증하는 콘텐츠를 제대로 관리하기 위해서는, 사용자들에게 정제된 콘텐츠를 서비스 할 수 있는 방법론적인 측면에서의 가이드라인이 필요하다. 이에 콘텐츠를 제작하는 미디어 기업들은 개인화되고 맞춤화된 콘텐츠를 제공하기 위한 노력을 해오고 있다. 그 중에서 주목할 것은, 최적의 콘텐츠를 수집해 제공하는 콘텐츠 마이닝, 즉 '큐레이션' 전략의 모색이다. 큐레이션(Curation)이란 콘텐츠를 개별적으로 평가하고 문맥, 최근 사건, 브랜드, 정서 등을 기초로 콘텐츠의 가중치를 결정하는 등 기계적인 검색으로 걸러내는 과정을 통해, 기존의 제공되던 것 이상의 콘텐츠를 수집하고 제공하는 활동을 의미한다. 미디어 기업들은 이미 확보된 콘텐츠를 큐레이션 서비스를 통해 제공하기 위해서는 사용자들의 니즈를 보다 정확히 분석하는 과정을 통해, 일반 기업과는 차별화하는 전략을 선취해야한다. 이를 위해 기업들은 데이터 분석 툴의 도입과 데이터 제공 기술의 개발에 힘을 쓰지 않을 수 없게 된다.

2011년 이후 글로벌 기업가운데, 신문사나 잡지사들을 중심으로 콘텐츠 큐레이션 서비스가 제공되었지만, 서비스를 통해 신규 수익 모델을 개발하거나 실제 수익을 창출한 사례는 많지 않다. 월스트리트 저널은 콘텐츠 큐레이션 서비스를 실시하면서 유료화 서비스 모델을 정착시켜, 사용자 타깃화된 정보를 제공하고 있다. 즉 사용자들의 콘텐츠 소비행태를 초 단위로 추적할 수 있는 온라인 뉴스 출판만의 장점을 이용해 구독자들의 취향 및 관심사를 면밀히 파악함으로써 타깃화된 구독자들에게 유료로 고급 콘텐츠를 메일링 서비스를 통해 제공하는 방식을 취했다. 이때 사용자에게 넘쳐나는 기사를 사용자 타겟에 맞도록 콘텐츠 큐레이터 서비스 제공 방식을 사용한다. 방송 콘텐츠 큐레이션의 사례로는 컴캐스트를 들 수 있다. 컴캐스트는 실시간 방송과 VOD 추천 서비스를 개인화된 TV 편성표와 함께 제공했으며, SNS업계와의 제휴를 통해 사용자의 관심 및 선호도가 높은 TV 콘텐츠 정보도 제공하였다. 이를 가능케 한 것은 IP 셋톱박스 기반의 TV 애플리케이션 X피니티 TV(Xfinity TV) 였다. 이외에도 타임 워너 그룹의 뉴스 전문 채널 CNN은 2012년 10월 콘텐츠 큐레이션 서비스 'CNN 트랜드(CNN Trends)'를 런칭했는데, 아이폰이나 아이패드에서 맞춤화된 잡지 형태로 제공해주는 '자이트 (Zite)'를 인수한 것이 계기가 되었다. 자이트의 기술은 기존 미디어의 콘텐츠를 자동으로 편집할 수 있는 것으로, CNN 시청율에서 화제가 되는 토픽의 순위를 매기고, 이에 관련한 정보나 소싱 채널을 리스트업해 CNN닷컴(CNN.com) 사이트를 통해 제공하는 방식이다.

(2) 소셜화

속보성과 확산성 측면에서 강력한 미디어인 SNS 플랫폼이 콘텐츠 유통 플랫폼으로서의 그 영향력을 확대해 나가고 있다. 이미 이러한 현상은 콘텐츠의 소셜화가 급격한 진행으로 나타나기 시작했고, 다양한 분야의 콘텐츠에 소셜적 요소가 결합되면서 새로운 가치를 창출하기 시작했다. 이를 워터쿨러 효과로 설명하기도 한다. SNS를 통해 콘텐츠 정보와 이용 경험을 공유하면서, 소셜 네트워크가 오히려 시청자들로 하여금 방송, 게임, 음악 관련 대화에 대한 욕구를 확대시켜, 해당 콘텐츠에 대한 충성도를 높이고 시청률을 견인하게 되는데, 이러한 것을 워터쿨러 효과라고 부른다.

이상에서 살펴본 바와 같이 '혁신'과 '새로움'으로 무장한 스마트 시대는 미디어 기업들에게 차세대 미디어 전략을 세우지 않을 수 없는 위기로 다가온다. 이에, 스마트 미디어 기업들은 기존의 미디어 경영전략과는 차별화되는 스마트 인터랙션과 클라우딩 커퓨팅을 통한 혁신적인 경영전략을 모색하고 있다.

(3) 콜라보레이션

스마트 시대에는 미디어와 콘텐츠를 재목적화하거나 매시업(mash-up)을 통해 재이용과 융·복합화가 용이한 특성을 갖는다. 콘텐츠가 다양한 형태로 변환되어 부가 가치를 극대화하고 연관 산업의 동반 성장을 견인할 수 있게 된 것이다. 특히 디지털 기술에 따른 콘텐츠 전송 방식의 진화는 전통적인 콘텐츠 장르간 경계를 희석시키고, 서로 다른 영역간 협업을 통해 전혀 새로운 가치를 창출하는 '콜라보레이션(collaboration)'을 확산시키고 있다.

'콜라보레이션'이란 서로 다른 두 영역이 만나 각자의 경쟁력을 유기적으로 결합해 시너지 효과를 창출하는 것을 의미한다. 글로벌 콘텐츠 기업은 초창기 패션업계와 이종업계간의 제휴를 통해 주로 행해졌던 디자인 콜라보레이션을 벤치마킹해, 자사 콘텐츠의 가치를 향상시키기 위해 전략적으로 영화, 게임, 만화, 방송 등 다양한 장르 간 콜라보레이션을 확대하고 있다.

이러한 움직임은 콘텐츠 산업 내 서로 다른 장르간 결합에서 한 발 더 나아가 최근에는 전혀 다른 영역과의 콜라보레이션 또는 특정 테마를 중심으로 패키지 콘텐츠를 제공하는 콜라보레이션 형태로 종종 발견된다.

<표 23> 콘텐츠 산업 내 콜라보레이션

구분	콜라보레이션	내용	사례
콘텐츠 산업 내	만화 + 영화	인기 만화 원작의 영화 제작으로 흥행 성공	Disney와 Time Warner (산하 Warner Bros.) 제작의 영화 'The Avengers'와 'The Dark Knight Rises'
	만화 + 음악	디지털 만화 시청 시 몰입적 환경 제공 위해 음악 서비스 제공 · 만화 속 사건 전개와 만화를 보는 방식 별로 배경 음악이 자동 재생	Disney 산하의 Marvel Comics 'Gamma'
	영화+게임	비디오 게임의 CG 기술이 발달하면서 흥행 영화의 컨셉 및 스토리를 차용한 게임	Disney의 'Brave' (영화 제작 초기부터 게임 공동 개발)
콘텐츠 산업과 이종 산업간	캐릭터+패션	캐릭터 그림을 패션 상품에 프린트 하는 방식으로, 상품의 희소성과 소장 가치를 부여	Disney + UNIQLO Disney + Converse Disney + Samantha Thavasa
	캐릭터+화장품	캐릭터를 화장품 용기 디자인에 반영하는 방식으로, 기능이나 편익을 강조하는 제품과 달리 뷰티 제품의 경우 소비자들의 감성을 자극하는 만큼 애니메이션 스토리를 활용해 마케팅 효과를 노림	Disney + MAC Disney + DHC
	영화+항공사 (기내방송)	독특한 아이디어를 기반으로 전혀 새로운 분야와 협력하는 방식으로, 이벤트성이 강하며, 소비자들의 흥미를 유발하는 데 효과적	Time Warner + New Zealand

(4) 빅데이터 저널리즘

데이터 저널리즘을 다양한 데이터를 활용해 기사를 쓰는 것이라고 한다면, 빅데이터 저널리즘은 데이터 수집, 필터링 및 시각화를 통해 구독자들에게 더 흥미롭고 새로운 가치를 줄 수 있는 뉴스를 전달하는 하는 것을 말한다.

박대민(2013)은 빅데이터의 특징을 데이터 측면과 데이터 저장, 관리, 처리의 측면으로 분류하는데, 크기(volume), 속도(velocity), 다양성(variety) 측면에서 기존 자료와 구별되는 것으로 이해된다고 했다. 루썸(Russom, 2011)은 빅데이터는 로그 파일, 수치, 텍스트, 오디오, 비디오 등 정형자료(structured data), 반정형자료(semistructured data), 비정형자료(unstructured data) 등이 뒤섞인 형태의 파일들로, 출처와 유형도 다양하다고 본다. 그러나 그는 속도 측면에서는 생성주기나 유통주기가 짧고, 수집과 분석이 실시간(realtime)으로 이뤄지는 특징을 지적한다. 또한, 그는 저장 용량으로 따지면 흔히 10테라바이트 이상으로 간주되는 빅데이터의 분류에 덧붙여서 컴퓨터 성능 향상에 따라 기준은 계속 높아지고 있기 때문에, 기록물이나 처리량, 파일 수가 많은 경우도 빅데이터의 분류에 포함시켜야 한다고 본다.

웹 개발자 및 저널리스트로 활동 중인 애드리언 홀로버티(Adrian Holovaty)는 '시카고 크라임(Chicago Crime)'이란 온라인 서비스를 개설했다. 이 사이트는 시카고 경찰 데이터베이스로부터 범죄 기록을 가져와 구글맵에 각 구역별, 시간별, 범죄 유형별로 데이터를 표시하는 서비스로, 시카고 지역 주민들이 자신이 사는 주변 구역의 범죄 기록을 수시로 체크할 수 있어 큰 호응을 얻었다. 또한, 미국의 TV 뉴스 채널인 MSNBC가 인수했던 '에브리블록(Every Block)'은 지역 기반 뉴스 모음 사이트로서 각 지역을 위한 뉴스, 범죄 리포트 및 커뮤니티 간의 대화 등을 수집 및 정리해 주는 서비스를 제공했다. 이 웹사이트를 통해 지역 주민들은 당사자들이 사는 동네의 잃어버린 물건 찾기, 빌딩 임대 정보 등 실질적으로 필요한 정보를 얻을 수 있었다.

이는 기존의 뉴스 기사 형태와 달리 다양한 데이터를 수집, 분석 및 시각화를 통해 각 지역 주민을 위한 맞춤 뉴스를 제공한 빅데이터 저널리즘의 한 사례라고 할 수 있다.

영국 <가디언>지의 사이먼 로저스(Simon Rogers)는 데이터의 개방화, 투명화가 데이터 저널리즘이며 독자의 참여를 유도한다는 점에 착안하여, 뉴스룸에 많은 참여자와 전문가를 투입시켜 활용해야 한다고 강조한 바 있다. 미디어는 더 이상 데이터를 독점하거나, 일방적인 정보전달을 하는 것이 아니고 인터넷을 통해 누구든지 참여하고 자신의 의견을 표명할 수 있는 창구이다.

이제 미디어는 단지 대중이 온라인으로 자신의 의견과 자료를 올리는 것에 그치지 않고 디자이너나 개발자와 협력하여 양방향성의 결과물을 만들어내고 그 결과물을 산업에도 적극 활용할 수 있는 형태로 발전해야 한다. 따라서 미디어 기업의 콘텐츠의 생산의 가치사슬은 생산-유통-소비-재생산의 선순환구조로 패러다임의 전환이 일어날 것이다.

빅 데이터 저널리즘은 공개된 방대한 자료 분석에 독자의 참여와 협력을 기반으로 오픈 플랫폼을 통한 미디어의 생태계를 조성하고 있다. 빅데이터 저널리즘은 저널리즘이 더 이상 편집, 전통적인 기사 형식에 얽매여있기 보다 그것을 뛰어 넘어 메시지가 가장 효과적으로 전달되는 방법을 제시하고 있는 것이다. 즉 미래 저널리즘은 기자에 의한 계몽적인 차원의 콘텐츠 '생산'이 아닌 대중 및 커뮤니티에 대한 정보 및 지식을 전달하는 '서비스'로 진화할 것이다. 데이터 저널리즘은 기자와 독자가 동등한 입장에서 서로의 정보를 공유하고 독자도 기사작성에 참여하며 양측이 협력하며 기사라는 스토리(story)를 서로 만들어 가는 쌍방향 텔링(telling)의 과정으로 탈바

꿈할 것이다. 앞으로 미디어 기업들은 빅데이터를 활용한 새로운 소재의 뉴스, 인포그래픽을 활용한 쉽고 재미있는 뉴스를 제공하고 기존 언론과 보도자료를 데이터로 분석하고, 정보시각화 기술로 다양한 콘텐츠를 생산하게 될 것이고, 이를 계기로 많은 협업의 기회가 창출될 것이다.

<표 24> 빅데이터와 저널리즘

빅데이터와 저널리즘	주요 기능 및 사례	빅데이터기술
데이터 수집, 필터링 및 시각화를 통해 구독자들에게 더 흥미롭고 새로운 가치를 줄 수 있는 뉴스를 전달하는 하는 것	검색 -네이버 뉴스 검색, 카인즈 가중치 부여 - 구글 뉴스, 뉴스메이트 요약 - 썸리(Summly), 뉴스썸머 클러스터링 - 네이버 뉴스클러스터링 선별 - 플립보드(Flipboard), 트위터 뉴스봇(Tweeter Newsbot) 오피니언 마이닝 - 다음소프트 소셜매트릭스 시각화 - 연합뉴스 인터랙티브 공유 - 페이스북(Facebook), 트위터(Twitter) 편집 -위키트리	하둡(Hadoop) 분산파일시스템(Distributed File System, DFS), NoSQL(Not Only Structured Query Language) 맵리듀스(MapReduce)

※ 출처 : 박대민(2013). 뉴스 기사의 빅데이터 분석 방법으로서 뉴스정보원 연결망 분석 참고 재구성

2. 스마트 미디어 경영전략

스마트는 시대를 대표하는 용어이고, 스마트란 속도가 빠르고 다양하고 편리한 것 즉, 똑똑한 것을 의미한다. 미국의 Wired 지(誌)의 편집장인 크리스 앤더슨은 스마트 시대로의 변화는 새로운 산업 혁명으로 현재의 변화는 기술혁신에 그치지 않고 사회, 경제적 변혁으로 이어진다고 전망했다. 현재, 스마트화를 이끄는 변화 동인은 지능화, 모바일, 소셜 등 3가지 요소이다.

정보화진흥원(2015)에서도 스마트 비즈니스의 속성을 기기에서는 스마트폰, 태블릿PC, 스마트V등 똑똑한 맞춤형 IT 디바이스에 적합한 기업의 비즈니스 플랫폼 확대라고 보았다.

전통적인 경영은 소비자를 잘 분류하여(Segmentation), 제일 좋은 집단을 골라(Targeting), 그들이 원하는 것을 주고, 마음을 얻으라는 것(Positioning)이다. 스마트 시대의 소비자는 각자의 취향을 가진 개인으로 자신이 원하는 것을 찾아, 그것만 쓸 수 있는 환경을 주는 것이 더 스마트하다. 결국 가장 스마트한 것은 사용자라는 의미다.

이에 따라 기업은 소비자들의 니즈에 기반한 시장주도형 기업으로 경영혁신이 필요하다. 또한, 유무선 인터넷의 확산으로 시공간을 초월한 실시간거래와 정보전달 그리고 의사소통이 가능해지면서 기업은 리얼타임 비즈니스 전략을 강화해야 한다. 사용자는 스마트 환경이 제공하는 앱스토어나 안드로이드 마켓을 장터로 활용하고 있다. 스마트TV에도 이와 유사한 시장이 등장하고 있다. 예를 들면, 방송사나 케이블 업체가 구비하고 있지 않는 외국 드라마나 독립 영화를 검색하여 보는 것이라던가, 미국의 넷플릭스와 같이 동영상을 제공하는 OTT 채널을 시청하는 등 미디어 시장에도 변화가 일어나고 있다. 또한, 사물인터넷으로 가전들이 스마트화되면서, TV를 연결하는 화상 전화 프로그램이나, 가정용 게임, 의료용 센서를 연결한 헬스케어, 집안에 설치된 센서와 TV를 연결하여 화재 발생 예방 등 스마트화된 맞춤형 서비스들이 진행되고 있다.

스마트 환경의 가장 큰 미덕은 개방성과 자유다. 이로 인해 공급자와 소비자의 역할이 융합된다. 예를 들면, 스마트화를 의미하던 표준화된 플랫폼과 기기, 앱 스토어는 1인 콘텐츠 제작자(MCN)등의 맞춤화와 연결되고 있다. 즉, 단 한 명의 소비자를 위한 제품을 만들어 내기 위해 기존의 기업은 사업 모델 혁신을 해야 하지만, 스마트 환경에서는 하나의 소비자라도 만족시킬 수 있는 지구상의 기업과 소비자가 연결 되도록 하는 작용이 필요하다. 비즈니스, 그 이상의 스마트화를 가능케하는 스마트 시대에 소비자는 '제품'이 아니라, 그 제품이 속한 '환경'을 산다. 구글의 사업 방식이나 페이스북, 트위터와 같은 신흥 기업의 성공이 기존의 비즈니스 개념으로 쉽게 설명되지 않는 것도 이 때문이다.

따라서, 스마트 시대에서 미디어 기업은 혁신경영전략이 필요하다. 첫째, 스마트화의 확산을 위한 플랫폼과 제품의 표준화가 필요하다. 둘째, 소비자의 언어를 익혀야 한다. 셋째는 달라진 경쟁의 패러다임을 고려해야 한다. 넷째, 스마트한 변신이 필요하다.

현재, 미디어 기업들이 가지고 있는 강점은 세계 최고 수준의 네트워크와 뛰어난 디바이스 역량 그리고 경쟁력을 지닌 한류콘텐츠이다. 반면 약점은 플랫폼 분야의 역량 부족과 부진한 콘텐츠 유통 그리고 서비스 개발업체의 영세성, R&D 투자 미흡, 제도적 장애요인등이다. 기회요인은 스마트미디어가 지닌 성장성 및 확장성이 크다는 것이다. 점차로 융합되는 미디어 국경과 높은 신기술 수용도 기회를 넓혀줄 것이다. 위험은 플랫폼 리더십을 대체할 수 있는 생태계 구축과 콘텐츠의 합법적 유통이다. 따라서, 스마트시대의 미디어기업은 사용자의 니즈를 발견하고 맞춤형 비즈니스 전략을 통해 혁신적인 비즈니스 모델과 서비스의 개발이 필요하다.

<표 25> 스마트 시대의 미디어 경영전략

구분		스마트 경영전략
시장 세분 화/타 깃팅	이용자 충성도에 따른 무료/유료 (기본형/고급형) 시장세분화와 타깃팅	이용자에게 이익을 제공할 수 있는 유료 서비스에 적합한 차별화 된 콘텐츠 생산(금융정보, 리서치 결과, 통계, 인포그래픽, 분석보 고서 등) 포털사이트에 대한 콘텐츠 제공 재검토 유료화를 위한 기술/조직 구조 활성화를 위한 투자 유명 트렌트 세터의 유료 콘텐츠 이용행태에 대한 적극 홍보 이용자에 대한 지속적인 분석 정보 창출
제품 전략	앱 전문기자 제도 도입	전통적 콘텐츠(종이신문) 생산 중심의 조직을 온라인 및 스마트 플 랫폼 중심 조직으로 재구조화하는 작업 선행 필요 스마트플랫폼 전략을 넘어 멀티 플랫폼 시대에 대응한다는 패러다 임 변화 대응 관점에서 조직구조 개편 위한 투자추진
	특정 스마트플 랫폼 전용 콘텐츠 제공	특정 스마트플랫폼의 성격에 적합하고 내용적으로도 차별화된 콘 텐츠 개발 활성화 태블릿PC와 스마트TV 등 스마트플랫폼의 이용 활성화 국내 미디어기업이 제휴한 신디케이션 플랫폼 활용 미디어기업 내 전담조직 구성
	특정 이슈 전용 애플리케이션 도입	특정 이슈 전용 애플리케이션을 통해 수익창출이 가능한 시장구조 온라인(모바일)서비스에 적합한 데이터베이스 구조 및 콘텐츠생산 조직 창출
	스마트플랫폼 친화적 콘텐츠디자인	국내 스마트플랫폼 시장이 활성화 되지 못한 상황에서는 모든 스 마트플랫폼에 따른 디자인 차별화 보다는 각 스마트플랫폼에 공통 적으로 적용할 수 있는 웹앱 디자인을 고도화 하는 것이 효과적 국내 이용자의 스마트플랫폼 활용 및 인터페이스 습관에 적합한 디자인 모델 개발 스마트콘텐츠 디자인 전문인력의 역량 고도화를 위한 지원 미디어 기업 조직 내부에 스마트콘텐츠 디자인 전문인력 확보
유통 전략	웹앱 도입	웹앱 도입과 관련한 기술 관련 정부차원의 교육제공 모바일 플랫폼의 특성을 살린 웹앱 운용 전략 마련 각 미디어기업의 콘텐츠 특징/상황에 맞는 특화 콘텐츠 개발
프로 모션 전략	묶음상품 및 할인제공을 통한 프로모션	유료 이용을 견인 차별화 된 콘텐츠 생산이 우선 되어야 함 이동통신사와의 공동프로모션 활성화 미디어기업 스마트플랫폼 서비스의 통합 플랫폼 구축을 통한 유료 서비스 이용 견인과 연계
	SNS활용 프로모션	SNS이용자(상대적으로 젊은 연령 계층)에 대한 정확한 이해에 기 초한 활용 전략 고도화 SNS 활용 전략 추진 전담 조직의 신설
가격 전략	가격 차별화	유료 이용 견인할 수 있는 콘텐츠생산이 전제되어야 도입 가능 특화된 콘텐츠 이외의 일반 콘텐츠는 가격 차별화 전략의 대상으 로 설정하기 힘든 상황 무료 이용이 가능한 포털사이트에서 콘텐츠가 제공되고 있는 상황에서 가격차별화 전략은 도입하기 어려운 상황

경쟁 논리로 대부분의 기업 활동이 비밀이었던 내성적 기업 시대와 달리, 스마트 시대는 자신의 발이 어디로 움직이는지 '하나, 둘' 구령을 붙여가며 알려줄 수 있는 외향적 기업이라야만, 결승선을 향해 다가갈 수 있을 것이다. 넷째, 스마트한 변신이 필요하다. 스마트 제품은 협력자들을 향해 '열려있는' 제품이다. 프로그램을 사고 파는 장터를 통해 새로운 기능이 생기고, 업그레이드라는 형태로 운영 체계가 좋아지기도 한다. 여러 가지 주변용품을 연결하여 새로운 쓰임새를 가질 수도 있다. 이러한 변화는 제품을 만들어 내는 기업의 내부 활동에도 영향을 미칠 것이다. 예컨대, 스마트 환경에서는 하드웨어를 만드는 업체도 서비스의 몫이 생긴다. 스마트폰의 OS 업그레이드는 휴대전화 제조사의 몫인 것을 생각해 보라. 컴퓨터나 휴대전화의 교체 기간은 비교적 짧아 큰 문제가 없을 수도 있지만, TV는 한 번 사면 10년을 쓰는 제품이다. 스마트TV를 산 고객에게는 10년 동안 업그레이드 서비스를 해줘야 할지도 모른다. 이를 위한 조직과 상품 기획 능력이 필요해질 것이다. 새로운 역할이 생긴다면 줄어드는 역할도 있을 것이다. 예컨대 애플은 경쟁사들에 비해 제품을 좀 덜 만든다. 수십 가지의 디자인의 제품을 내놓는 경쟁사들에 비해 애플은 오직 한 가지 디자인의 제품만 만들 뿐이다. 그러나 이로 인해 협력자들은 기회가 생기고, 소비자들은 선택권을 누린다. 수많은 업체들이 아이폰용 악세서리를 만들어 내기 때문이다. 색상은 물론이고, 플라스틱에서 가죽까지 소재도 다양하다. 내가 하는 것보다 남들이 하면 더 잘할 수 있는 부분, 다양해질수록 좋지만 관리나 비용의 문제로 제한된 다양성을 줄 수밖에 없었던 요소들을 찾아내어 이 일을 '타인'에게 맡기는 것은 스마트 시대에 중요한 혁신 요소이다. 스마트 환경에서는 어떤 제품도 혼자 존재하지 않는다. 기업 활동도 마찬가지다 생태계 속에서 발생하는 새로운 역할은 무엇인지, 생태계 속에 존재하는 자원을 활용하면 더 높은 가치가 생기는 지점은 어디인지, 고민해야 한다.

제2부

스마트 미디어 시대의
미디어 기업 경영

제1장 미디어 그룹의 조직관리

1. 이론적 배경

다채널화, 멀티 플랫폼화(DMB, IPTV)로 급격하게 변화하는 미디어 환경 속에서, 방송산업은 지상파, 케이블TV, 위성방송과 DMB, IPTV가 등장함에 따라, 다채널 시대를 넘어 멀티 플랫폼 시대를 맞이하게 되었다. 방송 산업은 집중을 완화시키기 위하여 정책적으로 구조 개편을 시도하여, 지상파 중심 구조로부터 다양한 미디어 그룹으로 재편(On Media, CJ, Media 등)되었다. 온 미디어(On Media), CJ, Media 등 새로운 중견 미디어 그룹이 성장하여 자리잡기 시작하면서, 미디어 그룹의 다원가능성은 현실화되고 있다. 이러한 제반 환경의 변화로 인해, 이제 방송산업도 방송 통신 융합 및 무한 경쟁 시대에서의 생존하기 위해서는 조직적인 운영전략이 필수적인 상황에 놓이게 되었다. 미디어 조직은 특정한 행동 코드를 가진 매우 고도로 발달된 문화를 가지고 있다 (Jenkins, 2003). 따라서 미디어 조직을 이해하기 위해서는 그 안의 문화와 환경을 먼저 살펴보아야 한다. 조직 문화는 의식, 실행 및 행동의 틀이다. 쉐인(Schein, 1985)은 조직문화를 어떤 집단이 외부 적응과 내부 통합의 문제와 경쟁하면서 학습하는 발명, 발견, 개발의 기본적 전제라고 보았다. 새로운 조직구성원들은 조직문화를 정확하게 인지하고 생각하는 방법을 통해 학습한다. 이같이 문화는 환경에 적응하고 주어진 문제를 해결하면서 조직 내에서 획득되고 발전되는 지식 기초이다. 그 중에서도 조직문화는 그 역사와 과정 및 구성원에 의해서 형성되는 것이기 때문에, 조직의 기본적 구성요소이자, 그 목적을 반영한다. 동시에 그것은 끊임없이 진화하면서 외부 환경과 연결된다. 조직 환경은 풀(Poole, 1985)에 의해 다음과 같이 정의 된다. "집합적 믿음, 예상, 그리고 커뮤니케이션에 대한 가치로서, 조직적 실행 및 그 주변과의 상호 작용에서 생성된다." 조직 환경은 조직의 모든 부분을 통해 이루어지며, 끊임없이 조직과정과 상호작용하며 진화한다 (Falcione et al., 1987). 개인적 특성은 안정적으로 정의되고 예측할 수 있다. 그러나 주변 환경은 사업 환경의 갑작스런 변화에 의해 급변할 수 있는데, 이러한 불안정성은 조직 실행에 심각한 영향을 끼칠 수 있다. 왜냐하면 이러한 요인들이 조직구성원의 기대, 태도 형성에도 영향을 미치게 되면, 그것들이 조직구성원의 활동기준으로 고착될 수 있기 때문이다. 이처럼 조직환경은 조직 결과에 영향을 주는 성과, 만족, 그리고 도덕 같은 조직 결과물에 영향을 미친다.

2. 미디어 그룹의 조직관리

1) 지상파 방송의 조직구조

지상파 방송사인 KBS, MBC, SBS의 조직은 기본적으로 상당히 유사한 구조를 가지고 있다. 이들 조직의 공통점은 본부제 중심(편성본부, 보도본부, TV제작본부, 라디오본부, 기술본부, 경영본부)으로 구성된다는 점이고, 차이점은 전국 네트워크인 KBS, MBC의 경우 공통적으로 본사 밑에 각 지역별 방송국 조직을 구성하여 운영하고 있다는 점이다. KBS는 단일 법인 내의 지역 총국 조직이고, MBC는 각 지역 MBC 방송국이 별도의 법인으로 구성되어 있으나, 지역 네트워크인 SBS의 경우 지역 방송조직이 없는 본사중심 체제로 운영되고 있다는 점에서 조직구성상의 위 2개사와 차이를 보이고 있다.

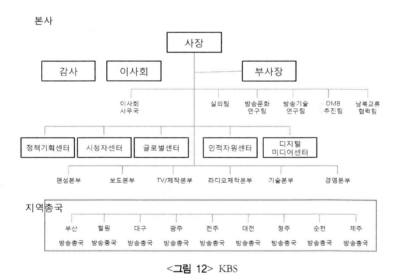

<그림 12> KBS

본사

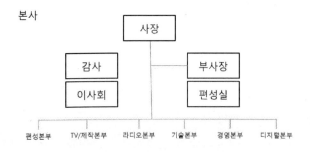

<그림 13> MBC

(1) KBS

KBS는 2004년 8월, 전면적인 "대팀제" 도입을 골자로 하는 혁신적인 조직 개편을 단행했다. 최근의 급속한 미디어환경 변화는 지상파나 공영방송마저도 위기의식을 느끼게 만들었다. 외형 1조원을 상회하는 거대 미디어그룹인 KBS는 과감한 조직혁신을 통해 디지털 시대의 공영방송의 활로를 모색해야 하는 중대한 기로에서 조직 개편을 결정한 것이다. KBS의 조직개편안에 따르면, 본사의 경우 6본부, 5센터, 121팀으로 개편 전에 비해 281개의 국단위 조직과 부단위 조직으로 축소하고 중간관리자인 차장 이상 간부의 직위정수를 1198개에서 185개로 축소하도록 했다. 직위체제 역시 본부장 또는 센터장에 이어 팀장, 팀원 등 3단계로 간소화하고, 기존의 국장, 부장, 차장의 중간관리 직위를 없앴다. KBS는 조직개편을 통해 권위적이고 방만하고 자리중심의 조직문화를 일중심, 기능 중심의 수평적 구조로 혁신하고자 했다.

<표 26> KBS SWOT 분석

강점(Strengths)	약점(Weaknesses)
공영 방송사라는 인식 공공가치 실현 방송사 인식 광고 상업성보다는 시청료가 재원 KBS1, KBS2등 채널 다양	다큐멘터리, 교양방송이라는 인식 주인의식 부족
기회(Opportunities)	위협(Threats)
타 방송사에 비해 공정성, 신뢰성 확보 개혁적인 경영방식 ERP 시스템 도입	KBS 정부편향이라는 여론이 형성 관료적 조직구조

(2) MBC

MBC는 공익재단인 방송 문화 진흥회를 대주주로 두고, 경영은 광고 수익에 의존하는 주식회사 형태의 공영방송사이다. MBC는 1961년 창사 이래, 전국 19개 지방 계열사를 통해 전국 네트워크를 구성하고, 9개의 자회사를 통해 한국방송산업발전에 기여해 왔다. 현재 전국 지상파TV 채널 1개, 라디오채널 3개, 케이블채널 5개, 위성채널 4개 및 DMB 채널 5개를 운영하고 있는 멀티미디어 그룹이다. MBC는 글로벌 미디어 그룹으로서 고품질의 우수한 콘텐츠를 국내뿐 아니라, 해외 50여개국에 수출함으로써 해외 시청자들로부터도 호평을 받고 있으며, 전세계 많은 방송사들과의 제휴를 통해 다양한 분야에서 교류 협력을 추진하고 있다. MBC미디어 그룹은 공영방송의 공적 책임과 기업의 이윤추구 극대화라는 두 가지 명제를 충족시켜야 하는 복잡한 숙제를 안고 있다. 글로벌 멀티미디어 그룹이라는 구체적인 방향성을 제시한 MBC미디어 그룹은 공영방송으로서, 공적 책임을 완수해 가는 과정을 통해 이윤을 추구한다는 경영방향을 확립했다. 그러나 공영방송과 이윤추구는 논란을 일으킬 소지가 다분하다. 게다가 MBC는 KBS와 달리 공영방송이면서도 광고수익에 지나치게 의존할 수밖에 없는 수익구조를 갖고 있다. 그렇기 때문에 MBC는 따라서 광고 이외의 다양한 수입원을 개발하고 공익성측면과 프로그램 질적 충족이라는 두 가지 해답을 찾아야 한다는 어려운 문제를 안고 있다. 결국 MBC 미디어 그룹은 빠르게 발전하는 방송시장 환경에 적응하고 더 나아가 공영방송과 경쟁하고 기타 미디어 그룹과의 경쟁과도 차별화해야하는 두 가지 경영 목표와 목적을 달성해야 할 것이다. MBC는 운영목표에 따라 21세기형 조직체계의 구축을 통한 조직구조의 효율성을 추구하고 있다. 이러한 방침은 미래지향적인 조직구조를 위해 조직의 창의성, 유연성, 신속성을 제고하기 위함이다. 또한, 글로벌 사업본부 , 콘텐츠 개발부 등 시장 환경에 따른 부서들을 신설한 것은, 컨텐츠가 중요해지는 추세에 맞추어 다양한 사업으로 확대해 나갈 수 있는 제작 여건을 마련하고자하는 미래지향적인 움직임이라 평가할 수 있다. 인적자원의 관리와 인사제도부문에서는 직급을 통폐합하고 미디어 그룹의 특징을 살려 승진 중심의 조직이 아닌 일 중심의 조직이 될 수 있도록 인적자원의 관리 체계를 정비했다. 특히 인사고과제도가 일 중심의 평가로 이루어지도록 제도화하였으며 직종, 직급 특성에 따라 고과평가를 유형화하고 다면평가제도 그리고 상향평가제도를 도입하는 등 인사고과제도를 대폭 개선하였다. 그리고 우수인력의 확보를 위해 신입사원 채용방식을 변화시켰으며, IMF 이후에 축소된 연수활동 예산을 확대하여 장기적이고 전략적인 연수계획을 수립할 수 있도록 제도화하였다.

경영부문의 재무회계 부문은 경영목표에 따라 얼마나 예산이 적절하게 편성되고 있는지, 그리고 그 예산을 적절하게 운영하고 있는지를 기본적으로 평가한다. MBC의 연도별 재무관리를 비교해보면 2014년 매출은 8,024억원, 영업비용 8,294억원, 영업이익 -270억원, 영업외 수익 549억원, 영업외 비용 155억원, 세전 이익 124억원이

다. 즉 주된 영업활동 이외의 영역에서는 수익창출이 급증했는데, 이
는 다양한 수익구조의 정착이 성공적으로 자리 잡고 있는 결과이기
도 하다. 방송환경이 변화하고 있는 시점에서 재무관리가 중요한 이
유는, 변화하는 환경에 잘 대처할 수 있도록 투자관리와 운용이 이루
어지고 있는지를 판단해 내야하기 때문이다. 향후 HD전환, 방송환
경의 변화, 글로벌 멀티미디어 그룹을 지향하는 MBC는 자금조달과
운용의 효율성을 높여 적절한 재원의 유동성을 보장해야 할 것이다.

<표 27> 재무제표

(단위:억원)

항 목	2013	2014
매출	8,024	8,155
영업비용	8,294	7,995
영업이익	-270	160
영업외 수익	549	442
영업외 비용	155	152
세전이익	124	451

<표 28> MBC SWOT分析

강점(Strengths)	약점(Weaknesses)
국내 방송사중 선호도 1위 성공적인 디지털콘텐츠사이트(iMBC) 운영 타방송사 대비 강력한 프로그램 기획력	회사 전체 광고 수익감소 및 적자위험 공급자중심의 폐쇄적인 인터넷 동영상서비 스(iMBC) 운영 콘텐츠 시장분산으로 iMBC성장성 지체
기회(Opportunities)	위협(Threats)
정부에 대한 국민비판여론으로 회사 선호도 강화 경쟁력 있는 콘텐츠와 소비자 중심의 iMBC 및 수익향상 대기업의 재정적 지원확대 및 자금난 해소	새로운 경쟁자 등장으로 인한 독과점 불가 정책 관련 보도에 대한 정부의 간섭 및 규제 인수합병(M&A)로 인한 인원축소

(3) SBS

SBS는 방송산업 가치사슬 전 분야에 대한 전문 기업으로 육성되고 있으며, 콘텐츠의 생산과 배급 그리고 판매에 주력하고 있다. 미디어 지주회사 중심으로 사업이 재구성 및 전략적인 기업인수를 추진하고 있으며, 콘텐츠 제작과 기획을 강화하고 있으며 맞춤형 콘텐츠 제공기반을 확보하였다. 이를 통해 지상파 중심적 한계를 벗어나 다양한 수요에 대응하고 있다.

<표 29> SBS SWOT분석

강점(Strengths)	약점(Weaknesses)
지상파방송 콘텐츠로 경쟁력 우위	오락 프로그램 편중 가족 경영으로 인한 언론사로서의 투명성 부족
기회(Opportunities)	위협(Threats)
관계사를 통한 사업영역 확대 세계 최초 이동통신망 연동 DMB 양방향 구축 데이터 서비스 개발	CATV와 위성방송 보급, 종편채널의 가동

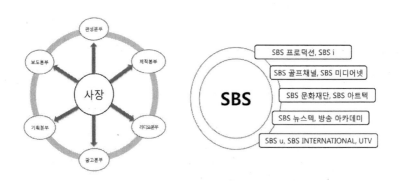

<그림 14> 조직도   <그림 15> 관계사

2) 위성방송(Skylife)의 조직구조

위성방송은 지상파 방송사나 PP사업자들과는 달리 채널을 운영하거나 컨텐츠를 직접 제작하지 않는 구조이며 마케팅과 세일 관련 비중이 높은 편이다. 유료 가입자를 모집해야 하는 특성을 가지고 있으므로 본사 마케팅 및 지방 영업 조직 비중 크고, 지상파 방송사와 마찬가지로 조직의 축은 본부제 중심 구조를 유지하고 있다. 현업조직은 방송본부, 마케팅본부, 경영기획본부 등 3개의 본부이고, 마케팅 본부 산하 고객서비스 센터가 대고객 접점이므로 조직 운영상의 중요성이 크다. 인원이나 조직면에서 전체적인 위성방송의 핵심 역량으로 중요한 역할 수행 스탭조직으로 정책 협력실, 사업개발실, IT개발실 등의 조직을 운영하고 있다.

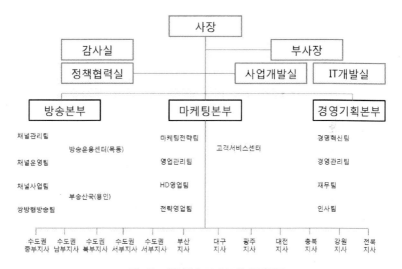

<그림 16> 위성방송(Skylife)의 조직구조

제2장 미디어 그룹의 인사관리

1. 이론적 배경

1) 인사관리의 의의

인사관리는 조직구성원들이 자발적으로 조직의 목표 달성에 적극적으로 기여하게끔 함으로써 조직의 발전과 함께 개인의 안정과 발전도 동시에 달성하도록, 조직에서의 사람을 다루는 철학과 그것을 실현하는 제도 및 기법의 체계이다. 인사관리의 목적은 인간(노동)과 기술(지식)의 결합 즉 인적자원의 자산화이다. 인사관리의 대상은 인적자원이며, 인사관리의 목표는 구성원들의 만족감과 인력개발이다.

2) 인사관리의 중요성

오늘날 인사관리는 기업의 목적과 개인의 행복을 양립시키는 데 있다.

미디어 기업의 경우, 높은 수준의 인간의 두뇌와 의욕을 필요로 한다. 고도의 기술을 활용하고 개방체제에서의 경쟁에 대응해야하는 미디어 기업에게 콘텐츠 생산과 유통에 있어서의 공정한 인사관리는 필수적이다. 인사관리는 기업 측면에서는 노동의 합리화가 기본이다. 구성원들이 조직을 통하여 그 각자의 능력을 발휘하는 과정을 적절히 기업 전체의 역할로 통합하는 것은 경영성과를 높이는데 불가결한 것이다. 근로자 측면에서는 노동의 인간화로 구성원들이 일하는 보람을 가지고 자신의 능력을 키우며 원만한 인간관계를 형성할 수 있는 자기성장(자아실현), 및 삶의 질(QWL)의 향상을 도모할 수 있다. 사회 측면에서는 노동의 사회화를 의미하는데, 기업은 합리적인 인사관리를 통해 개인과 사회를 연결시킨다.

3) 인사관리의 전개과정

인사관리는 시대에 따라 발전을 해왔는데, 초기 생산성을 강조하던 시대는 인간 노동의 기계화를 가져오게 된다는 비판이 있었다. 이에 테일러(Taylor)는 1일 작업 시간을 제시하는 과학적 관리론을 제시하였다. 즉 시간과 동작연구를 통해 과업을 과학적으로 관리한다는 것인데, 이는 각 작업의 표준 작업시간 만을 고려했다는 비판을 받기도 한다.

포드(Ford)는 작업조직의 철저한 합리화에 의하여 작업의 동시적 진행을 기계적으로 실현하고 관리를 자동적으로 전개하려는 동시관리를 주장했다. 그러나 전체적인 공정에 대한 관리는 작업의 단순화와 복잡화를 가져왔고, 인간의 본래적인 자립성과 창의성을 억압하고 도구적이고 기계적인 면만을 중시하여 인간의 몰개성화를 가져오고 직무에 대한 책임감의 상실 및 직무자체를 기피하게 되는 부작용이 나타났다. 페이욜(H. Fayol)은 구조중심의 경영이론을 주창하면서 기업 활동은 모두 6가지의 기능을 가진다고 본다.

첫째, 기술적 기능의 생산, 제조, 가공, 둘째, 영업적 기능의 구매, 판매, 교환, 셋째, 재무적 기능의 자금의 조달과 운용, 넷째, 안전적 기능의 재산 및 종업원의 보호, 다섯째, 회계적 기능의 재산목록, 대차대조표, 원가계산 및 통제, 여섯째, 관리적 기능의 계획, 조직, 명령, 조정, 통제로 인사관리를 가장 중요하다고 보았다.

이후 인간성을 인식시대가 도래하면서 인간관계론이 등장하였다. 이는 경제인에서 사회인으로 시각이 이동한 것으로, 대표적으로는 메이요(Mayo)를 중심으로 한 호돈(Hawthorne)공장 실험과 같이 다면적이고 복잡한 존재로서의 인간에 주목하였다. 즉, 작업환경과 개인에 만족감을 주면 성과는 그것에 비례하여 상승한다는 것이었다. 다음으로 생산성과 인간성의 조화를 강조하는 시대가 되면서 인적자원관리는 행동과학적 관리 즉 조직목표와 개인의 목표가 조화를 이루었을 때 성과가 극대화된다는 시각이 등장하였다. 즉 일과 인간, 성과와 만족이 동시에 조화를 이루면서 추구되었을 때 성과가 높아진다는 관점이다.

2. 미디어 그룹의 인사관리

현재 산업구조는 1차 산업(농업, 광업, 수산업) 2차 산업(제조업) 3차 산업(지식기반 서비스 산업)으로 변화하고 있고, 유교사상이 쇠퇴하면서 새로운 산업이 등장하고 미래의 인재상이 등장하고, 정보통신의 발달로 미디어 그룹의 인재가 급변하는 환경에서 인재를 유치하고 개발하고자 주력하고 있다.

미디어기업의 핵심역량은 기술중심(High Tech)에서 인재중심(High

Touch)으로 이동하고 있기 때문에, 이제는 고품질의 컨텐츠 경쟁력 강화를 위한 창의성과 끼를 지닌 인재가 주목받게 된다. 미디어 그룹의 경쟁력은 차별화된 컨텐츠로 인재의 창의성과 끼, 능동성 그리고 지식과 추진력은 미디어 그룹의 중요자산이 되고 있다. 경력 개발 포인트는 자신만의 창의적인 끼를 찾아 개발하는 것에서 경력관리를 시작해야 한다는 점이다. 수용자들이 뭔가 충족되지 않는 욕구, 다양성이라든지 제작에 대한 욕구가 있을 때 소비되는 것이 콘텐츠 소비의 특성이다. 이에 따라 미디어 그룹에서 필요한 인재는 EQ(감성지수)가 높은 유형에 속한 자들이다. 따라서 IQ(지능 지수) EQ(감성지수) SQ(사회지수) CQ(리더쉽지수) AQ(유추지수)를 개발해서 그 중에서 EQ 능력을 개발해 나간다면 미디어 그룹에서 필요로 하는 유용한 인재를 육성할 수 있을 것이다.

1) 미디어 그룹의 인사전략

미디어 그룹의 인사전략은 첫째, 목표관리시스템이다. 목표관리시스템(MBO: Management By Object)은 1965년 피터드럭커의 "경영의 실제" 라는 저서에서 주장한 이론으로, 목표에 의한 관리를 지칭하는 말이다. 이 책에서 그는 경영자가 종업원들로 하여금 직접 자신들의 업무목표를 설정하는 과정에서 참여하도록 함으로서 같이 적절한 목표를 설정하고 이를 기준으로 작업실적을 평가하는 것으로 목표관리시스템을 설명한다. 이런 과정을 통해 경영자와 종업원 모두가 만족할 수 있는 경영목표를 설정할 수 있고, 특히 종업들은 자신에 대한 평가방법을 미리 알고업무에 임할 수 있기 때문에, 평가 시에도 합의에 의해 설정된 목표 달성 정도에 따라 업적을 평가 받으며 그 결과는 피드백 과정을 통하여 경영계획 수립에 반영할 수 있다. 미국 타임지는 목표관리시스템(MBO)을 채택하여, 개인의 핵심 역량을 개발하고 개인의 목표달성 성과에 대한 보상을 실시하는 방식으로 미래 인재를 양성하고 있다. 두번째는 성과주의 인사제도 이다. 한국의 CJ 엔터테인먼트는 성과주의 인사제도를 실시하고 있다. 조직의 핵심 역량을 위해 인재를 구분하여, 직무에 따라 등급을 매기고 등급에 따라 성과에 따라 인센티브를 차별 적용하여 인재 개발 유지에 노력하는 것이다. 세번째는 핵심 인재 키우기이다. 일본의 SONY사는 자체 설립된 SONY 대학에서 세미나, 해외연수, 맞춤 교육을 통해 5~10년에 걸쳐 핵심 인재를 양성하고 있다. 구체적으로는 인센티브와 다양한 복리후생 제도를 통해 우수한 인재를 확보하는 것이다. 기업 특히 미디어 그룹들은 인재의 유치 및 보유를 위한 전략적 인사제도로 승진 및 특별 성과급 보너스제도와 같은 인센티브와 다양한 복리후생조건 가운데 개인의 필요에 따라 선택적 복리후생 메뉴를 지원하는 카페테리아식 복리후생제도를 마련해 두고 있다. 인재 개발 부서에서는 컴퓨터와 비슷한 인사고과 시스템을 운영하여 학교, 전공, 전문지식을 강조하는 하드웨어와, 대인관계 능력, 팀웍, 리더쉽등 능동성을 강조하는 미들 웨어 그리고 끼 창의력 등을 강조하는 소프트웨어로 구분하여 인사고과 평가기준을 마련한다. 최근에는 각 개인들이 추구하는 가치관은 상이하다는 점에 착안하여 자신의 가치관에 맞게 능력을 개발하여 경력개발을 할 수 있도록 도와주는 제도도 시행되고 있다. 자신의 적성을 찾아 개발할 때 경쟁력을 갖출 수 있기 때문이다. 이러한 점에 착안하여 미디어 그룹들은 인재관리를 통해 끼, 능동성, 추진력을 갖춘 인재개발에 힘쓰고 있다.

2) 미디어 그룹의 인사전략 사례

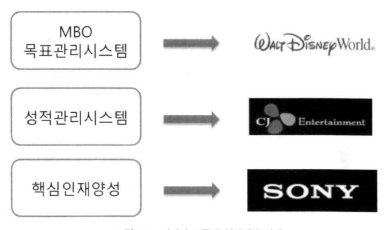

<그림 17> 미디어 그룹의 인사전략 사례

제3장 미디어 그룹의 회계, 재무, 관리

스마트 지상파가 효율적으로 조직을 운영하기 위해서는 우선, 지역 네트워크 조직의 구조조정(Re-Structuring)이 절실하고, 자회사 조직 및 사업구조의 재조정 그리고 보다 과감한 아웃소싱(Out-Sourcing) 추진이 필요하며, 비정규직 인력 문제에 대한 발전적인 해결이 필요하다. 미디어 그룹의 가치평가 방법론은 절대 평가 방법론에 해당하는 상속세 및 증여세에 의한 평가방법과 유가증권 발행 및 공시 등에 관한 규정에 의한 본질적인 가치 평가방법 그리고 미래 현금 흐름 할인 모형(DCF)이 있다. 상대평가 방법론에는 주가·이익비율(PER), 영업이익(EBIT), 주주·채권자 귀속 현금흐름(FCFF), 자기자본의 시장가치(EBITD) 방법이 있다. 또한, 전자공시 정보를 이용하는 방법도 있는데, 금융감독원의 전자공시시스템을 활용하는 방법과 감사보고서, 사업보고서, 각종 평가보고 관련 공시정보 검색 실습하는 방법이다. 미디어 기업의 평가에 이러한 평가방법들이 적용될 수 있다.

1. 이론적 배경

회계란 경제 활동의 대하여 이해관계자에게 합리적인 경제적 의사결정을 하는 데 유용한 재무적 정보를 제공하기 위한 일련의 과정

또는 체계를 말한다. 기업의 재정상태와 경영성과를 효과적으로 표현하기 위한 과정으로 거래활동이 발생하면 장부에 기록하고 이를 결산 처리하여 재무제표로 공시라는 과정을 거친다.

재무회계, 관리회계, 세무회계로 구분되는 기업 회계의 기본 체계는 정보이용자, 회계처리원칙, 보고 주기 등 주요 특징을 중심으로 한 관리회계와 재무회계의 비교해 볼 수 있다. 기업활동과 관련하여 어떤 거래가 발생되면 그 거래를 회계학적인 표시로 나타내는 바 이것이 전표의 작성으로 나타난다.

재무제표는 다음과 같이 이해 관계자에 따라 쓰임새가 있다.

<표 30> 재무제표의 용도

이해 관계자	용도	내용	비고
경영자	관리회계용	경영성과, 신규투자에 따른 이익	회계 관리 월별 현금 흐름파악 및 월별 손익계산
주주	외부공시용	이익배당, 주가	
은행, 채권자	국세청 제출용, 외부공시용	대출여부, 원금상환과 이자	
정부	국세청제출용	세금	

대차대조표[2]와 손익계산서 그리고 현금흐름표와 이익잉여금처분계산서(결손금처리계산서)가 있다. 대차대조표는 미래에 들어올 자금과 나갈 자금을 표시하고, 손익계산서에는 올해 수입을, 이익이여금처분 계산서에는 수익금을 어디에 사용했는가를 표시한다. 현금흐름표는 현금은 얼마나 들어오고 나갔는지를 표시하며, 일정기간의

---

[2] 대차대조표는 손익계산서와 함께 재무제표의 중심을 이루는 것으로 일반적으로 그 시점에서의 모든 자산을 차변에, 그리고 모든 부채 및 자본을 대변에 기재하기 때문에 대차대조표라고 한다. 작성시점은 대부분 결산시이지만 개업, 폐업, 합병 때도 작성된다.

자본 변동은 자본변동표로 제시하는데, 주주들의 자금이 어떻게 변했는지를 표시한다.

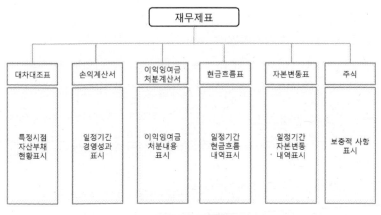

<그림 18> 재무제표

　여기에 재무제표를 보조해 주는 제조원가명세서와 공사원가명세서 그리고 합계잔액시산표가 있다. 각각의 재무제표상의 숫자가 의미하는 바를 이해할 수 있어야 기업의 수익성이 좋아지고 있는지 아니면 반대로 악화되고 있는지에 대하여 판단을 할 수 있게 된다. 각각의 표가 의미하는 바를 작성되는 순서에 따라 설명을 하면 먼저 합산되어 이를 기초로 제조업의 경우 제조원가명세서가 작성되고 그 다음에 손익계산서가 작성된다. 그리고 대차대조표가 작성되며 이를 바탕으로 현금흐름표가 작성된다. 미디어 그룹의 재무를 다루는 이론은 다음과 같다.

1) 상충 이론

모디글리아니와 밀러(Modigliani and Miller, 1958, 1963)의 자본구조 이론은 종종 상충이론으로 언급된다. 사실상, 연구자들은 부채 (debt)가 아무런 가치가 없다고 주장했다. 대신에 연구자들은 시장의 불완전성이 부채가 주주가치에 영향을 끼치도록 야기한다고 주장했다. 좀 더 구체적으로, 모디글리아니와 밀러는 법인세가 부채의 이자비용을 공제해주기 때문에 부채가 주주가치를 증가시킨다고 보았으며, 자금과 관련된 비용 부담 때문에 증가된 레버리지는 부정적인 영향을 준다고 생각했다. 그러므로, 재정적 곤란의 가능성뿐만 아니라 잠재적 비용이 재무 레버리지의 양을 증가시킨다. 모디글리아니와 밀러는 기업이 레버리지의 영향사이에서 균형을 맞출 때 기업과 주주가치를 최적화하는 것을 이론화하였다. 그것은 레버리지 양이 적을 때 세금혜택이 잠재적 비용의 곤란보다 크다는 것이다. 그러나 레버리지가 증가하면 비용곤란이 증가하게 되어 결국 세금혜택보다 커지게 된다. 기업의 최적의 자본 구조는 이러한 두 영향이 서로 균형을 맞출 때 도달하게 된다. 상충이론은 최적의 자본구조가 산업마다 상이한 이유가 재무 문제의 가능성이 산업마다 다르기 때문이라는 점을 함축하고 있다. 예를 들어, 소수의 경쟁자와 높은 진입장벽이 존재하고, 상품 및 서비스에 대한 비탄력적 수요를 보이는 산업에서는, 최적의 자본 구조는 높은 부채 비중을 포함할 것이다. 그러나 경쟁자가 많고, 진입 장벽이 낮고, 상품 및 서비스에 대한 탄력적 수요를 가진 산업에서는, 재정적 곤란의 높은 가능성 때문에 레버리지 비율은 낮아야 한다. 이러한 편차는 배스킨(Baskin, 1989), 마이어

스와 마즈러프(Myers and Majluf, 1984), 시암-순더와 마이어스
(Shyam-Sunder and Myers, 1999) 같은 재정 연구자로 하여금 자본
구조 이론을 다시 검토하게 만들었다.

2) 자본 조달 순위 이론

자본 조달 순위 이론은 기업 경영자가 내부 정보에 접근하는 것에
대한 관찰을 통해 시작되었다. 경영자와 투자자 사이의 정보 불균형
에 따른 것으로서, 재무 결정은 경영자에 의해 나타나는 형태라는
것이다. 내부 공급원(sources)으로 사업 성장의 자금을 공급하는 결정
은 경영자가 기업의 수익성의 미래에 관해 낙관적이라는 것을 암시
한다. 반면에 부채로 자금을 공급하는 결정은 수익성 전망이 긍정적
이지 않다는 것이다. 재정 결정과 관련하여 이러한 추론이 기업의
자금 공급에 있어 자본 조달 순위를 만든다. 일반적으로 기업은 내
부 조달 (예, 재투자된 이윤), 부채, 전환사채 같은 혼합형 증권, 보
통주 발행과 같은 순서로 자금을 조달하려는 경향이 있다. 기업은
이러한 자본 조달 순위 안에서 자금 공급을 하는 경향이 있기 때문
에, 기업의 자본 구조는 수익성과 함수관계를 갖는다. 이 이론에 따
르면, 마이크로소프트와 화이저 같은 높은 이윤을 가진 기업은 부채
가 없거나 아주 조금이지만, 그렇지 않은 기업은 좀 더 많은 부채를
사용한다는 것이다. 따라서, 자본 조달 순위 이론은 레버리지와 주
주 가치에 역관계를 나타낸다고 한다. 최근의 재무 연구자들은 아직
어떤 상충이론이나 자본 조달 순위이론도 모든 기업의 재무 구조 형
태에 대해서 완전하게 설명하지 못한다고 말한다.

3) 인수와 합병

　인수와 합병은 기업의 기초적인 투자결정으로 간주된다. 하지만 인수와 합병은 두 조직의 구성원, 과정, 결과, 주주, 다른 투자자 그리고 재무 정책과 관련되어 있기 때문에 과거의 자본 투자 결정보다 더 복잡하다. 다모다란(Damodaran, 2001)은 기업 인수 합병을 통해 성공을 거둔 기업이 있는 반면 많은 기업이 처음에 그들이 예상했던 만큼의 기대치를 얻지 못하는 결과를 얻었다고 정리했다. 다모다란과 맥킨지(Damodaran and McKinsey)는 1972년과 1983년 사이의 58개의 인수를 분석하였다. 그들은 전체 인수 중에 28개가 자본 비용 이상의 이윤을 발생시키지 못했으며 그들의 모기업이 경쟁을 이겨내는데 도움을 주지 못했다고 결론 내렸다. 후속 연구에서, 맥킨지는 1990년데 미국과 영국의 115개 합병 중에 60%가 기업의 자산 비용보다 적은 이윤을 얻은 것을 발견하였다. KPMP(1999)는 1996년과 1998년 사이의 가장 거액의 인수중에서 700개를 조사하였는데, 오직 17%만이 합병된 기업의 가치를 창출하였으며, 30%는 가치 중립, 그리고 53%는 가치를 손상시켰음을 발견하였다. 기업인수 합병의 성공에 관한 연구조사는 꽤 냉정하다. 거대 공기업의 인수합병 성과는 평균적이었다. 하지만 이런 결과는 모든 기업에게 적용되는 것이 아니라 큰 기업에 한한 것이다. 중소기업은 그들의 인수합병이 매우 성공적이었다고 자랑한다. 그러나 이점을 검증하기는 어렵다. 왜냐하면 연구자에게 이용가능 한 데이터가 없기 때문이다.

4) 실물 옵션 분석

　순 현재 가치법(Net present value)으로 명칭되는 현금 수지 할인법(Discounted cash flow)과 내부수익률(Internal rate of return)은 전세계 기업에 의해 사용되는 기본적인 자본 투자 방식이다. 이 두 가지 기술은 30년 이상 사업 분석 방법으로 사용되어 왔다. 지난 20년 동안, 현금 수지 할인법에서 발견된 몇몇 결점이 새로운 형태의 조사로 발전되었으며, 이 연구는 실물옵션 분석으로 간주되고 있다. 현금 수지 할인법의 가장 근본적인 문제는 투자결정을 수동적인 것으로 본다는 것이다. 전통적인 현금 수지 할인 기법은 실제적인 경영의 가치, 즉 융통성의 가치를 고려하지 않는다. 가격 변동이 있거나 혹은 새로운 정보가 있을 때, 많은 투자는 그 투자결정을 바꿀 수 있는 융통성을 제공한다. '예 혹은 아니오', '지금 혹은 절대 불가'와 같이 결론짓는 특성 때문에, 현금수지 할인법은 투자에 결부된 선택사항을 소홀히 하며, 그러한 선택사항과 관련된 가치를 고려하지 못한다. 실제 선물 이론은 실제 자산 평가에 대한 재정 옵션 평가의 향상을 위해 개정된 옵션평가이론의 변형이다. 블랙과 스코레스(Black & Scholes, 1973)와 머톤(Merton, 1973)은 옵션 평가 모델을 발전시켰다. 이 형태는 콜 옵션(주식 매입 선택권)과 풋 옵션(매각선택권)의 가격 평가에 도움을 준다. 주식 매입 선택권은 특정한 기초자산을 특정 기간 동안 특정 가격으로 살 수 있는 권리이며, 풋 옵션은 일정한 기간 내에 보통주를 일정한 가격으로 매각하는 권리이다. 옵션 가격형태는 그 가치에 따라 기초 주식의 현재가격, 옵션의 계약가격, 옵션 만기시기, 무위험 채권수익률, 주식의 변동성의 5가지로 나누어진다. 실물옵션은 재무자산 옵션과 유사한 자본 계획 평가에 의해 나타난다. 계획사업 이득의 현재 가치는 주가의 동등성이며, 그 계획을 위한 자본 소비는 계약가격과 같은 것이다. 계획의 현재 가치에 관한 이윤의 변동성은 주가의 변동성과 거의 동일하다. 결정이 연기되는 기간은 시간초과와 같은 것이며, 현금의 시간가치는 재무옵션에서 무위험 수익률과 동등하다. 그 실물 옵션의 평가는 부동산 투자 신탁에 적용하는 옵션이론에서 좀 더 복잡한 양상중의 하나이다. 블랙과 스코레스의 옵션 평가 모델은 간단한 주식 매수 선택권을 평가하는데 자주 사용된다.

5) 재무 구조조정

재무 연구에서 최근에 중요성이 제기된 다른 분야는 기업 재무 구조조정이다. 종종 재무 공학(financial engineering)이라고 명칭되는 이 분야에서, 주식공모회사는 그들의 자산과 재무 요구(claim)를 구조 조정하는 업무를 담당한다. 재무구조조정은 지분 공개(equity carve outs), 기업 분할(spin-offs), 분할 설립(split-offs), 자산 매각(asset sales) 혹은 자회사 매각(divestitures), LBO식 기업매수(leveraged buy outs), 부문 연동주(tracking stocks)가 포함 될 것이다. 지분 공개는 모기업이 자회사의 보통주의 일부를 일반 공모하지만 지배권을 유지하면서 모기업에 현금을 유입시키는 방법이다. 기업분할은 주식회사 조직의 재편성 방법으로 모회사에서 분리 독립한 자회사의 주식을 모회사의 주주에게 배분하는 것이다. 기업분할에서 모기업의 기존 주주들은 모기업의 비례소유권에 근거해서 새로운 기업 안에서 주식을 받는다. 분할 설립은 신설회사로서 자회사를 설립하고 자회사의 주식을 소유하기를 원하는 모회사의 기존주주에게만 자회사의 주식을 교환해 줌으로써 모회사의 기존주주는 모회사 주식만을 소유하는 자와 신설회사 주식만을 소유하는 자로 구분되며 결과적으로 모회사의 사업을 분할하는 방법이다. 자산 매각이나 자회사 매각은 간단히 그룹의 자산 판매를 말한다. LBO식 기업매수는 공기업을 민영화시키는 것과 종종 연관된다. 이러한 유형의 구조조정에서는, 기업의 일부 경영자가 기업의 자산에 대해 차용하며, 남아있는 주주의 지분을 판매한다. 부문 연동주의 경우는 모기업이 특정사업부문을 육성하는데 필요한 자금을 조달하기 위해 모기업 주식과는 별도로 발행하는 주식이다. 전형적으로, 부문 연동주는 합병된 기업이 다른 재무 특성과 결개의 사업을 가질 때 나타난다. 이러한 재무 공학 기법을 사용하는 숨겨진 동기는 모기업이 공공 시장에 의해 완전하게 평가받지 못하는 것에 기인한다. 구체적으로, 기업이 트랙킹 주식을 고려하고 있는 경우에 그 주식은 다각화 할인, 불균형 정보 및 대리인비용 때문에 자산의 공공 시장 가치보다 할인되어서 거래된다. 버거와 오펙(Berger and Ofeck, 1995)은 복합 및 다각화 기업의 주식이 그 사업 자산의 공공 시장에 13내지 15% 할인되어 거래된다는 것을 예측하였다.

이러한 할인은 기업의 사업 경제에 관한 시장 혼란 및 불균형 정보와 대리인 비용의 결과이다. 할인은 시장과 주주보다 경영자가 기업의 개별적 사업에 관해 더 많은 정보를 가지고 있을 때 일어난다. 이러한 내부 정보는 주주와 직접적으로 공유될 수 없기 때문에, 기업 가치의 시장 평가와 기업 가치에 대한 경영자의 평가 사이에는 격차가 존재한다. 다각화 기업의 경영은 넓은 범위의 시장을 가로지르는 사업 문제를 다루어야 한다.

항상 경영은 모든 핵심 문제를 다룰 수 있는 전문가와 충분한 시간을 갖지 못한다. 그 결과, 일부 개별 사업 단위의 성과는 어려움에 처할 수 있다. 이러한 유형의 사업 태만이 대리인 비용(agency cost)이다. 이러한 대리인 비용은 다시 사업의 낮은 성과와 그 기업에 대한 낮은 평가로 이어진다. 부문 연동주에 관한 대부분의 연구는 부문연동주의 실시가 주주 가치를 공개하는지의 문제에 관해 초점을 맞춘다. 만약 부문연동주가 기업의 가치를 공개한다면, 부문 연동주 실시 이후에 기업의 가치는 이전보다 높을 것이다.

2. 미디어 그룹의 재무회계 사례

1) 워싱턴 포스트

기존 미디어 자산인 신문이나 방송의 수익성이 줄어들고 있는 반면 미디어의 브랜드 파워를 활용, 교육이나 케이블TV의 플랫폼 사업 부문, 인터넷 자산 투자 등에 대한 효율적 융합 경영으로 손실을 만회하는 전략을 보여주고 있는 워싱턴포스트의 경영전략과 재무제표는 다음과 같다. 워싱턴 포스트 컴퍼니(The Washington Post Company)는 교육 및 미디어 분야의 다각화된 기업으로 1971년부터 주식시장에서 거래되기 시작했다. 워싱턴 포스트 컴퍼니의 핵심 사업 부문인 워싱턴 포스트지는 1947년 8월 4일 창간되었다. 현재 워싱턴 포스트 컴퍼니 이사회 의장이자 CEO는 도널드 그레이엄(Donald Graham)이다.

<표 31> 워싱턴 포스트 자산구성

사업부문	기업		
신문출판	워싱턴 포스트(The Washington Post), 워싱턴 포스트 뉴스 서비스(The Washington Post News Service with Bloomberg News), 워싱턴 포스트 작가 그룹(The Washington Post Writers Group), 캐피털 비즈니스(Capital Business), 패션워싱턴(FW), 워싱턴 포스트 라이브(Washington Post Live), 캐피털 딜(The Capitol Deel), 서비스 앨리(Service Alley), 익스프레스(Express), 엘 티엠포라니노(EI Tiempo Latino), 슬레이트 그룹(The Slate Group), 더 헤럴드(The Herald), 엔터프라이즈(The Enterprise), 라 라자 델 노로에스테(La Raza del Noroeste), 스노호미시 카운티 비즈니스 저널(Snohomish County Business Journal), 가제트(The Gazette), 서던 메릴랜드 신문(Southern Maryland Newspapers), 페어팩스 카운티 타임스(Fairfax County Times), 컴프린트 밀리터리 퍼블리케이션즈(Comprint Military Publications), 컴프린트 프린팅(Comprint Printing), 대워싱턴 퍼블리싱(Greater Washington Publishing), 아파트먼트 쇼케이스(Apartment Showcase), 뉴홈즈가이드(New Homes Guide), 소스북(SourceBook) 등		
교육 Kaplan, Inc,	카플란닷컴(Kaplan.com), 카플란 고등 교육(Kaplan Higher Education), 카플란 시험 준비(Kaplan Test Preparation), 카플란 인터내셔널(Kaplan international), 카플란 벤처(Kaplan Ventures)		
방송 Post-Newsweek Stations	NBC 제휴	KPRC(텍사스 휴스턴), WDIV(미시건 디트로이트/온타리오 윈저)	
	ABC 제휴	KSAT(텍사스 샌안토니오), WPLG(플로리다 마이애미/포트 로더데일)	
	CBS 제휴	WKMG(플로리다 올랜도)	
	독립 방송국	WJXT(플로리다 잭슨빌)	
케이블TV	케이블원(CableOne, 에리조나 피닉스)		
기타 벤처 자산	Avenue100 Media Solutions Inc.(마케팅 기업), SocialCode(페이스북 광고대행사), Trove(개인화된 뉴스 수집 서비스 기업), Ongo(고급 유료 뉴스 제공 서비스), Baroode Hero(오프라인 쇼핑때 온라인 쇼핑 서비스 제공 기업)		

워싱턴 포스트 컴퍼니가 갖고 있는 강점으로는 일단 다각화된 사업 부문, 강력한 브랜드 포트폴리오, 교육 서비스 비즈니스의 개척 및 선점 효과 등이 포함될 수 있다. 워싱턴 포스트 컴퍼니가 갖고 있는 약점으로는 규모의 경제를 추구할 수 있을 정도로 규모가 크지 않다는 점, 미디어 콘텐츠 사업 부문의 실적이 둔화되고 있다는 측면을 살펴볼 수 있다. 워싱턴 포스트 컴퍼니가 갖고 있는 기회로는 미국 내 고등 교육의 온라인 학습 성장, 온라인 광고에 대한 긍정적

인 전망, 인터넷 전화와 초고속 인터넷, HDTV 서비스 수요 증가 등이 포함될 수 있다. 워싱턴 포스트 컴퍼니가 갖고 있는 위협 요인으로는 각각의 교육 및 미디어시장 내의 강력한 경쟁, 연방 정부 교육 보조금에 대한 의존, 신문 용지 가격의 증가등이 포함될 수 있다. 워싱턴 포스트의 재무분석은 재무제표 정보를 이용하여 성장성, 안정성, 수익성, 활동성비율을 산출하고 산업평균 및 산업 중간값과 비교하여 분석하였다.

첫째, 성장성 분석은 매출액증가율은 기업의 매출액이 전기에 비하여 얼마나 증가하였는지를 나타내는 비율로서 워싱턴 포스트는 분석기간 동안 꾸준히 양의 증가율을 보이고 있으나 뚜렷한 추세를 보이기보다는 약간 증가율이 둔화되는 양상을 띤다. 둘째, 안정성 분석은 기업의 단기적인 지급능력 및 장기적인 지급능력을 파악하는데 유용한 비율로, 채무불이행에 관련된 위험을 평가하고, 경기 변동에 따른 기업의 대응 능력을 평가한다. 수익성 분석은 총자산순이익률은 기업의 일정기간 순이익을 자산총액으로 나누어 계산한 수치로, 기업이 보유한 자산을 얼마나 효율적으로 운용했는가를 나타낸다. 워싱턴포스트의 경우, 글로벌 금융위기 전후 인 2007년~2009년에 다소 감소추세였으나, 2010년에는 상승추세로 나타났고, 2015년부터는 기업의 혁신을 모색하고 있다.

2) 뉴욕타임즈(New York Times)

1896년 8월 26일 설립된 뉴욕타임즈 컴퍼니(New York Times Company)는 신문과 인터넷, 방송, 인쇄 공장 등 다양한 영역에서 사업을 운영하는 다각화된 기업이다. 현재 뉴욕 증시에 상장되어 있고, 75개의 기업체를 운영하고 있으며 종업원 수는 7,665명에 이른다. 뉴욕타임즈 컴퍼니는 크게 뉴스 미디어 그룹(News Media Group)과 어바우트 그룹(About Group) 두 개의 사업체로 조직화되어있다. 먼저, 뉴스 미디어 그룹은 세 개의 하위 조직으로 나뉘어져 운영되고 있다. 첫째, 뉴욕타임즈, 인터내셔널 헤럴드 트리뷴, 뉴욕타임즈닷컴과 관련 사업을 포함하는 뉴욕타임즈 미디어 그룹(New York Times Media Group), 둘째, 보스톤 글로브, 보스턴 닷컴, 워세스터 텔레그램 앤 가제트(Worcester Telegram & Gazette), 텔레그램 닷컴과 관련 사업체로 구성된 뉴잉글랜드 미디어그룹(New England Media Group), 셋째, 지역 일간지 사업체로 알라바마, 캘리포니아, 플로리다, 루이지애나, 노스 캐롤라이나와 사우스 캐롤라이나 주에서 발행하는 14개 일간지와 그들의 웹사이트 운영, 그리고 기타 인쇄물 발간과 관련 사업체를 아우르는 리저널 미디어 그룹(Regional Media Group)이다. 뉴욕타임즈는 2005년 이래 가장 존경받는 신문으로 5년간 선정되었고, 100개 이상의 풀리처상을 수상한 저널리즘의 선두주자이다. 뉴욕타임즈 컴퍼니의 조직 구조와 지배구조, 사업현황 및 전략을 소개한다. 뉴욕타임즈의 재무성과는 뉴욕타임즈 컴퍼니의 경영성과와 뉴욕타임즈의 성장성, 수익성, 안정성, 활동성을 살펴보고, 뉴욕타임즈 컴퍼니의 SWOT 분석을 통해 기업분석을 시도하였다. 뉴스 상품으로서 종이신문의 가치 상실과 수익 하락 추세는 피할 수 없는 현실이다. 이에 따라 뉴욕타임지는 2014년 혁신 보고서를 발간하면서 기업혁신을 이루고 있다.

뉴욕타임즈는 신문, 인터넷, TV, 라디오 방송사를 운영하며, 인쇄

공장을 비롯한 다양한 분야에 투자를 하고 있는 다각화된 기업이다. 감소하는 매출이 고민거리로 남아있지만 넓은 지역에 분포해있고 뉴욕타임즈의 강한 시장 지위는 분명한 강점이다. 치열해진 경쟁과 규제가 성과에 부정적인 영향을 미칠 수 있지만 진취적인 구조조정 (restructuring) 노력과 브로드밴드의 확대는 새로운 성장 기회를 제공하고 있다고 볼 수 있다.

<표 32> 뉴욕타임즈 SWOT분석

강점(Strengths)	약점(Weaknesses)
넓은 지리적 운용 뉴욕 타임지의 브랜드 파워	신문 산업에서의 시장 점유 하락 제한적 유통성 제한적 오페레이칭 마진 낮은 ROE
기회(Opportunities)	위협(Threats)
기술융합 구조조정 보급브랜드 확산	치열한 경쟁 글로벌 경제 상황 미국내 광고 소비 감소 미국내 해외 규제와 법저 구속 폭등하는 인쇄제작 비용

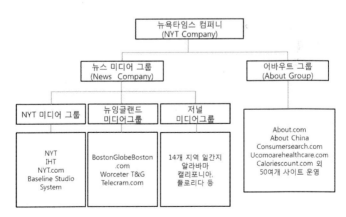

<그림19> 뉴욕타임즈 조직도

제4장 미디어 기업의 마케팅과 홍보

1. 콘텐츠 마케팅

21기에 창조되는 내용물 중에 콘텐츠가 있다. 콘텐츠는 문자, 소리, 화상, 영상 의 형태로 이루어진 정보의 내용물을 지칭한다. 콘텐츠의 영역은 방송, 영상, 게임, 애니메이션, 영화, 음악, 출판, 교육콘텐츠, 지식정보콘텐츠, 캐릭터, 이미지 등으로 콘텐츠기술과 문화가 합된 산업 부분이다. 즉 콘텐츠는 미디어와 콘텐츠 용기에 담기는 내용물로, 콘텐츠 기술에 예술적, 문화적, 산업적 특성이 결합되어 인간의 창조성에 의해 새롭게 창출되는 고부가가치물로서 21기 성장 산업이다. 콘텐츠는 마케팅을 통해 유통된다는 특성을 가진다. 콘텐츠 전략의 수립 시 고려해야 할 요인은 콘텐츠 수요자들의 인구통계적 및 경제적 환경, 콘텐츠를 구현 가능하게 하는 기술적 환경, 콘텐츠 제작 및 유통과 연계된 정치 법적인 환경 그리고 사회 문화적인 환경 등이 있다. 이를 근간으로 소비자들의 특성을 파악하여 이에 가장 부합되는 콘텐츠 내용 및 구현방식, 콘텐츠 유통 방식, 그리고 마케팅 전략을 분석하고 통제 관리하는 프로세스를 거치게 된다. 이때 마케팅의 개념이 중요해진다.

1) 마케팅의 개념

마케팅의 정의는 Marketing ＝Market ＋ing으로 마켓과 그곳에서 일어나는 모든 것들을 통제하고 관리하는 것이라고 볼 수 있다. 마케팅의 중심인 4P(Product, Price, Place, Promotion)가 있다. 프로덕트 (Product)는 무엇을 만들 것인가가 중요하고, 프라이스(Price)는 가격 결정으로 생산자 중심, 제작자 중심에서 책정되는 것이다. 플레이스 (Place)는 제품이 판매되어지는 장소나 영상 산업의 경우 영화나 비디오 배급 유통 과정 등을 지칭한다. 프로모션(Promotion)은 만든 제품을 판매하는 것과 관련된 판매촉진이다. 마케팅을 조정 통제하고 비중을 조정하는 것이 마케팅 믹스(Marketing Mix)이다. 마케팅 믹스는 마케팅 목표의 효과적인 달성을 위하여 마케팅 활동에서 사용되는 여러 가지 방법을 전체적으로 균형이 잡히도록 조정, 구성하는 것이다. 마케팅 믹스를 보다 효과적으로 구성하여 소비자의 욕구나 필요를 충족시키며, 이익, 매출, 이미지, 사회적 명성, ROL(Return on investment: 사용자본 이익률)과 같은 기업 목표를 달성할 수 있다. 마케팅의 중심인 4P를 영상 콘텐츠나 영상산업의 경우에는, 사람들의 마음을 움직여서 어떤 일정한 방향으로 이끌어 가지만, 마케팅적 측면에서 본다면 사람들이 원하는 바와 부족한 바를 찾아서 메꿔 주는 것이 중요하다. 이를 위해 수용자에 대한 이해가 필요하다. 수용자(Customer)는 4P 개념에서 4C 개념으로 변화하고 있다. 소비자는 인구통계학적(Demography), 생활양식(Live style)으로 인식할 수 있지만 그들이 원하는 것(Want)과 필요로 하는 것(Needs), 그리고 사회환경 속에서 영향 받는 대상들로 파악해야 한다. 해외 콘텐츠 마케팅 전략은 타켓 국가의 구조에 대한 이해, 시청자의 취향, 각 나라의 특성에 대한 분석을 바탕으로 수립된다. 이를 위해 먼저 선택해야할 사항들이 있다. 첫째 새로운 컨텐츠 트랜드를 추적해서 대체 상품이 될 것인지 경쟁 상품이 될 것인지 그리고 둘째, 컨텐츠 판매 방식을 직접 공급 또는 간접 공급 방식으로 할 것인지 선택해야 한다. 글로벌 유통 네트워크 인프라 전략을 구축해야 하는데 큰 시장의 경우에는 현지 기업을 운영하거나 현지의 강력한 파트너를 물색해서 조인트 벤처를 만들어서 현지 거점 확보하는 것이 유리한 경우가 많다. 왜냐하면 각 나라 국민 마다 컨텐츠를 향유하는 취향이 다르기 때문에, 어느 정도는 소스 컨텐츠를 로컬 콘텐츠에 접목시켜줘야 할 필요가 있기 때문이다.

2) 콘텐츠 마케팅 전략

콘텐츠 마케팅은 특정 소비자 그룹을 타겟으로 하여 자사 브랜드를 경쟁 브랜드와 차별적으로 포지션시키고, 타겟 소비자 그룹이 이러한 차별적 의미를 공유할 수 있도록 함으로써 그 소비자와의 교환을 촉진 시킬 수 있는 브랜드 마케팅 믹스를 사용한다. 일반적으로 마케팅 믹스는 4P라는 Tool은 사용하는데, 최근 마케팅 커뮤니케이션 Tools은 4C로 변화하는 양상을 보이고 있다. 소비자, 비용, 편익, 소통(Product → Customer, Price→ Cost: Price, Place → Convenience, Promotion → Communication)이 중요하게 다루어지고 있다.

(1) OSMU 콘텐츠 마케팅 전략

OSMU란 하나의 소스를 다양한 용도로 활용하여 시너지 효과를 얻는 것을 말한다. 예를 들어 대장금을 방송한 후에, 방송 내용과 장금이 캐릭터를 다양한 미디어에서 이용할 수 있도록 게임, 공연, 캐릭터 등으로 상품화하여, 방송 외적인 영역에서 지속적으로 대장금을 통해 수익을 올리는 마케팅 전략이다.

(2) COPE 콘텐츠 마케팅 전략

COPE는 Create Once Publish Everywhere의 약어로 한번 제작한 콘텐츠를 다양한 플랫폼을 통해 유통시키는 마케팅 전략을 말한다. 예를 들어 뽀르르 애니메이션을 TV에서 방송하고 같은 콘텐츠를 인터넷과 DMB 및 모바일 등 다양한 플랫폼에 맞게 변형하여 유통시켜 수요자가 어떤 플랫폼을 통해서도 원하는 콘텐츠인 뽀로로를 볼 수 있도록 함으로써 시너지효과와 수익을 함께 올리는 마케팅 전략이다.

(3) 라이센스 확장 콘텐츠 마케팅 전략

콘텐츠의 내용, 캐릭터, OST음악에 대한 지적재산권을 바탕으로 이에 대한 사용료인 라이센스를 제공함으로써 다양한 형태로 유통되고 상품화하도록 허락해주고 이에 대하여 일정 부분의 로열티 또는 수수료를 받는 마케팅 전략이다.

(4) 홀리스틱(HMC:Holistic Marketing Communication) 전략

콘텐츠를 광고하고 홍보함에 있어서 동일한 콘텐츠와 이미지를 유지하면서 다양한 체험과 방법을 활용하는 적극적인 커뮤니케이션 전략이다. 즉 콘텐츠를 수요자에게 알리고 보호하여 구매하도록 유도함에 있어서 전통적인 TV와 신문과 잡지를 통한 광고를 활용 뿐만 아니라, 이와 통일된 이미지를 통합적으로 연계하여 인터넷광고, 사이트 등 시너지효과를 극대화하고 홍보(PR)를 통한 활용을 제고시키는 마케팅 전략이다.

2. 미디어 브랜드 전략

소비자들은 그들이 노출되는 상품에 대해 신중하고 사려깊게 정보를 처리하는 동기와 능력, 기회가 많지 않기 때문에 그들은 자신들의 기억 속에 축적된 빠른 해결방식을 선택하게 된다. 강력한 브랜드는 이러한 인지의 간편 추론적(heuristic) 과정을 돕는다.

브랜드는 판매자가 자신의 제품이나 서비스를 식별하고 다른 경쟁자와 구별하기 위해 사용하는 명칭(name), 용어(term), 심볼(symbol), 디자인(design) 또는 그 결합체(combination)를 말한다. 브랜드는 ① 규모의 경제달성 ②진입장벽 역할 ③차별화 역할 ④협상력 강화 ⑤ 소비자에게는 확신 제공 역할 ⑥소비자를 끌어당기는 자석의 역할을 한다.

비엘(Biel, 1991)은 "아주 실용적인 측면에서, 소비자들은 브랜드가 의미를 가지기 때문에 좋아한다. 브랜드는 소비자들의 선택을 쉽게 해주는 하나의 지름길이다. 시간이 가장 소중한 재화인 세상에서 대안 상품들의 특성을 하나하나 분석하는 수고를 덜어준다."고 했다. 인지적 수고를 덜어주는 것 이외에도, 강력한 브랜드는 소비자들에게 위험과 불확실성을 감소시켜준다. 회플러와 켈러(Hoeffler & Keller, 2003)는 소비자들이 상품 품목에 대해 경험이 많지 않고, 잘못된 결정에 대한 결과가 엄청날 때, 브랜드 친숙도는 원하지 않은 구매에 대한 불안을 감소시킬 수 있다고 보았다. 많은 기업들이 확고한 브랜드 이름의 친숙도와 편안함을 활용해 새로운 상품 라인으로 확장시킨다. 이러한 브랜드 확장(brand extension)은 소비자의 위험 인지를 낮추려는 의도이다(Gronhaug, Hem, & Lines, 2002). 브랜드에 의지하는 행위의 결과는 습관의 형성이다. 반복적인 의사결정 상황에서, 습관은 소비자들에게 시간을 절약하고 의사결정의 정신적 노력과 우려를 줄여준다. 마케팅 연구자들에게, 습관적인 구매행위는 곧 브랜드 충성도의 개념을 의미한다. 최근에는 미디어가 브랜드 경영을 껴안는 현상이 진행되고 있다. 왜냐하면 미디어 기술의 극적 변화는 미디어 콘텐츠가 생산, 배급, 소비되는 양식을 혁명적으로 변화시키고 있기 때문이다. 몇 십년간, 신문, 잡지, 서적, 라디오, 텔레비전, 영화, 음반과 같은 전통적인 미디어는 소비자 행동과 브랜드 마케팅 전략을 키워온 나름대로의 차별화된 기술이 있었다. 그러나 디지털 기술의 확장으로 인해, 매체간의 경계는 사라졌다. CNN 브랜드는 더 이상 케이블 네트워크로 국한되지 않는다. 이러한 미디어 경계의 붕괴가 미디어 융합의 개념을 발전시킨 것이다(Grant & Meadows, 2002).

1) 브랜딩과 마케팅 믹스

브랜딩은 마케팅의 하나로 소비자 욕구를 인식하고 충족시키는 예

술이자 과학이다. 주요 마케팅 행위는 전통적으로 네 가지 P로 구분
되는데 상품(product), 가격(price), 유통(place), 그리고 판촉(promotion)
이 그것이다. 상품은 상품개발을 의미한다. 가격은 상품에 가격전략
을 다룬다. 유통은 배급채널과 동의어이고, 판촉은 광고나 홍보와
같은 커뮤니케이션 수단을 말한다(Burnett & Moriarty, 1998). 브랜
드 자산은 소비자들이 마케팅 행위에 차별적으로 반응하게 하는 브
랜드 이름의 역량이다.

2) 브랜드 관리의 개념

  브랜드(brand)는 경쟁자로부터 상품과 서비스를 차별화시키기 위
한 것으로 이름, 용어, 사인, 디자인, 혹은 이것들의 결합이다. 브랜
드 이름(name)은 상품 항목과 기능적 가치를 넘어서 상품에 가치를
증대시키기 위해 설계된 사고와 감정을 나누는 것이다. 브랜드 인지
(brand awareness)는 흔히 브랜드 정체성(brand identity)으로 언급되
는 것으로써 상품 항목에 대한 브랜드 이름의 단순한 친숙도(환기
혹은 인식)이다. 브랜드 이미지(brand image)는 단순한 인지를 넘어
서며, 소비자에게 미치는 브랜드의 사고와 감정, 의미를 다룬다. 브
랜드 이미지는 속성과 연상의 집합으로 그려질 수 있다. 브랜드 지
식(brand knowledge)은 앞서 언급한 브랜드 인지와 브랜드 이미지의
결합이다(Keller, 1993). 동시에 이 두 차원들은 브랜드 자산의 핵심
적 하부구조가 된다. 어떤 브랜드 연구자들에게 브랜드 지식은 평가
를 유보한 실제 정보만을 의미한다. 브랜드 태도(brand attitude)는
브랜드에 대해 알려진 사실 뿐만 아니라 평가를 포함한다. 브랜드에

대한 긍정적이거나 부정적인 태도는 개인 경험을 통해 직접적으로 형성될 수도 있고 광고나 홍보와 같은 마케팅 커뮤니케이션을 통해 간접적으로 형성될 수도 있다. 브랜드 선호(brand preference)는 브랜드에 대한 평가뿐만 아니라 경쟁 상품에 대한 브랜드의 상대적인 위치를 나타내 주기 때문에 브랜드 태도에서 파생된 것으로 간주된다. 주의해야 할 점은 선호가 반드시 브랜드 구매 행위를 예측하는 것으로 해석되지는 않는다는 것이다. 브랜드 고려 대상군(brand consideration set)은 소비자가 단일 브랜드만을 소비하지 않고 동등하게 구매할만한 일련의 브랜드가 있음을 의미한다. 미디어에서 이러한 고려 대상군은 채널 레퍼토리로 언급된다(Ferguson & Perse, 1993). 누군가의 고려 대상군에 포함될 자격이 되는 기준은 인지된 품질과 가격과 같은 다양한 요인들에 의해 좌우된다. 브랜드 충성도(brand loyalty)는 비록 때때로 태도를 측정하는 개념으로 제시되지만, 복잡한 심리적 구성요소가 아닌 행위를 측정하는 잣대로, 보다 더 활용되고 있다. 즉 충성도는 소비자가 반복적으로 하나의 브랜드를 구매하는 정도이다. 그러나 충성도(반복적 구매 행위)가 다른 브랜드 전환에 대한 취약성의 정도를 드러내지는 않는다. 왜냐하면 브랜드 충성도가 브랜드 전념을 측정하는 것은 아니기 때문이다. 브랜드 전념(brand commitment)은 관찰 가능한 결과물의 측면에서 브랜드 충성도와 유사하지만 브랜드에 대한 진정한 충성(fidelity)의 정도를 나타내는 것으로, 보다 심리적인 요인들을 포함한다. 브랜드에 대한 강한 전념은 소비자들로 하여금 강력하고 긍정적이고 독특한 브랜드 연상을 갖게 하여, 결국 할인의 유혹이나 쿠폰, 판촉물, 또는 다른 경쟁적인 마케팅 행위들에 의해서도 흔들리지 않게 한다는 것이다.

브랜드 시도(brand trial) 혹은 브랜드 샘플링(brand sampling)은 특정 브랜드에 대한 소비자들의 최초 구매나 경험을 의미한다. 광고나 입소문 때문에 소비자가 브랜드에 친숙해질 수 있는 브랜드 인지와 달리, 브랜드 시도는 직접적인 개인의 사용을 의미한다. 브랜드 만족/불만족(brand satisfaction/dissatisfaction)은 브랜드를 경험한 결과에 대한 평가이기 때문에 직접적으로 시도해보고 사용하는 것과 관련이 있다. 이러한 측면에서 브랜드 만족은 브랜드 태도와 닮아 있다. 그러나 만족은 브랜드 관리의 핵심인 소비자 기대라는 아이디어에 기반하고 있다. 브랜드 만족은 특정 브랜드가 소비자의 기대를 충족시키는지를 묻는 것이다. 논리적으로 만족은 충성도를 이끌어내고 이는 다시 전념으로 이어진다.

브랜드 자산(brand equity)은 브랜드 관리의 최정점이기 때문에 보다 더 정교화 되어야 한다. 브랜드 자산의 적절한 개념화에 대해 학자들이나 전문가들 사이에 일치된 의견을 구하기는 어렵다.

3) 브랜드로서 미디어

브랜드로서 미디어의 개념은 1993년 미디어마크 리서치사의 CEO인 데이비드 벤더(Bender, 1993)가 "미디어는 자신을 브랜드로 인지하지 못하는 몇 안 되는 브랜드 가운데 하나이다. 결과적으로 그들은 브랜드에 대한 사고와 연구를 통해 얻을 수 있는 이익을 얻지 못하고 있다"고 말한 데서 비롯되었다. 후에 케이블 방송으로 인해 지상파의 프라임 타임 시청률이 떨어지면서 브랜드로서의 미디어의 개념이 형성되기 시작했다. 방송 산업 전문잡지인 <브로드캐스팅

앤 케이블>은 사설에서 "브랜딩이 오늘날 최대 유행어가 되었다. 미디어의 역사에서 어느 때보다도 방송 브랜딩의 성공과 실패가 주목받고 있다"고 주장했다(Editorial, 1995). Fox 방송사의 인기 프로그램인 "아메리칸 아이돌(American Idol)"의 프로듀서는 "우리는 단순히 하나의 쇼로써 텔레비전 프로그램을 보는 것이 아니다. 우리는 쇼를 브랜드로 본다"고 주장했다. 소니, 디즈니, HBO, 마이크로소프트, MTV와 같은 글로벌 미디어 브랜드는 전세계 소비자들이 이용하는 하드웨어와 소프트웨어 상품을 대표한다. 그런 상품들은 상대 국가의 언어, 제작방식, 마케팅 스타일과 같은 지역적 요구사항과 문화에 부응하여 어느 정도 지역화되어 공급된다. 결국, 성공적인 브랜드는 기업의 상품과 서비스에 대해 소비자의 마인드에 반향을 불러일으키거나 연결되도록 하는 것이다.

4) 브랜드로서 미디어의 개념에 대한 사례

기업들은 특정 브랜드가 다른 상품군으로 확장될 수 있도록 만들어주는 추상적이고 무형의 연상에 집중하는 브랜드 커뮤니케이션 전략을 육성하고자 한다. 미디어 사례로는 복수의 배급 플랫폼으로 브랜드를 확장시켜왔지만, 여전히 자신을 "가장 신뢰할 수 있는 뉴스의 원천"으로 집중하여 홍보하는 CNN을 들 수 있다. FOX가 미식축구 리그(NFL) 게임 방송 중계권 쟁탈전에서 어떻게 CBS를 따돌렸는지를 검증한 것이다(Anand & Conneely, 2003). 최근 미디어 재벌을 포함한 많은 기업들이 일련의 개별 브랜드를 지원하기보다는 기업 브랜딩으로 전환하고 있다. 통일된 모기업 브랜드 아래에 모든 상품과 서비스를 한데 모으고자 하는 시도이다(Aaker & Keller, 1990). 전형적인 케이블 시스템의 채널 구성을 보면 콘텐츠의 1/3은 모기업 브랜드에서 파생되거나 확장된 채널들임을 알 수 있다. 이러한 경향의 선두에는 디스커버리와 ESPN과 같이 잡지에서 식당까지 그들의 브랜드를 무한 복제하려는 기업들이 있다. 확장은 아주 보편적이면서도 일반적인 현상이 되었기 때문에 이 장에서 독립된 부분으로 다루고자 한다. 앞서 간략하게 설명되었듯이 브랜드 확장은 원래 의도한 상품이나 서비스를 넘어서서 확립된 브랜드 이름을 적용하는 것이다. 특정 브랜드의 자산 가치를 동일한 브랜드 이름을 포함하는 다른 상품으로 확장하여 활용하는 것이다(Keller, 1993). 예를 들어, ESPN은 자체 브랜드를 ESPN매거진, ESPN스포츠존 웹사이트, ESPN상품, ESPN식당 프랜차이즈 등으로 확장했다(Media Groups, 2003). 공동 브랜딩(co-branding)은 브랜드 확장의 특별한 사례로, 이는 두 개의 확고한 브랜드가 새로운 상품으로 확장되는 것이다(Leuthesser, Kohli, & Suri, 2003). 미디어 사례로는 마이크로소프트와 NBC의 제휴로 형성된 MSNBC가 그 예이다. 브랜드 확장과 공동 브랜딩은 동일한 근본적 문제를 야기하는데, 그것은 원래 브랜드의 가치에 해를 끼치지 않고 어떻게 확장을 활용할 수 있는 가이다. 예를 들어 하와 챈-옴스테드(Ha & Chan-Olmsted, 2001)는 지상파 방송 시청자들이 방송사 웹사이트에서 제공하는 부가 서비스에 대해 어떻게 인식하는지를 조사했다. 그 결과 시청자들은 방송사 브랜드와 부가서비스를 동시에 브랜드로 인식하는 결과를 발표했다. 잘 알려진 명성있는 브랜드는 그들의 자산을 새로운 상품으로 확장하였고, 기업 브랜드 확장 계획에 대한 단순한 공개 선언도 주식 시장 성과에 영향을 주었다(Lane & Jacobson, 1995). KBS도 브랜드 마케팅을 위해 내적 장치로는 제작 가이드라인 작성하여 KBS의 컨텐츠 내용을 규율하고 브랜드를 집중시키기 위해 외형적인 색깔을 조정하고 있으며(예 크로마키 21 프로젝트), 외부시장에서 KBS의 개별 프로그램 보다는 KBS의 브랜드를 알리기 위해서 노력하고 있다.

5) 전통적인 소비자 브랜드와 미디어 브랜드의 차이 인식

브랜드 관리의 많은 지식이 곧바로 미디어 브랜드로 치환될 수도 있지만, 수용자 관점에서, 브랜드화된 전통적 소비재와 브랜드화된 미디어 상품 사이의 상응은 완벽하지 않다.

첫째, 전형적인 소비자 브랜드에 대한 연구는 가격의 역동성에 대해 고민하지만, 대부분의 미디어 브랜드는 특별하게 가격에 민감하지 않다. 그 이유는 미디어 브랜드는 수용자 시간과 주목에 대해 지불하는 광고를 기반으로 하는 사업 모델을 통해 배급되기 때문이다. 물론, 케이블이나 위성방송 시장에서 지불을 한 시청자들에게 특정 채널만을 공급하는 유료 가입 모델이 존재하지만, 지금까지는 대부분의 채널들이 다른 브랜드 채널들과 함께 묶음 상품으로 제공되고 있다. 단위당 가격을 강조하지 않기 때문에, 위험 감소에 대해서도 소홀하다. 실제로, 소비자들은 잘못된 구매로 인한 위험을 감소시키기 위해 친숙한 브랜드에 의존하지만, 이러한 원칙을 미디어 브랜드에 적용할 때 문제는 그릇된 선택이 별로 중요하지 않다는데 있다. 예를 들어, 선택한 하나의 방송 프로그램 시청에서 실망하더라도, 결함이 있는 자동차나 상한 음식을 사는 것에 비하면 사소한 문제라는 것이다. 따라서 이러한 저위험 미디어 소비는 껌을 사는 것과 같은 저관여 경험으로 간주되고, 수용자들은 브랜드 의사결정에 많은 인지적 노력을 투자할 동기가 없다는 것이다(Chernatony & Mcdonald, 1998; Keller, 2003).다른 차이는 경쟁 브랜드의 접근 가 능성에 있다. 대부분 소비재의 경우, 브랜드를 시도해보기 위해서는 직접 사기 위해 반복적으로 구매 장소에 가야만 한다. 게다가 소비재의 구매를 시도하는 것도 몇 주 혹은 몇 달 간의 시간 간격이 있다. 세제를 얼마나 자주 사는가를 생각해보면 된다. 반대로, 경쟁 관계에 있는 미디어 브랜드를 소비해보는 것은 비교할 수 없을 만큼 쉬운 일이고, 단지 리모트 콘트롤이나 컴퓨터 마우스를 클릭하는 것으로 해결된다. 저위험과 쉬운 접근의 결합으로 미디어 브랜드 관리자들은 수용자들이 끊임없이 채널을 바꾸는 문제에 직면하게 된다. 비록 브랜드 전문가들이 브랜드에서 얻게 되는 유무형의 이익을 분리해서 강조하지만, 본질적으로 미디어 브랜드로부터의 모든 혜택은 무형의 것이다. 맥도웰(McDowell, 2004a)이 제안했듯이, 미디어 브랜드 연상은 기능적 속성들을 언급하는 연상(예; CNN은 24시간 뉴스를 공급한다)에서부터 보다 태도적 평가(예; CNN이 최고는 아니다)까지 폭넓게 유형화될 수 있다. 아마도 미디어 브랜드를 특별하게 만드는 가장 중요한 측면은 그것들이 미디어이기 때문에 자체 브랜딩을 위한 커뮤니케이션 수단으로 활용될 수 있다는 점일 것이다. 예를 들어, 전문가들은 방송사가 가진 최고의 브랜드 마케팅 자산은 바로 방송시간이라고 주장한다(Eastman, Ferguson & Klein, 2002). 냉동 콩은 그러한 장점을 가질 수 없다. 미디어 브랜드 관리의 가장 중요한 요소는 특정 브랜드가 자신에 대해 무엇을 커뮤니케이트할 것인가에 대한 전략을 개발하는 것이다.

3. 스마트 미디어 기업의 홍보와 광고

스마트 미디어시대의 미디어 기업 홍보 전략은 브랜드 커뮤니케이션과 통합 광고를 기반으로 진행될 것이다. 스마트 미디어 광고의 유형도 애플리케이션 광고, 모바일 웹 페이지 광고, 모바일 쿠폰 광고, 문자메시지 광고, QR코드, LBS, 증강현실, SNS, 스마트 패드 광고, 스마트TV 광고 등 새로운 광고가 형성될 것이다.

제3부

스마트 미디어 시대의
콘텐츠 경영

제1장 스마트 시대의 콘텐츠 생산

1. 스마트 미디어 기업의 가치사슬과 융합

최근 방송부문에 구조적 변화를 야기하고 있는 원인은 방송과 IT 기술과의 융합을 들 수 있다. 즉, 방송이 전통적인 일방향의 정보 전달에서 벗어나 이용자의 욕구를 실시간으로 수용하고 처리할 수 있는 하드웨어적 기반이 IT기술의 발전으로 갖추어지고 있다.

1) 스마트 기업의 가치사슬

가치사슬이란 기업활동을 분석하는 이론적 틀로서 1985년 미국의 마이클포터(M. Porter, 1985)에 의해 정립된 모델이다. 본래 제조업 기업에 맞춰 정립된 모델이지만 이후에 다양한 분야에서 광범위하게 활용되고 있다. 가치사슬분석의 주요 목적은 기업이 부가가치를 창출하는 각 과정을 분석하고 나아가 과정에서 발생하는 투입가치와 산출가치를 분석함으로서 기업의 내부적 핵심역량을 분석하는 것이다.

마이클포터는 경쟁우위의 기초인 비용의 행태 및 차별화와 현재 또는 잠재적 원천을 이해하기 위해서는 기업을 전략적으로 중요한 활동으로 분해하는 것이 중요하며 이러한 가치를 형성하는 활동에 이익을 합한 전체 가치를 가치사슬이라 정의하였다. 이를 발전시켜 케플란스키와 모리스(R. Kaplinsky & M. Morris, 2001)는 착상(conception)으로부터 생산의 중간단계를 거쳐(물리적 변화의 조합과 다양한 생산자 서비스의 포함) 최종소비자에게 배급과 사용 후 최종처리까지 제품과 서비스를 발생시키는데 요구되는 전체 활동의 범위라고 정의함으로서 기존 제조업중심의 가치사슬이론범위를 확장시켰다.

특히 케플란스키와 모리스는 아이디어의 수집, 소비환경분석, 상품기획 등과 같이 디자인 및 상품개발과 관련된 다양한 세부 '활동'들의 묶음을 '연결고리(link)'라 하고, 이러한 연결고리들의 흐름을 '가치사슬'이라 하여 가치사슬 분석을 더욱 용이하게 하였다.

가치사슬분석은 몇 가지 중요한 의의를 지니고 있다. 첫 번째로 아웃소싱이 활발하고 변화의 속도가 빠른 오늘날의 시장에서 산업 전반의 가치사슬을 분석함으로서 기업이 지닌 강점을 살리고 부족한 부분의 강점을 지닌 기업과 협력함으로서 함께 성장하는 시너지를 창출하는 배경이 된다는 것이다. 김길선(2003)은 가치사슬 분석을 통해 기업 내 가치활동간의 효율적 연계를 기반으로 하는 EU의 디지털콘텐츠 산업의 가치사슬을 크게 콘텐츠(Contents), 패키징(Packaging), 배급(Diffusion)의 3단계로 구분하고, 이를 다시 8개의 세부 가치사슬로 설명하였다. 이 분석에서 가장 큰 특징은 1) '기획-제작-유통-소비'의 4단계의 영역을 기획과 제작을 통합하여 3단계로 압축했다는 점과 2) 소비와 유통 역시 뚜렷한 구분 없이 패키징과 전송이라는 새로운 표현을 사용하였다는 점, 그리고 3) 특히 전송측면에서 디지털콘텐츠가 표현되는 장비제공자를 고려한다는 점을 주목할 수 있다. 장용호 외(2004)는 디지털콘텐츠의 가치사슬을 1)

Content production, 2) Content Aggregation, 3) Content Distribution, 4) Content Platform의 네 단계로 구분하였다.

2) 제작의 유연전문화

각종 콘텐츠가 PC와 휴대전화, TV의 영역을 넘나드는 '3 스크린 플레이(Three Screen Play) 시대'가 본격화하고 있다. 휴대전화 단말기의 고성능화, 무선네트워크의 고도화 등을 통해 점차 유·무선 간 차이이 줄어들고 있다. 이에 따라 다양한 콘텐츠를 장소, 시간, 기기에 관계없이 이용하고자 하는 소비자에게 모바일 IPTV 및 3 스크린 플레이 전략 등이 제공되기 시작했다. 그러나 대표적인 방송통신 융합서비스인 DMB, IPTV는 서비스 차별화 및 콘텐츠 소싱 등의 문제로 활성화에 어려움을 겪고 있고, 현실적으로 온라인과 모바일을 통해 동일 콘텐츠를 동시에 유통하는 수준까지는 도달하지 못하고 있다.

방송의 디지털화란 결국 정보의 압축과 전송 기술의 발달을 의미한다. 이러한 발달은 콘텐츠의 중요성을 필요로 한다. 이러한 필요에 따라 IPTV, DMB, WiBro, 3DTV 등과 같은 스마트 미디어를 통해 융·복합 서비스로 제공되도록 하고 있다. 또한 디지털 콘텐츠 산업의 영역은 과거 엔터테인먼트 위주에서 미래에는 제조, 서비스를 포함한 산업 전 영역에 체화 및 융합되어 산업의 경계를 초월할 것으로 전망된다.

따라서 스마트 미디어를 콘텐츠를 산업적인 측면에서 접근했을 때 제작과 유통, 그리고 소비라는 가치사슬로 접근할 수 있다. 첫째는 스마트영상 콘텐츠 제작과 관련된 내용을, 둘째는 스마트영상 콘텐츠의 글로벌 유통과 관련된 내용을, 셋째는 소비와 관련하여 스마트 미디어를 수용하는 수용자 관점에서 바라보는 수용자 경험을 파악할 필요가 있다.

1970년대를 지나면서 신산업공간(new industrial space) 모델이 산업지구와 유연적 전문화 그리고 사회적 규제와 지역사회의 동태성에 관한 논의를 기초로 스토퍼(Storper)와 스카트(Scott)에 의해 도입되었다(Storper & Scott, 1988). 이 모델은 유연적 생산 체제에 적합한 생산 공간을 말하는 것으로 가치사슬상으로 연계된 생산자 집단이 지리적으로 집적된 경우 즉 클러스트 지역화를 의미하고 있다. 이는 유연적 생산체계에서는 적기공급 등 소규모의 지속적인 거래가 증가되기 때문에, 기업은 공간적 집적이라는 입지 전략을 통해 외부거래에서 오는 공간 의존 비용을 감소시킬 수 있다는 것이다. 이러한 새로운 생산 모델을 방송 산업에도 적용할 수가 있는데, 이는 바로 유연전문화(flexible specialization)이다. 유연전문화는 1970년대 후반 도입된 개념으로 새로운 생산 조직의 유형으로 기업과 시장 간의 경계가 유연해진 결과, 거대 기업의 해체와 소규모 기업들의 네트워크를 통한 상호작용으로 생산 체계가 조직화되는 경향을 말한다(Storper & Christopherson, 1987). 유연전문화는 양적 유연성과 기능적 유연성을 말하는데, 생산기술의 유연성, 노동력 이용의 유연성, 생산조직의 유연성, 지리적 이동성 등이 있다. 이 개념을 방송 제작에 도입하면, 그림에서 보는 바와 같다. 즉 복합적 기능과 역할을 통해 제작되는 방송 콘텐츠가 양적 유연성을 통해 방송 제작 인력의 분리전략을 취하는 경우이다. 이는 방송국내의 제작 인력을 배우나 뮤지션 또는 진행, 대본, 그리고 애니메이션과 같은 전문인력을 아웃소싱과 프리랜서로 활용하여 방송국 내 핵심 제작인력의 비중을 점차 줄이는 것이다. 이로써 제작 시설의 기능적 유연성을 확보하게 되는 것이다. 즉 개개의 인력을 기능적으로 활용하고 제작 네트워크를 통해 기능적으로 전문화된 시스템을 통해 제작 시설들이 연계되어 제작 시간과 비용을 절감하는 방식으로, 제작과 방송이 분리되는 역동적인 순환구조를 가질 수 있게 되는 것이다. 따라서 유연전문화란 첨단 기술의 도움을 받아, 보다 유연하게 상황변화에 적응을 할 수 있는 새로운 방식의 생산방식이라고 할 수 있다.

강태완(2005)은 BBC나 ITV와 같은 제작과 방송을 함께하는 거대 방송사 조직이 유연전문화를 통해 중소 규모의 제작자들의 네트워조로 전환하는 그물망 구조로 조직의 재편이 이루어져 있다고 보고 있다. 이는 우리나라 방송제작 시스템이 외주제작을 통해 유연전문화를 이루고 있다는 것으로 설명할 수 있는 부분이다.

특히 방통 융합이 진행되면서 방송 콘텐츠의 제작 방식은 점차 수직 관료 생산조직에서 유연한 수평적 네트워크 체계로 변화되어 왔다. 즉 방송사의 경우 거의 모든 생산요소를 수직적으로 관리하던 방식에서 벗어나 기술, 연기, 기타 전문영역이 조직 밖으로 분화되고 있다. 래시와 어리(Lash& Urry)는 문화산업이야말로 탈조직화와 유연전문화를 주도하는 대표적인 산업이라고 역설하고 있는데 이러한 관점에서, 영화의 경우 탈조직화는 스타, 감독, 작가, 프로듀서 같은 창조적 부분(above-the-line)비용의 분화를 통해 이루어졌다. 이후 기술적인 부분(below-the-line)의 노동비용의 분화가 이어졌고, 종국에는 시설, 즉 극장·스튜디오·카메라·음성 및 조명 장비 등등의 분화를 낳았다. 그 결과 분화된 소기업을 연결하는 시장의 체인이 형성되어 수직적 네트워크 구조를 도입하게 되었다(강태완, 2005).

영국의 경우, 편성 전문 채널인 채널4가 등장하면서 방송조직의 유연화가 급격히 진척되기 시작하였다. 채널4의 등장 1년 만에 100개의 독립제작사가 생겨났으며, 이 가운데 50%가 방송 프로그램 전문 제작사였다(김진웅, 2002). 1999년에는 그 수가 563개에 달했고, 2003년에는 약 1,500개의 독립제작사에서 1만 3,000명의 피고용 인력이 18억 달러 규모의 프로그램 제작을 담당하고 있는 것으로 나타났다(Creative Industries opportunities in the UK, 2004). 국내에서도 이미 629개의 독립제작사가 방송 콘텐츠 또는 기타 콘텐츠를 제작하고 있다. 독립제작사 역시 유연전문화되어 콘텐츠 제작 시 외부의 제작 전문가들을 네트워크로 결합하여 콘텐츠를 완성하고 다시 해체하는 방식을 취하고 있다.

이와 같이 방송 산업 전체에서 탈조직화와 유연전문화가 정착된다면, 방송콘텐츠를 제작 할 수 있는 대규모의 집적화된 제작 단지가 필요하다는 목소리가 나올 수밖에 없다. 유연전문화하는 방송 제작 시스템을 구조적으로 지원하고 뒷받침할 수 있는 제작 공간이 필요하게 되기 때문이다. 즉 분리전략으로 인한 외주 독립제작사들을 비롯한 디지털 방송 콘텐츠 제작사들이 시설과 공간측면에서 기능적으로 유연하게 활용할 수 있는 단지가 필요하다는 것이다. 특히 방통 융합 기술을 수용하여 전문화된 제작 인력과 시설 그리고 공간을 통해 유통까지 가능한 첨단 복합 단지가 필요하게 된다. 이렇게 구축된 디지털 방송콘텐츠 제작 단지는 제작량의 확대로 새로운 방송의 문화를 창출하게 될 것이다.

3) 융합의 정의와 종류

(1) 융합의 정의

메리엄-웹스터(Merriam-Webster) 사전은 융합의 일반적 개념을 "서로 다가서고, 특히 결합 또는 일치성으로 나아가는 행위"라고 정의하였다(Mish, 1993). 미디어 융합의 정의는 기술적 융합, 기능적 융합, 경쟁/보완적인 융합, 전략적/산업 구조 융합에 초점을 맞춘다. 요피(Yoffie, 1997)는 융합을 "기능의 통일 — 디지털 기술을 사용하기 이전에 별개의 제품이 함께하는 것으로 보았다." 콜리스, 베인과 브래드리(Collis, Bane, & Bradley, 1997)는 "융합은 이전에 분리되어 있었던 전화, 텔레비전과 개인용 컴퓨터 네트워크를 대체하는 공통적인 유통망의 창조를 의미하고, 많은 다른 제품과 서비스의 배포를 변형 시킬 것"이라고 말했다. 그린스테인과 칸나(Greenstein & Khanna, 1997)는 대체와 보완의 관점에서 융합에 대하여, "사용자가 어느 쪽의 제품이라도 다른 한편으로 교환할 수 있다고 간주할 때 2개의 제품은 서로 대체적으로 융합한다. 두 제품이 개별적일 때 보다 함께 했을 때, 더 좋은 성능을 발휘할 때 두 제품은 보완적으로 융합한다."고 정의했다. 피드러(Fidler, 1997)는 "새로운 기술 또는 실재의 창조뿐만 아니라 각 기술 또는 실재의 변화를 가져오는 교차적인 조합"으로 융합을 정의했다. 앨리슨, 디손네, 루텐벡과 야돈(Allison, DeSonne, Rutenbeck, & Yadon, 2002)은 융합이 "과거에 별개였던 사업이 대형 합병, 매수, 협력 그리고 전략적 제휴를 통하여 서로 합쳐지는 사업 경향을 의미"한다고 말한다. 반대로, 놀(Noll, 2003)은 "융합이라는 개념은 너무나도 광범위하며, 그것은 환상이나 신화 이상의 것이 아니다."라고 주장한다.

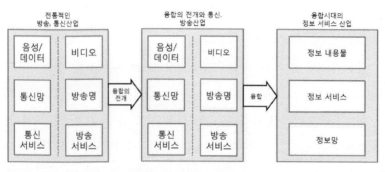
<그림 20> 방송과 IT의 융합

(2) 융합의 종류

① 네트워크 융합

방송망과 통신망은 독립적인 고도화의 단계를 넘어 망간의 유기적인 결합에 의한 광대역화, 양방향화의 완벽한 구현으로 나아가고 있다. 통신망과 방송망의 구분이 모호해지고, 기능상의 차이가 없어지는 것을 망의 융합이라고 한다.

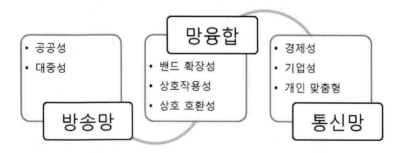
<그림 21> 네트워크 융합

방송망은 디지털화를 통한 고도화와 통신망과의 연계성 확보로 양방향성의 실현단계에 있고, 통신망은 개별 망의 고도화가 급속하게 진전되어 방송 콘텐츠의 전송에 필요한 5Mbps 이상의 속도를 구현하고 있다. 이와 더불어 유무선 통합의 가속화가 급속히 진전되고 있다.

② 서비스 융합

서비스 융합은 인터넷과 VOD, 데이터방송, DMB, IPTV 등 서비스가 융합하는 것을 말한다. 인터넷 방송은 인터넷 망에 멀티미디어 스트리밍 기술을 이용하여 소리, 동영상 등 멀티미디어 정보를 제공하는 서비스이다. 전화선, ADSL, HFC(케이블망), 위성망 등 인터넷 망으로 활용되는 다양한 망에 의해 제공이 가능하고 스트리밍 기술을 활용하여 주문형 서비스 등 거의 완전한 양방향서비스가 제공된다. VOD(Video On Demand : 주문형 비디오 서비스)란 영상압축기술을 응용해 영화 등 각종 비디오 프로그램을 DB로 저장하여, 일반 통신망 및 전용망 등을 통해 가입자가 요구하는 프로그램을 주문 즉시 제공해 주는 서비스이다. 이용자는 시간에 구애됨이 없이 DB서버에 저장된 프로그램 중에 원하는 내용을 선택하여 취향에 맞추어 시청 가능하다. 시청을 선택한 프로그램은 마치 VCR을 조작하듯 시청도중에 동작, 되감기, 일시 정지, 녹화 등을 할 수 있다. 데이터 방송이란 방송망의 여유대역을 이용하여 송신자가 다수의 수용자에게 각종 정보를 제공하는 서비스이다. 이때 독립프로그램형 서비스는 독립된 채널을 통한 EPGs(Electrinic Program Guides) 서비스의 제공, 날씨, 증권정보, 뉴스속보 등을 실시간으로 제공하는 것이고, 프로그램연동형은 스포츠 프로그램에서 팀 소개, 선수 프로필 등의 정보를 제공하거나, 드라마에서 줄거리나 등장인물의 소개, 관련상품의 판매정보 제공 및 직접 판매 등을 한다. DMB(Digital Multimedia Broadcasting : 디지털 멀티미디어 방송)란 디지털 라디오 방송인 DAB (Digital Audio Broadcasting)를 멀티미디어 방송으로 개념을 확장한 것이다. IPTV는 IPTV센터와 셋톱박스가 설치된 가입자의 TV를 초고속통신망으로 연결하여 실시간 방송프로그램, VOD, 이메일 및 쇼핑정보 등 부가 서비스를 양방향으로 제공하는 것을 말한다. 주요 유선 통신사인 KT, SKT, LGT가 현재 IPTV 서비스를 실시 중이며, 이용자가 요구하는 콘텐츠를 확보하느냐, 정보 당국의 정책에 따라서 향후 융합 서비스가 어느 정도, 얼만큼 빨리 발전할 수 있는가 그리고 전체적인 융합 산업이 발전하느냐하는 발전의 속도가 고품질 융합 서비스의 관건이다.

③ 기업의 융합

미국이 1996년 통신법을 개정한 이후 인수합병 사례가 증가하고 있다. 콘텐츠의 문화적 측면을 강조하는 방송사와 효율성을 강조하는 통신사와의 융합이 중요한데, 방송계보다는 기술과 자본력이 앞서는 통신분야에서 방송의 인수 합병에 적극적인 입장이다. 기업 융합의 결과 통신, 방송산업계는 현재의 정보형태에 따른 수직적 구조에서 향후 콘텐츠 제작, 팩키징, 서비스 제공, 전송 및 소비자플랫폼 등 가치사슬의 단계에 따라 구분되는 수평적 산업구조로 변모할 것으로 전망된다.

④ 기기의 융합

콘텐츠 단말기의 스마트화로 단말기가 융합하고 있다. 스마트폰은 터치형 인터페이스, HD급 화면, 4G 무선인터넷(LTE, Long Term Evolution), WiFi 기반의 기술적 특성과 앱, 전화, 유무선 인터넷, 컴퓨터, 텔레비전, 게임기, SNS(Social Networks Service), 사진 등 주요 기능이 하나의 단말로 결합되어 있다. 2015년 말까지 83.0% 이상 보급되었고 새로운 엔터테인먼트, 콘텐츠 이용 단말로 부상하였고, 개방형 앱 플랫폼 도입으로 앱 개발자들이 글로벌 이용자들을 만날 수 있는 새로운 기회를 제공하고 있다. 태블릿 PC는 유무선 인터넷에 연결할 수 있는 이동성, 스마트폰보다 큰 화면(7～12인치) 그리고 터치형 인터페이스 면에서 장점이 있어 동영상, e-book, 게임, 인터넷 서핑 등 주요 콘텐츠를 이용하는 디바이스로 자리하고 있다.

보급 확대에 따라 인터넷 동영상 서비스 확장이 예상되며 2015년 LTE 스마트폰 출하 증감률은 평균 90%(KT경제경영연구소, 2015)이다. 스마트 TV는 삼성, LG 등 텔레비전 생산업체와 구글, 애플 등 해외 기업들이 스마트 기능을 갖춘 텔레비전에 인터넷을 통해 다양한 서비스를 제공받을 수 있도록 보급하고 있다. TV-PC-스마트폰과 같은 융합된 기기는 다양한 단말기를 통해 콘텐츠를 소비할 수 있는 멀티스크린 서비스 또는 클라우딩 서비스 구축의 중심 단말로 기대를 모으고 있다.

2. 스마트 미디어의 유형과 전망

1) 스마트 플랫폼

스마트 TV는 인터넷의 발전으로 휴대폰과 인터넷의 융합으로 스마트폰이 등장한 것과 마찬가지로, 인터넷 접속 TV(커넥티드 TV, connected TV)가 개발되면서, 보다 진화된 개념으로 등장하였다. 특히 스마트 TV는 우리나라에서 주도적으로 사용하고 있는 용어이다. 스마트 산업 생태계에서 방송과 미디어 부분을 포함하면서 사용하기 시작했는데, 국내 단말기 사업자들이 전략적으로 제품군의 명칭으로 채택했다. 스마트 TV 산업은 단말기로서의 TV, 인터넷과 방송의 융합서비스라는 2가지 축을 중심으로 새로운 산업으로 주목받으며 성장하고 있다.

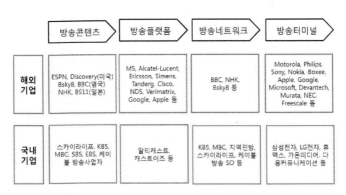

<그림 22> 디지털 TV/방송 산업의 가치 사슬

<표 33> 스마트 TV 방송의 제작, 유통, 소비

제작	유통	소비
콘텐츠 창작자의 다변화로 콘텐츠 공급량 급증 신규 콘텐츠 생산에서 플랫폼별 콘텐츠 재가공으로 무게중심이동	유통 플랫폼간 경쟁 심화 무료 콘텐츠 유통 일반화 콘텐츠 소유에서 접속으로 변화	멀티태스킹의 확산 수동적 소비에서 능동적 소비로 개인화, 맞춤화된 소비자들의 니즈 확산

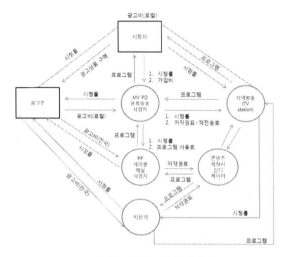

<그림 23> 스마트 제작 생태계

　　스마트 TV는 범용 플랫폼(OS)을 갖추고 인터넷 통신과 정보 검색 등 컴퓨터 지원 기능을 추가하여, 사용자가 원하는 애플리케이션을 설치하고 다양한 콘텐츠와 서비스를 이용할 수 있는 지능형 TV 단말기이다.

　　디지털 TV/ 방송 산업의 가치사슬은 방송콘텐츠(Contents), 방송 플랫폼(Platform), 방송네트워크(Network), 방송터미널(Terminal)의 C-P-N-T로 구성되어 있다. 스마트 TV의 생태계는 전통적인 TV 산업 참여업체와 인터넷 및 모바일 관련 IT 사업자들로 구성되어 있기 때문에 스마트 TV를 선도하기 위한 주도권 경쟁이 이루어지고 있다.

2) 스마트 기업의 사례

(1) 스마트 TV 산업의 구조와 특성

스마트 TV란 TV 수상기에 웹 구동 운영체제(OS)를 탑재하여 TV와 인터넷의 기능을 동시에 제공하는 다기능·지능형 차세대 멀티미디어 디바이스를 말한다. 스마트 TV가 갖는 생태계(eco-system) 및 가치사슬(value chain)의 특성 때문에 스마트 TV 콘텐츠는 N-스크린 서비스 개념으로 접근이 되고 있다. 즉, 스마트 TV는 콘텐츠의 허브의 역할을 담당하게 됨으로써, 기존 방송 및 영상 콘텐츠에 대한 VOD 서비스, 인터넷의 검색기능, 스마트폰, 태블릿 PC와 연동되는 서비스들로 콘텐츠의 영역을 넓혀갈 것으로 전망되고 있다. 현재, 스마트 TV에 제공되는 서비스는 동영상 서비스와 TV앱 서비스로 구분되며, 프리미엄 동영상 콘텐츠에 대한 수요가 현재까지 검증된 스마트 TV 킬러앱으로 예상되고 있다. 그러나 스마트 TV는 전혀 새로운 미디어가 아니라 기존의 미디어들이 결합하거나 기기가 융합하는 현상으로 콘텐츠(C)-플랫폼(P)-네트워크(N)-디바이스(D)는 영역이 다양한 응용 기술과 융합하여 스마트 TV 생태계로 진화하고 있다. 따라서 이러한 현상에 대한 이론적인 접근이 요구되며, 스마트 TV에 걸맞는 서비스는 어떠한 것들이 요구되는지에 대한 검토가 선행되어야 한다. 또한, 매체와 기기간 융합이 만들어내고 있는 스마트 TV는 제공되는 콘텐츠를 기반으로 제작과 유통 그리고 소비의 측면에서 전방위적으로 접근할 필요가 있다. 이에 기존의 방송과는 차별화되는 제작의 전문화와 글로벌한 유통 그리고 시청자들의 경험과 관련한 연구가 필요하다.

현재, 스마트 TV에 제공되어야 할 콘텐츠는 "웹(Web) 상에 존재하는 다양한 멀티미디어 콘텐츠, 특히 동영상 콘텐츠를 이용할 수 있는 TV" 내지는 '오락중심의 단말기'에 적합한 서비스들이라고 볼 수 있다. 따라서, 스마트 TV의 확산을 위해서는 양질의 컨텐츠와 동영상의 HD 화질 확보 여부 그리고 리모컨과 UI 등 이용의 편이성과 수용자의 비용 문제 등 검토되어야 할 과제들이 적지 않다.

(2) 스마트 TV 글로벌 사업자 동향

① 애플

애플은 2007년에 TV에 연결해 다양한 동영상을 시청할 수 있도록 한 셋톱박스 형태의 애플 TV를 출시했으나 시장에서 크게 성공을 거두지는 못했다. 2011년 변형된 OTT STB로 사업을 제한하고, 2012년 일체형 iTV 출시를 보류하였으며, STB 확산을 위해 미국 케이블 목표관리인 케이블비전과 최초 제휴하였다. 2012년 3월에 출시된 3세대 애플 TV는 2세대 제품과 동일한 디자인으로 내장 AP 칩셋 등이 업그레이드되었다.

② 구글

구글은 2010년 5월 개발자회의 '구글 I/O'에서 자체 개방형 플랫폼인 '안드로이드'에 기반을 둔 스마트 TV 플랫폼 '구글 TV'을 발표했다. 구글이 구글 TV를 통해 강조한 내용은 검색, 개인화, SNS, 스마트 등 4가지로서, TV를 통해 새로운 이용경험을 얻을 수 있으며, TV를 통해서도 개인화된 서비스를 이용할 수 있음을 강조하고 있다. 구글 TV가 제공하는 기능은 크게 다음과 같은 4가지로 구분이 가능하다. 첫째는 검색 기능, 애플리케이션 이용, 웹 서비스 이용, 매쉬업(mash-up)인데, 매쉬업(mash-up)은 웹과 TV의 끊김없는 연동을 지원하며, 이를 통해 방송 시청 중 화상 및 음성 채팅, 동영상 연계 쇼핑 등을 지원하는 것이다. 2010년 10월 소니와 로지텍을 통해 안드로이드 TV와 셋톱박스를 발표했다. 소니는 구글 TV 플랫폼을 탑재한 '소니 인터넷 TV(Sony Internet TV)'의 4개 모델을 발표했고, 로지텍은 구글 TV 플랫폼이 탑재된 셋톱박스 '리뷰(Revue)'를 발표하고, 쿼티 키보드가 탑재된 리모콘도 출시했다. 검색서비스와 유튜브 등을 TV에 접목하면서 TV 광고시장에 도전하였으나, 초기의 구글 TV는 콘텐츠 부족, 복잡한 사용자환경 등으로 인해 시장에서 성공하지 못했다. 검색서비스와 유튜브 등을 TV에 접목하면서 TV 광고시장에 도전하였으나, 초기의 구글 TV는 콘텐츠 부족, 복잡한 사용자환경 등으로 인해 시장에서 성공하지 못하였다. 2012년 1월 CES 2012에서 LG전자와 소니가 구글 TV 2.0을 탑재한 스마트 TV를 출시하였고, 구글 TV에서도 구글 플레이를 이용해 애플리케이션만 내려 받을 수 있었던 한계를 벗어나 영화, 음악, TV프로그램 등 다양한 콘텐츠를 내려 받을 수 있도록 진화하였다.

<표 34> 스마트 TV 산업 이슈

구분	분야	주요 내용
TV 경쟁력 제고	TV	디스플레이·3D기술·LED BLU 등 세계 최고 HW경쟁력 유지
	입출력기기	편의성 측면이 중요해짐에 따라 사용자 친화적인 UI(User Interface)가 적용된 입출력기기 개발 및 시장 활성화 필요
	스마트홈 서버	미래 가정 내 스마트홈 서버역할에 대비, 에너지제어, 엔터테인먼트 등의 서비스 시장 활성화를 위한 기반구축 필요
스마트 TV 생태계 구축		스마트 TV 시장은 기기·콘텐츠·네트워크 등 산업간 칸막이 내에서의 경쟁이 아닌 플랫폼을 중심으로 한 생태계 간 경쟁이 특징 - 국내 기업들은 기기·콘텐츠·네트워크·서비스 등 단위 분야의 경쟁력을 효과적으로 집약하여 발휘하지는 못하는 상황
콘텐츠 육성 기반 조성 및 킬러콘텐츠 창출	기반 조성	콘텐츠 기업들이 스마트 TV 시장에 진입하기 위해서는 정부가 선도적으로 시장을 창출할 필요
	킬러콘텐츠	위치기반, 동작·음성인식 등 차세대 기술과 결합한 킬러콘텐츠 개발을 통해 초기 스마트 TV 시장의 선점 필요
네트워크 고도화 및 법·제도 정비	네트워크	유·무선 트래픽 가중예상에 따라 주파수 자원 확보와 함께 유·무선 통신기술, 클라우드 서비스 기술에도 지속적 투자 필요
	법령정비	이용자 및 산업적 관점에서 실시간 방송과 양방향 동영상 서비스가 조화롭게 발전할 수 있도록 제도적 기반을 보완
	저작권 보호	스마트 TV 활성화로 동영상 콘텐츠의 불법 유통가능성이 높아짐에 따라 저작권 보호를 위한 방안 강구 필요
기술개발 및 표준화	협력적 생태계 구축	스마트 TV 서비스의 활성화를 위해 제조사, 유료방송사, 콘텐츠 제작사, 통신사업자 간 협력적 생태계 조성
	R&D	다양한 서비스 구현 및 스마트 TV 서비스의 활성화를 위한 플랫폼·UI·셋톱박스에서의 핵심기술 확보
	표준화	각종 액세서리·입출력기기는 물론 스마트폰·태블릿 PC를 포함한 집안 내 다양한 가전기기와 스마트 TV간의 상호연동을 위한 기술 표준화 추진

3) 스마트 TV 산업의 시장 분석

스마트 TV에 대한 정의가 합의되지 않는 산업계에서 용어와 전망의 차이는 있지만, 향후 산업계의 전망을 밝게 하고 있다. 디스플레이 서치(Display-Search)가 사용하는 스마트 TV의 범주는 엄밀한 의미의 스마트 TV보다 인터넷 연결이 가능한 TV 전반을 아우르는 커넥티드 TV의 개념로 사용하고 있고, 마켓앤마켓(MarketsandMarkets)는 2016년 글로벌 시장에서 1억만 대의 TV가 판매될 것으로 전망하고 있다. 세계 스마트 TV는 2013년 전체 TV 시장의 33.3%를 차지하였고, 16년에는 전체 시장의 49.6%를 차지할 전망이다. 2016년 전세계 TV시장은 3억 900만 대 규모에 달해 3년간 연평균 약 3%의 성장률을 보일 것으로 예상되며 스마트 TV는 1억 5,320만 대 규모에 도달, 전체 TV 시장 중 약 46%를 차지할 전망이다.

4) 새로운 스마트 미디어 서비스

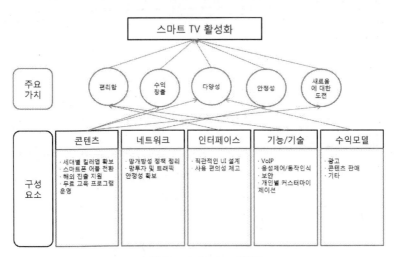

<그림 24> 스마트 TV 활성화

① 동영상 서비스

동영상 서비스는 OTT 서비스로 유무선 웹 서비스, 유무선 앱 서비스, 저장형 서비스를 말하며, 국내외 기존 방송사와 서로 결합한 유무선 인터넷 서비스를 확대한 개념이다. 주로 통신사업자들의 동영상 서비스를 확대한 형태로 SNS 연계, 영상통화서비스 확대 등을 말한다. 이에 따라 제공 콘텐츠를 다양한 단말로 끊김없이 이용하는 클라우딩 서비스 또는 멀티스크린 서비스가 도입되었다.

② 앱 서비스

앱 서비스란, 스마트폰, 태블릿 PC, 스마트 TV에 애플리케이션 서비스를 말한다. 앱 서비스는 게임, 방송콘텐츠, 음악, 생활콘텐츠 등 다양한 콘텐츠에 접근할 수 있는 애플리케이션을 터치형 인터페이스로 제공하여 콘텐츠와 SNS를 동시에 이용할 수 있도록 하는 등 웹과는 다른 새로운 콘텐츠 이용 형식을 창출할 수 있다.

③ 소셜 TV 서비스

무엇보다도 태블릿 PC, 스마트폰 등 세컨드 스크린 단말 사용의 보편화와 함께 콘텐츠 소비 과정에서 SNS를 동시에 이용하는 '소셜 TV(social TV)' 서비스가 글로벌 소셜미디어를 통해 TV 방송 콘텐츠의 존폐 운명이 바뀐 사례도 있다.

<표 35> 글로벌 기업의 소셜미디어

사업자	소셜미디어	특징 및 사례
Disney	자체 소셜 TV 앱 출시	개별 프로그램 단위 소셜 TV앱 제공 인기 드라마 시리즈 'Grey's Anatomy 전용 소셜 TV앱 'Grey's Anatomy Sync'
	소셜 게임 Disney Interactive Media	게임 콘텐츠와 SNS와의 통합(2012) 소셜 게임 개발업체 Playdom 인수
Viacom	특정 TV채널과 관련된 Facebook, Twitter 대화 내용 중 가장 인기 있 는 코멘트를 실시간으로 정리해서 보여주는 자체 소셜 TV앱 제공	MTV의 'WatchWith', VH1의 'CoStar'
News Corp., Time Warner, Disney	지상파 방송사간 연합을 통해 방대 한 규모의 콘텐츠를 iPad 기반 소셜 TV 앱 제공	ABC, FOX, NBC, CBS 연합 소셜 TV 앱 Connec TV(400개 이상 채널 지원)
Time Warner	소셜TV 플랫폼 사업자와 제휴	기존 인기 소셜 TV 플랫폼 업체의 기 술 및 경험, 노하우를 활용한 다양한 연계 서비스 시도 GetGlue, Miso, Zeebox 등과 제휴
News Corp.	소셜TV 업체 지분 인수	소셜 TV 업체 지분 인수를 통한 전방 위 소셜 TV 서비스 제공 Zeebox, ACTV8.me 지분 인수
Comcast	NBC Universal 소셜 게임 플랫폼 'Universal Games Network' 출시 광고 플랫폼	UGN은 토너먼트 스타일의 소셜 게임을 포함해 NBCU의 게임 자산 20여 개 이 상이 통합 제공 사용자 맞춤형 게임 타이틀 추천 게이머 대규모 데이터 마케팅에 활용

제2장 스마트 시대의 콘텐츠 유통

1. 스마트 미디어 기업의 콘텐츠 유통

다채널·다매체 시대에 사용자는 다양한 접속망을 통해 다양한 단말(TV, PC, 휴대전화, PDA, DMB 단말 등)로 영상콘텐츠를 소비한다. 이는 방송문화에서 방송 통신 콘텐츠 산업으로 패러다임이 전환되는 과정의 소산이라고 볼 수 있다. 또한, 디지털 융합에 따라 영상콘텐츠의 제작에서 유통과 소비에 이르는 가치사슬의 변화가 수반되었다. 제작주체와 콘텐츠 그리고 패키징과 네트워크 이외에도 이용방식의 융합과 다원화 현상이 눈에 띄게 증가했다. 이에 따라 기존의 미디어들이 유통과 소비까지 아우를 수 있는 플랫폼으로 전환하고자 함에 따라, 영상콘텐츠의 생산과 제작 방식도 멀티화로 전환되고, 생산된 콘텐츠를 뉴미디어 플랫폼에 유통시키기 위한 새로운 방안들이 모색되기 시작했다. 이는 경쟁 미디어들의 수적 증가와 소비자 기호의 다양화 그리고 방송환경변화가 망 중심에서 콘텐츠 중심으로, 광고수익 중심에서 사업 다각화하는 구조로 변화되어 가는 방식으로 방향을 잡아가고 있다. 사실 이것은 방통 융합 환경이 초래한 변화이기도 하다. 방송과 통신이 융합되면서 통신망이 확충되고, 발달하여 다매체시대가 가능해졌고, 여기에 디지털기술이 접목되면서 영상콘텐츠의 새로운 유통창구가 출현하게 된 것이다. 이는 영상 콘텐츠의 다양한 확산을 위한 망과 창구가 갖추어진 셈이다. 이러한 방통융합 환경에서 주목해야 할 부분은 방송에 관한 규제 완화와 함께 방송사업자가 늘어나게 된다는 것 이외에도 방송 프로그램의 내용적인 측면에서 개인적으로 선택된 시청자를 대상으로 하는 차별화된 방송프로그램의 제작이 필요하다는 것이다.

이러한 방통 융합 현상은 엄청난 속도로 새로운 방송시장 구조를 재편하고 있다. 예를 들면 미국의 경우는 방송콘텐츠의 DVD판매, 모바일 판매 및 디지털화된 OSMU모델에 주력하고 있다. 영국의 경우는 방송콘텐츠를 게임, 공연, 캐릭터 등 다른 문화콘텐츠 산업 영역과 연계하는 방식이 활발히 진행되어, 클러스터를 통한 제작과 유통에 주력하고 있다. 일본의 경우는 방송콘텐츠의 소재를 머천다이징, 기획상품 등으로 문화상품화 하는 방식을 시도하고 있다. 우리나라의 경우에도 아시아 지역의 한류열풍과 관련하여, 스타마케팅을 중심으로 한 콘텐츠 유통 전략과 캐릭터 산업화에 주력하고 있다.

이러한 다양한 유통이 가능한 것 역시 방통 융합으로 변화된 환경 덕분이다. 과거에는 방송망이 지상파, 위성, 디지털 케이블, DMB 등에 콘텐츠를 전달하는 주체였으나, 최근에는 방송망과 더불어 인터넷, 이동통신망, 휴대인터넷, 무선랜등 이종망의 연동을 통하여 방송콘텐츠를 제공하고 소비할 수 있는 환경이 갖춰졌기 때문이다.

이러한 방통융합 환경에서 사용자는 다양한 접속망을 통해 다양한 단말(TV, PC, 휴대전화, PDA, DMB 단말 등)로 방송콘텐츠를 소비하게 된다. 따라서 사용자가 더 편리하고 효율적으로 원하는 콘텐츠(Any Content)를, 원하는 시간(Anytime)에 다양한 단말에서, 장소에 구애받지 않고(Anywhere), 기호에 맞게 원하는 형태로 소비할 수 있게 하려면 소비환경에 맞는 콘텐츠 서비스의 기술이 필수적이다.

이러한 변화의 시기에 필요한 것은 다매체 다채널 환경에서 제작된 콘텐츠를 어느 매체이든 어느 플랫폼이든 유통할 수 있는 표준 전환 기술의 개발이다. 왜냐하면 디지털 환경에서는 미디어의 경계가 허물어지면서 그 속에서 유통되는 콘텐츠는 플랫폼과 단말기에 관계없이 어떤 방식을 통해서든 소비자에게 전달되어야 하기 때문이다. 이를 위해서, 콘텐츠는 기획단계에서 부터 다양한 미디어에서의 활용을 염두에 두고 제작되어야 한다. 유통에 있어서도 방송콘텐츠의 경우에는 재방송, 비디오/DVD뿐만 아니라 VOD 서비스 시장 등 자국 내의 부가시장의 확대뿐만 아니라 다양한 마켓을 통한 해외시장으로 진출하고 있다. 또한, 온라인을 이용하여 B2B, B2C 등의 시장에 쉽게 접근하고 있다. 이러한 추세에 따라 VOD 서비스의 활성화와 네트워크 기술의 발전이라는 측면에서 온라인 영상물 유통이 확대되고 있고, 이로 인한 국제적인 디지털 콘텐츠 유통의 규모 자체도 증가하고 있다. 이러한 추세에 따라 향후, 세계 디지털 콘텐츠 시장의 규모는 2016년까지 4.8%의 연평균 성장률을 기록하여 21,270억 달러에 이를 것으로 전망된다(한국콘텐츠진흥원, 2014).

이처럼 네트워크 고도화와 디지털화의 진전으로 방송콘텐츠가 실시간 방송을 거쳐 VOD, 비디오 온라인 시장 등으로 유통창구가 다변화되고 있으나, 각 유통창구별로 구현될 수 있는 변환기술 방식이 달라 온라인을 통한 콘텐츠 유통 활성화를 저해하는 요인으로 작용하고 있다. 현재 가장 시급한 과제는, 다채널, 다매체에 적용되는 표준 변환기술에 대한 검토와 이를 활용한 유통의 활성화 및 비즈니스 모델 개발을 통해 방송콘텐츠 진흥 기반을 구축하는 것이다.

2. 스마트 미디어 기업의 콘텐츠 유통 이론적 배경

기존의 연구들을 보면, 제작에 있어서는 홍용락, 이옥기(2010)는 디지털 제작단지를 구축하는 방안을 제시한 바 있고, 정윤식(2006)과 윤호진(2008)도 디지털 영상 제작 단지의 집적화의 필요성을 제기한다. 유통에 있어서는 하윤금(2008)은 디지털 뉴미디어 시대의 온라인 콘텐츠 마켓플레이스의 필요성을 제시하고 있고, 윤재식과 정윤경(2002)은 드라마를 대체할 장르를 개발하여 견본시를 통한 마케팅 활동을 보강할 필요가 있다고 본다. 뿐만 아니라 이옥기(2013)는 견본시를 통해 쌍방향 콘텐츠로 만들어서 유통하는 방안을 제시하고 있으며, 안종배, 이옥기, 김명준(2010)은 온오프라인 마켓플레이스를 구축하는 방안을 제시하고 있다.

1) 영상 콘텐츠 유통의 특성

국내 유통시장을 보면 국내 영상콘텐츠 시장의 구조는 1991년 민영방송과 1995년 케이블 TV의 개국 그리고 2001년 위성방송, 2009년 DMB, 2010 IPTV 등으로 채널의 유통 창구는 증가하고 있으나, 콘텐츠 제작 및 유통 시장은 여전히 초보단계에 머물러 있다. 국내에서 이루어지는 유통은 극히 제한적이며 원 소스 멀티유즈나 창구화도 부족하다. 21세기는 문화의 세기가 될 것이다. 특히 문화산업과 영상콘텐츠의 중요성이 부각되고 있다는 점은 이 시대의 특징적 현상이다. 특히 방송영상콘텐츠는 문화전쟁에서 첨병역할을 수행하는 핵심적 요소로 기능하게 될 것이며, 전반적으로 문화상품의 해외진출을 위한 기본 루트를 개척해야 한다는 점에서 국제 유통 시장은 이미 충분히 주목받고 있다. 그 중에서도 영상콘텐츠의 유통환경은 인구구조의 변화, 여가시간의 증가, 시청자 환경변화, 스마트 미디어의 도래, 방송통신융합, 이종업종간의 진입 등으로 급격하게 변화하고 있다.

따라서 국내 영상콘텐츠 산업도 이러한 시대적 요청과 시장 확대에 발맞추어 글로벌 경쟁력을 갖추어야 할 필요성이 대두되었다. 현재 국내 영상 콘텐츠의 글로벌화는 많이 진척되지 않은 실정이지만, 풍부한 인력과 우수한 문화를 갖고 있다는 점에서 충분한 경쟁력을 가지고 있다. 또한, 발달된 통신 인프라와 정부의 지원정책에 따른 비전 제시 그리고 제도정비가 가시화되고 있어서 글로벌 유통에 대한 전망을 밝게 하고 있다.

영상콘텐츠의 경제적 특성에 대해 크게 10가지로 정리해 볼 수 있다. 첫째, 영상콘텐츠는 공공재적 성격을 가지고 있지만, 그러나 둘째 수요의 불확실성도 가지고 있다. 셋째 창구화를 통한 이익창출이 가능하다. 넷째 규모의 경제 원칙이 적용된다. 다섯째 이중적인 시장구조를 가지고 있다. 여섯째 수요예측이 어렵다. 일곱째 품질과 소구력 중심의 경쟁 양상을 가지고 있다. 여덟째 평범한 다수보다 소수의 킬러 콘텐츠가 시장을 주도하고 있다. 아홉째 인간의 천재성과 감성 그리고 창의력에 기반한 창조산업의 특성이 부각되고 있다. 열째 작품이 완성되어 1차 시장에서 품질검증 후에는 추가비용 없이 반복 구매가 가능하다는 특징을 가지고 있다. 영상콘텐츠가 해외로 수출되기 위한 가격결정 요인은 장르, 시의성, 지명성 및 화제성, 마케팅적 요소, 해당 창구의 배타성 정도, 해당 창구의 시장규모, 문화적 할인의 정도, 수출 대상국의 경제수준 등이 있다.

최근 영상콘텐츠 유통의 중요성이 증대되면서 온라인 영상콘텐츠 마켓에 대한 관심도 점차 증가하고 있다. 특히 온라인 영상콘텐츠 마켓은 거래비용의 절감, 시공간 한계를 넘는 다양한 상품의 전시 및 판매 등이 가능하다. 이러한 특징으로 온라인 영상콘텐츠 마켓의 효율적 유통 가능성에 대한 기대가 커짐에 따라, 유통 현업인들도 관심을 보이고 있다. 향후 온라인 영상콘텐츠 마켓은 기존의 오프라인 마켓의 일부 기능을 보완하거나 강화하게 될 것이다.

2) 영상 콘텐츠 가치사슬과 유통

삼성경제연구소(2006)의 연구에서도 집적화를 1차 유통업자로, 배포자를 2차 유통업자로 보고 네트워크 중심의 통신형 유통채널로 변화하면서 복잡한 가치사슬로 분화하게 된다고 분석하였다. 또한, 컨버전스 환경에서는 콘텐츠, 플랫폼, 네트워크, 기기가 통합된 사슬로 변화된다고 보았다.

영상 콘텐츠의 가치사슬은 제작 유통 소비의 3단계로 구성되어 있으며, 제작에 있어서는 콘텐츠를 만드는 음성과 문자 그리고 영상에 따라 구분되고, 유통은 방송 통신을 통한 배급업자와 서비스 제공업자로 구분된다. 소비에 있어서는 개인과 기업 그리고 정부에 따른 구조를 가지고 있다.

구체적으로 영상콘텐츠의 가치사슬은 제작과 유통 그리고 소비에 있어 보다 더 세분화된 구조를 가지고 있다. 즉 제작은 기획과 제작 가공으로 구분되고 유통은 수집과 배급으로 구분된다. 그리고 소비는 서비스 제공과 전송 그리고 소비자로 구분되는 구조이다.

기획 → 제작 → 가공 → 수집 → 배급 → 서비스 제공 → 전송 → 소비자

기획	제작	가공	수집	배급	서비스 제공	전송	소비자
-아이디어 조직화 -소재 및 주제 결정 -자료조사 -자료 정리 및 분석 -제작회의 -기획서작성	-스토리보드 작성 -시나리오 작성 -스텝구성 -촬영	-편집, 종합편집 -완성	-예능 -시사/교양 -드라마 -음악 -영화 -게임 -애니메이션 -광고	-지상파방송 -유선방송 -위성방송 -IPTV 인터넷방송 -전광판방송 -도매상	-라디오방송 -텔레비전방송 -종합유선방송 -중계유선방송 -DMB -극장 -소매상	-SO -유선통신업자 -무선통신업자 -MSO	-개인 -기업 -정부

<그림 25> 스마트콘텐츠 가치 사슬 구조

3) 온오프라인 콘텐츠 유통 기술

방송콘텐츠 온오프 글로벌 마켓플레이스에 대한 국내외 사례는 <표 36>과 같다.

<표 36> 오프라인 견본시

명칭		시기 및 장소	행사규모	비고
NATPE	해외	1월 미국 라스베가스	120개국 2600사 18000명 내외	미국의 국내마켓으로 설립되어 국제 마켓으로 확대 개편됨
MIP-TV		4월 프랑스 칸느	100개국 2000사 2만명 내외	세계 최대 규모의 국제마켓
MIPCOM		10월 프랑스 칸느	100국 2000사 2만명 내외	프랑스 칸느에서 개최되는 세계 최대 규모의 국제 마켓으로 86년부터 개최
BITVF		5월 중국 북경	25개국 300사 2000명 내외	중국 정부에서 영상 산업 육성 및 국제 마켓 활성화를 위해 99년 설립
FILMART		6월 홍콩	40개국 80사 500명 내외	홍콩 무역 발전국이 98년부터 개최
SCTVF		9월 사천	34개국 400사 3000명 내외	93년부터 개최
BCWW	국내	8월 서울	37개사 661사 5000명 내외	2001년부터 국내에서 개최된 국제 마켓
BCM		10월 부산	406사 863명 내외	부산 국제 콘텐츠 마켓으로 2007년부터 개최

<표 37> 온라인 마켓 플레이스

	온라인
미국	NBC가 계열 지상파방송사들과공동 National Broadband Company
캐나다	온라인 비디오 마켓플레이스 ipEX View
영국	유튜브, BBC, ITV, MSN 등의 B2C 온라인플랫폼들이 RMC를 중심으로 스트리밍, VOD 등의 방식으로 서비스를 제공
프랑스	텔레비전 프로그램 시장으로 DIVI'MAP (Digital Video Market Place)
국내	콘피아 (KBSi)
	SBS콘텐츠 허브
	iMBC 보기보기몰
	케이블 TV

현재 이와 같은 콘텐츠 온라인 글로벌 마켓 플레이스 구축을 위한 시도들이 모색되고 있는 상황에서 온오프라인을 통한 스마트 콘텐츠를 유통하기 위해 필요한 사항들을 파악하고자 한다.

온라인 글로벌 마켓 플레이스는 콘텐츠 유통플랫폼을 구축하고, 콘텐츠를 판권자와 수요자를 연결하여 직접 거래를 발생 시키는 상설 온라인 미디어 콘텐츠 거래소이다. 유통대상은 1차적으로 거래상품은 방송콘텐츠, 음악콘텐츠, 만화, 애니메이션, 캐릭터 등이며, 판매자는 콘텐츠 저작권자, 독립제작사, 독립스튜디오 등이고, 구매자는 채널운용사업자인 지상파, 위성방송, 케이블 TV, IPTV, 모바일 TV(지상파 DMB, 위성 DMB), 인터넷 Portal사업자 등이다.

3. 스마트 미디어 기업의 콘텐츠 유통 사례

스마트 기기의 출현은 새로운 콘텐츠 제작 증가보다 유통단계의 변화를 가져왔다. 사용자들이 광고나 이용료로 적정비용을 지불하고 이 재원이 다시 양질의 콘텐츠 제작에 투입되는 스마트 콘텐츠 제작, 유통의 선순환 구조 정착에 대한 대책이 요구된다. 스마트 미디어 시대의 도래에 따른 네트워크의 진화와 다양한 스마트 단말의 출현이 콘텐츠의 양적 확대와 질적 성장을 가져오면서 콘텐츠의 제작부터 유통, 소비에 이르는 콘텐츠 산업 생태계 전반을 변화시키고 있다. 이 같은 콘텐츠 생태계 변화는 기존 아날로그 시장에서 막대한 지배력을 행사해온 거대 미디어 콘텐츠 기업들로 하여금 콘텐츠 그 이상의 가치를 창출할 수익모델이 요구된다.

바야흐로 가치있고 재미있는 콘텐츠의 필요성을 인지한 5대 글로벌 콘텐츠 기업들(뉴스코프(News Corp.), 타임워너(Time Warner), 디즈니(Disney), 컴캐스트(Comcast), 바이어컴(Viacom))은 소비자들에게 제공하는 콘텐츠를 유통시킬 차별화 전략들을 구사하고 있다.

뉴스코프를 위시로 한 타임워너, 디즈니, 컴캐스트, 바이어컴 등 5대 글로벌 콘텐츠 기업은 그간 수직적 통합과 수평적 다각화를 통해 유통망을 확대하고 자체 콘텐츠 경쟁력을 강화해왔다. 그 결과 자신들이 보유한 방대한 콘텐츠 라인업과 킬러 콘텐츠만으로도 광고 수익은 물론 콘텐츠 재전송료(retransmission fee), 프로그램 사용료(affiliate fee)를 통해 지속적인 매출을 견인하며 안정적인 성장세를 유지할 수 있었다.

제3장 스마트의 콘텐츠 소비

1. 미디어와 사용자

전화, 인터넷, 컴퓨터, 텔레비전 기능이 하나의 단말로 결합하여 고선명, 이동성, 양방향성을 보장하면서 미래형 단말기로 주목받고 있고, 스마트폰, 태블릿 PC, PC 노트북을 통한 콘텐츠 이용이 증대하고 있다.

미국은 2014년 2분기에만 3,500만 명의 유료 TV가입자가 OTT 서비스로 이동하였고, 멀티스크린 서비스, 클라우딩 서비스, OTT, 애플리케이션 서비스 확대되었다. OTT 동영상서비스를 제공하는 콘팅(Conting, 국내지상파연합), 케이플레이어(K-player, KBS), 푹(pooq, MBC, SBS 계열사), 티빙(TVing, CJ 헬로비전), 엑스피니티(Xfinity, 미국컴캐스트), 훌루(Hulu, 미국 지상파 등 260개 이상 방송사업자 참여), 유뷰(Youview, 영국프리뷰(Freeview), 넷플릭스(Netflix, 미국, 남미 등 43개국 서비스) 등이 그것이다. 이에 따라 콘텐츠 유통과 이용에 변화가 도래했는데, SNS, 멀티스크린, 클라우딩 서비스, 모바일 이용 확대되고 있다. 특히 젊은 층을 중심으로 스마트 미디어 이용이 확산되는 경향이 나타났는데, 10대의 하루 평균 지상파 이용시간은 40대보다 40분 적은 1시간 18분, 스마트폰 이용시간은 30분 많은 1시간 21분이다. 현재 해외 사업자들은 대형 글로벌 플랫폼 전략, 국내 사업자들은 멀티스크린-모바일 연계 전략을 펼치고 있다.

미국의 넷플릭스, 훌루 등 스마트 서비스는 이미 국경을 넘어 글
로벌 비즈니스를 시작하였으며, 영국의 지상파 계열 OTT서비스인
유뷰도 다채널 기반 무료, 글로벌 서비스를 준비하고 있다. 티빙
은 국내용 서비스로 신규 가입자를 확보한 멀티스크린 서비스이고,
지상파는 대형 플랫폼보다 개별 앱 개발, 케이플레이어, 푹 등은 모
바일 연계 서비스에 중점을 두는 경향이 있다. 스마트플랫폼은 사용
자가 텔레비전 콘텐츠 이용 중 양방향 모바일 게임이나 정보검색,
SNS를 활용한 메시지 전달을 동시에 수행하는 기술적 기반인 동시
에 콘텐츠 제공자와 사용자의 거래를 매개하는 기능을 하는 경제적
교차점이며, 차별화된 '스마트'한 기능과 역할을 수행하는 플랫폼으
로 볼 수 있다. 한국콘텐츠진흥원(2015)에 따르면, 스마트 플랫폼의
차별화된 특징이 스마트플랫폼을 통해 콘텐츠를 이용하는 이용자의
이용행태까지도 변화시키고 있다. 이는 미디어 그룹들의 경영변화가
스마트화를 통해 이루어져야 한다는 시사점이라 할 수 있겠다.

<표 38> 스마트 플랫폼의 차별성에 의한 콘텐츠 이용행태의 변화

변화	내용	스마트 경영 시사점
수동적 이용에서 능동적 선택과 참여 및 동시이용으로	- 소파에 기대앉은 편한 자세의 수동적 이용에서 검색을 통해 콘텐츠를 찾아내고 이용시간 동안 필요 정보를 검색하는 방식의 이용 확대 - 텔레비전 콘텐츠 이용 중 양방향 모바일 게임이나 정보검색, SNS를 활용한 메시지 전달 동시 수행(스마트 미디어, 텔레비전, 유무선 인터넷 동시 사용)	스마트 인터랙션
가족 이용에서 개인이용으로	- 여러 회 분량 콘텐츠 집중 소비, 모바일 매체를 통한 개인이용 증가 - 텔레비전이 주요 콘텐츠 이용 단말인 현 상황에서는 한동안 콘텐츠의 가족이용과 개인이용이 병행될 것으로 전망	타게팅 세분화 큐레이션
단일단말 이용에서 멀티단말 이용으로	- 인터넷, 클라우드 서버를 활용하여 이용하는 콘텐츠를 끊김없이 다른 단말기로 이용하는 기술 보급(멀티스크린)으로 스마트 단말기 또는 기존 단말기를 연계한 콘텐츠 소비가 늘어날 전망	네트워크 고도화

※출처: 한국콘텐츠진흥원(2012). 스마트환경에서 미디어콘텐츠 사업자의 대응과 과제 참고로 재구성

2. 스마트 소비의 이론적 배경

1) 사용자 경험(user experience)

사용자 경험, UX란 사용자가 어떤 시스템, 제품, 서비스를 직·간접적으로 이용하면서 느끼고 생각하게 되는 총체적 경험을 말한다. 단순히 기능이나 절차상의 만족뿐만 아니라 전반적인 지각 가능한 모든 면에서 사용자가 참여, 사용, 관찰하고 상호 교감을 통해서 알 수 있는 가치있는 경험을 말한다. UX는 제품과의 상호작용을 통해 형성되며, 이 제품은 제공자에 의해 만들어지고 또 제공된다. 사용자가 제품을 통해 나름의 성과를 얻듯이, 제공자도 제품을 통해 나름의 성과를 얻는다. 즉, UX는 제품의 사용 전이나 사용 중 그리고 사용 후에 일어나는 사용자의 감정, 신념, 선호도, 지각, 신체적·정신적 반응이나 행동을 포함하는 매우 넓은 개념이다. UX는 인터페이스나 인터랙션과 구분되는 몇 가지 특성이 있다. 첫 번째 특성은 주관성(subjectivity)이다. UX의 정의에서 보듯이 경험은 근본적으로 사람의 내부에 축적되는 효과이다. 따라서 두 명의 사용자가 똑같은 디지털 제품이나 서비스를 사용한다고 할지라도 각자 전혀 다른 경험을 할 수 있다. 이는 경험이 그 사람의 특성과 그것을 사용하는 활동에 영향을 받기 때문이다. 두 번째 특성은 총체성(Holistic)이다. 인터페이스는 화면의 색상이나 효과음으로, 인터랙션은 메뉴 구조 같은 구체적인 요소들로 구분할 수 있으나, 경험은 특정 시점에 특정 개인이 느끼는 총체적이기 때문에 제품이나 서비스의 성공 실패에 큰 영향을 미치고, 그렇기 때문에 경험을 설계한다는 것은 전략적으로 큰 의미를 가진다. 그러나 경험이 구체적이지 않기 때문에 특정 경험만을 직접적으로 조작할 수는 없고, 대신에 해당 경험을 촉발하는 인터랙션과 인터페이스를 적절하게 설계해야 한다. 세 번째 특성은 정황성(contextuality)이다. 특정적 디지털 제품이나 서비스를 경험하는 것은 제품이나 서비스의 특성으로만 결정되는 것이 아니라 인터랙션이 일어나는 시점에서의 환경이나 맥락에 영향을 받는다. 그리고 사용자 환경이나 맥락이 역동적으로 변화하기 때문에 UX 또한 역동적으로 변화한다. 이는 경험이 인터랙션이나 인터페이스에 비해 좀 더 긴 시간을 가지고 형성된다는 것을 희미하기도 한다.

2) 사용자 만족

사용자 만족의 측정은 주로 웹 환경에서 전자상거래분야에서 활발히 연구되어 왔다. 컴퓨터관리 분야에서는 사용자 정보 만족과 최종 사용자 컴퓨팅 만족의 측정에 대한 연구가 크게 강조되었다. 베일리와 피어슨(Bailey & Pearson, 1983)의 <컴퓨터 사용자 만족도 측정 및 분석을 위한 도구의 개발(Development of a Tool for Measuring and Analyzing Computer User Satisfaction)>에서는 32명의 중간 관리자를 대상으로 한 인터뷰를 통해 종합적인 컴퓨터 사용자 만족을 측정하는 39개의 아이템으로 구성된 도구를 개발한 것을 들 수 있다. 기존 연구에 대해서 돌과 톡자라(Doll & Torkzadeh, 1988)는 <최종 사용자 컴퓨팅 만족도 측정(The Measurement of End User Computing Satisfaction)>에서 사용용이성(Ease of Use)측면의 중요성을 강조한 것과 최종 사용자 컴퓨팅(End User Computing) 환경에 부

적합하다는 문제점을 제기하며, 이러한 문제점을 극복하기 위해 12개의 아이템과 5개의 요인으로 이루어진 EUCS(End User Computing Satisfaction) 측정 도구를 개발하였다. 왕과 탕(Wang & Tang, 2001)은 <웹사이트의 디지털 제품과 서비스에 대한 고객 만족도 측정(An instrument for measuring customer satisfaction toward web sites that market digital products and services)>에서 디지털 제품이나 서비스를 판매하는 전자상거래 환경에서의 고객 정보 만족(Customer Information Satisfaction, CIS)을 측정하는 도구를 개발하였다. 이 연구를 통해 전자상거래분야에서 특징적인 혁신(Innovation), 보안(Security), 소비자 지원(Customer Suport), 디지털 상품/서비스(DigitalProduct/Services), 거래와 지불(Transaction and Payment)와 같은 요인들이 등장하였음을 발견하였다. 2000년대에 들어서 다양한 분야의 웹 사용자만족(Web User Satisfaction, WUS)에 대한 연구들이 진행되었다. 그 중 반즈와 비젠(Barnes & Vidgen, 2000, 2002, 2003a, 2003b, 2003c, 2004, 2006)의 일련의 연구들이 대표적이다. 반즈와 비젠은 선행 연구에서 정보성(Information Quality), 상호관련성, (Interaction Quality), 사이트디자인성(Site Design Quality) 3개의 큰 요인을 중심으로 웹사이트를 평가하였고, 정량적 측정 이외에 사용자의 코멘트 분석(Comment Analysis)을 통한 정성적 측정을 추가하여 사이트를 평가하는 방법론을 제시하였다.

3) 개인정보 보호

정보화로 인한 사생활 침해, 불건전 정보 유통, 시스템 파괴, 데이터 해킹 및 훼손 등 정보사회의 부작용과 문제점은 날로 증가하고 있다(벡(Beck), 1998). 최근 정보 보안 침해는 기계적 오류나 기술적 취약점뿐만 아니라 사용자의 심리와 조직의 관리 취약성을 이용하고 있다(곤잘레즈와 아가타(Gonzalez & Agata), 2002). 정보보안의 문제는 기술의 문제인 동시에 사람과 조직을 포함하는 사회문제인 것이다.

<표 39> 사용성 측정

	요인	조작적 정의	측정항목
웹 2.0	- Contents - Usability - Visual Impact - Communication - Technology	개방적이며 사용자 중심과 편의, 사용자 지향의 웹	- Weblog - ATOM - Social Browsing - Contents Tagging
Doll & Torkzadeh	- Contents - Usability - Technology	사용 용이성 측면의 중요성과 최종 사용자 컴퓨팅 환경에 부적합한 문제를 제기하여 이러한 문제점을 극복할 수 있는 측정 도구를 개발	- 사이트 이용 목적에 부합하는 정보를 제공한다. - 정확한 정보를 제공한다. - 최신의 컨텐츠를 제공한다. - 웹사이트를 사용하기 쉽다. - 서비스 제공 속도가 빠르다.
Wang, et, al	- Contents - Usability - Communication	전자상거래 환경에서의 고객 정보 만족측정 도구 개발	- 사이트 이용 목적에 부합하는 정보를 제공한다. - 정확한 정보를 제공한다. - 최신의 컨텐츠를 제공한다. - 웹사이트를 사용하기 쉽다. - 사이트의 고객 지원이 신속하다.
Muyllea, et, al	- Contents - Usability - Technology	웹사이트 사용자들의 만족도의 개념과 경험적으로 검증할수 있는 측정 도구 개발	- 정확한 정보를 제공한다. - 웹사이트를 사용하기 쉽다. - 서비스 제공 속도가 빠르다.
Barnes & Vidgen	- Contents - Usability - Visual Impact	정보의 품질 ,상호작용의 품질, 사이트 디자인 품	- 컨텐츠 내용을 이해하기 쉽다. - 웹사이트를 사용하기 쉽다. - 인터랙션이 명확하여 이해하기

			쉽다.
	- Communication - Technology	질의 요인으로 웹 사이트를 평가하 고, 정량적 & 정 성적 측정을 추가 한 방법론 제시	- 사이트 내 메뉴 이동이 쉽다. - 외관이 매력적이다. - 사이트 성격에 적절한 디자인을 　제공한다. - 커뮤니티를 제공한다. - 서비스의 평판이 좋다. - 개인화 기능을 제공한다.
Bailey & Pearson	- Usability	중간 관리자를 인 터뷰 하여 종합적 인 컴퓨터 사용자 만족도를 측정하 는 도구 개발	- 사용자 실수를 보완할수 있는 기 　능을 제공한다.

(1) 개인정보의 의미와 한계

개인정보란 생존하는 개인에 관한 정보로서 성명, 주민등록번호 등에 의하여 개인을 알아볼 수 있는 부호, 문자, 음성, 음향 및 영상 등의 정보를 말한다. 이런 개인정보들은 생활에 편리함을 주고 우리 사회의 경쟁력을 높이는데 기여하겠지만, 만약 누군가에 의해 오용될 경우 개인의 안전과 재산에 중대한 손실을 초래할 수 있다.

우리나라의 「정보통신망이용촉진및정보보호등에관한법률」제2조 제1항 제6호에서는 "개인정보란 생존하는 개인에 관한 정보로서 생명·주민등록번호 등에 의하여 특정한 개인을 알아볼 수 있는 부호·문자·음성·음향 및 영상 등의 정보(해당 정보만으로는 특정 개인을 알아볼 수 없어도 다른 정보와 쉽게 결합하여 알아볼 수 있는 경우에는 그 정보를 포함한다)를 말한다고 되어 있다.

「개인정보법」제2조 제1호에서도 개인정보란 살아있는 개인에 관한 정보로서 성명, 주민등록번호 및 영상 등을 통하여 개인을 알아볼 수 있는 정보(해당 정보만으로는 특정 개인을 알아볼 수 없더라도 다른 정보와 쉽게 결합하여 알아볼 수 있는 것을 포함한다)를 말한다고 명시하고 있다.

「신용정보의 이용 및 보호에 관한 법」에서는 "개인식별정보"법 제34조에 "신용정보제공·이용자가 개인을 식별하기 위하여 필요로 하는 정보로서 대통령령으로 정하는 정보 (개인의 성명, 주소, 주민등록번호, 외국인등록번호, 국내거소신고번호, 여권번호, 성별, 국적 등 개인을 식별할 수 있는 정보)라고 되어 있다.

개인정보는 개인정보 보호 관련 법령이 개인정보법 제정 및 시행으로 어느 정도 체제를 갖추게 된 이후부터 개인정보 보호에 관한 각종 논의가 진행되고 있으나, 스마트 TV에서의 개인정보는 정보의 직접적인 사용과 이동사용 등의 다차원적인 측면이 있고, 아직 이론적인 수준에 머물러 현실적용에는 미흡한 측면이 있다. 관련 법령도 개인정보법, 정보통신망법, 신용정보법 등이 존재하여 그 내용이 상당 부분 차이가 있을 뿐만 아니라, 주무 행정기관에 따라 해석상 강조점이 상이한 면도 존재하여 개인정보를 이용하는 사업자나 사용자의 입장에서는 혼란을 주는 부분이 있다.

(2) 스마트 시대의 개인정보보호

CIO(2014) 기사에 따르면, 영국의 한 IT 컨설턴트는 어느 날 등골이 서늘해지는 것을 느꼈다. 얼마 전 새로 장만한 LG의 스마트 TV가 자신이 방금 본 프로그램에 기초해 정밀한 타깃 광고를 내놓았기 때문이다. 그는 즉시 자신의 노트북을 켜 TV와 와이파이 리시버 간의 무선 트래픽을 확인했다. 결과는 놀라웠다. 그가 시청하는 모든 TV 프로그램이, 그리고 그가 누르는 모든 리모컨 버튼이, 한국에 위치한 LG의 본사로 전송되고 있던 것이다. 이에 런던의 데일리 메일(Daily Mail)은 제조사들에게 해명을 요구했다.

이와 같이 모든 새로운 테크놀로지가 그러했듯 스마트 TV 역시 우리에겐 새로운 위협 통로가 될 수 있다는 것이다. 스마트 TV는 전형적으로 여러 개의 소셜 및 멀티미디어 사이트(넷플릭스, 페이스북, 트위터, 인스타그램 등)를 위해 사용자 이름, 패스워드 조합을 입력하도록 허용하고 있다. 또한, 스마트 TV에서 이용 가능한 쇼핑 앱을 통해 신용 카드 정보를 입력한다면, 그 데이터는 어디로 흘러가는지, 최신 스마트 TV는 스카이프(Skype) 및 다른 비디오 메세징 앱을 위해 웹캠을 포함하고 있는데, 스마트TV 전용 멀웨어를 통해 원격에서 웹캠에 접근할 수 있어 프라이버시 노출 위험성은 존재하지는 않는가에 대한 의문들이 제시되고 있다. 이에 따라 스마트 TV는 향후 PC, 스마트폰과 마찬가지로 해킹을 당할 수 있으므로 이에 대한 대비책을 마련해야 한다는 목소리들이 나오고 있다.

예를 들면, 2013년 3월 캐나다에서 열린 해킹 콘퍼런스 '캔섹웨스트(CanSecWest)'에서 고려대학교 사이버 국방학과 소속 이승진(29) 씨는 스마트 TV를 해킹해 시청자의 사생활을 몰래 촬영한 뒤 이를 인터넷으로 생중계했다. 이론상으로 가능하다고 여겨진 스마트 가전기기의 해킹이 현실로 드러난 것이다. 심지어 전원이 꺼진 상태에서도 도촬이 가능했다. 한 걸음 더 나아가 스마트 TV로 인한 '티비싱(Tvishing)'은 더 큰 위협이 되고 있다. 티비싱은 텔레비전(TV)과 피싱(Phishing)의 합성어다. 해커가 스마트 TV가 원하는 해적방송을 내보낼 수 있고 이를 통해 홈쇼핑 등 녹화된 화면을 띄우고 자동주문번호를 자신의 번호로 바꿔치기하는 식으로 피해를 일으킬 수 있다.

이외에도 스마트 TV의 확산으로 개인 중심의 미디어서비스가 활발하게 전개되면 다양한 형태의 개인맞춤형 서비스가 제공될 전망이다. 이에 따라 인터넷과 같이 개인의 정보 이용이 활발해 질 것이다. 아울러 양방향 광고나 맞춤형의 타겟형 광고 등의 활성화로 개인정보가 침해될 가능성이 높다. 게다가 콘텐츠의 제작과 유통의 공유와 개방 그리고 참여라는 측면에서 발생할 수 있는 또, 다른 측면의 개인정보 문제를 야기할 수 있는 측면이 있다.

현재 삼성전자, LG전자, 소니, 파나소닉 등 스마트 TV 제조사들은 이러한 취약점을 인지하고 보완책 마련에 나선 상황이다. 한국인터넷진흥원을 비롯한 정부기관에서도 스마트 TV의 개인정보보호 가이드라인을 준비하는 등 대책 마련에 나서고 있다.

김남욱, 김성환, 엄정호(2012)는 스마트 TV 안정성을 위한 보안 위협 및 정보보호 대상을 분류하면서 위험을 경고하였다. 즉, 스마트 TV 서비스는 다양한 정보통신기술 분야들이 융합되어 있기 때문에 기존의 보안기술들을 필요로 하고, 따라서, 스마트 TV의 기반 기술들과 인프라 구조에 대한 이해 및 취약성 분석이 반드시 선행되어야 한다는 것이다. KISA(2012)에서 스마트 TV 보안위협 시나리오 및 대응방안을 도출하고 있는데, 불법 콘텐츠 다운로드를 통한 악성코드 감염(개인정보 유출, DDoS 공격 유발 가능)이나, 네트워크, 웹 취약점을 악용한 공격(SSL STRIP, XSS, SQL Injection 등), 스마트 TV OS 불법 조작(탈옥, 루팅 등)을 통해 비인가된 기능 사용 등도 포함하고 있다. TTA(2012)에서는 스마트 TV 보완에 대해 다운로드, 보안인프라, 단말기, 콘텐츠의 재분배 등으로 정보보안이라는 측면에서 접근하고 있다. 즉, 현재의 상황은 개인정보보호를 정보보안이라는 큰 틀에서 접근하고 있으며, 주로 기술적인 보완시스템으로 초점을 맞추고 있다.

<표 40> 스마트 디바이스의 개인정보보호

종류	특징	보안위협
스마트 TV	인터넷 연결 상에서 편의 기능 제공 예: 멀티미디어 콘텐츠 재생, TV 전용 애플리케이션, 홈쇼핑, 웹서핑 등 리눅스 등 이반 OS 기반에서 작동 PC 환경의 보안 위험을 내재	해킹 시, 공격자는 PC 환경에서의 거의 모든 악용 행위 가능 예: 금융정보 탈취, 스미싱 카메라/ 마이크 내장 시, 사생활 침해
로봇 청소기	인공지능 프로그램으로 자가학습 및 개선된 청소 기능 구현 일반적으로 임베디드 리눅스 사용 카메라를 통한 장애물 인지 처리 인터넷 기능 내장으로, 해킹 위협 내재	알려진 OS 및 인터넷에 따른 해킹 위협 해킹 시, 공격자는 로봇청소기에 내장된 카메라를 통해 사용자 집 감시 가능 공격자는 로봇청소기를 원하는 위치로 이동시킬 수 있으므로 사생활 침해
인터넷 전화기	기존 전화보다 저렴한 요금을 국내외 통화가능 유선/무선 네트워크 디바이스 장착으로 항상 인터넷 연결 임베디드 환경과 유사하므로 해킹 위협 존재	해킹 시 공격자는 사진 동영상을 자신의 서버 이메일로 전송 가능 회사에서 사용시 자산 노출 위험
가정용 CCTV	인터넷 전화기와 결합되는 경우가 많음 어느 곳이든 사용자 집을 볼 수 있음 인터넷 디바이스 내장으로 카메라를 통한 사진/동영상 전송 SW가 구현됨 해커가 공격할 수 있는 공격 포인트 존재	해킹 시 공격자는 사진 동영상을 자신의 서버 이메일로 전송 가능하며, 일반적으로 잘 보이는 곳에 설치되므로 사생활 침해 우려 원격제어가 가능하므로 공격자는 고정된 곳 외에 여러 곳을 훔쳐 볼 수 있음

제4장 미디어 기업의 사회적 책임

1. 사회적 책임 이론

1) 기업의 사회적 책임

기업의 사회적 책임(CSR: Corporate Social Responsibility)이란 "기업이 자신이 보유한 물적 및 인적 자원(resource)을 재량적 실천(discretionary practices)에 의해 운용하고, 기업이 행할 수 있는 유·무형의 영향력을 통해 사회공동체의 복지 수준을 양적 또는 질적으로 향상"시키는 것이다.

기업은 심화된 시장경쟁 현실에서 기업 목표의 최종 달성을 위해 기업의 사회적 책임 을 자사 홍보의 수단 혹은 기업경영방침으로 활용하고 있다. 기업의 사회적 책임의 핵심목표가 기업의 이윤추구 이외에 사회 각 영역에 대한 지원 및 기업 정체성 변화를 요구하는 것임에도 불구하고 CSR의 명확하고 실질적인 의미를 파악하는 것은 쉽지 않았다.

맥과이어(McGuire, 1963)는 기업은 경제적 이득과 함께 공동체 복지, 교육, 종사자의 행복을 추구해야 한다고 강조했다. 벡맨(Backman, 1975)은 기업의 사회적 책임은 경제적 성과와 더불어 고용, 산업안전, 오염감소, 사회공동체 발전, 의료복지 개선을 포함해야 한다고 보았다. 캐롤(Carroll, 1979)은 사회가 기업에게 바라는 경제적, 법적, 윤리적, 재량적 기대에 부응할 필요성을 주장했다. 특히 캐롤(Carroll, 1991)은 기업의 사회적 책임을 네 가지 영역(경제적, 법적, 윤리적, 자선적)으로 분류하고 그 중요성을 피라미드 모형으로 설명하였다. 1단계인 경제적 책임(economic responsibility) 영역은 기업의 존재 의미에 해당되는 이윤 창출 및 수익 극대화 영역을 의미한다. 2단계 영역은 기업의 법적 책임(legal responsibility)으로 기업이 수행하는 모든 기업행위가 합법적 테두리 안에서 이루어져야 하며, 기업에게 의무적으로 되어 있는 모든 법을 충실히 준수해야 하는 것을 의미한다. 3단계 영역은 윤리적 책임(ethical responsibility)에 해당되는데, 기업행위가 법이 아닌 사회전체가 묵시적으로 동의하는 공감적 규범에 의거하여 모든 기업 활동을 진행해야 한다는 것을 말한다. 4단계는 자선적 책임(philanthropic responsibility)으로 기업과 관계되는 지역사회공동체에 대한 봉사나 도움이 필요한 단체 및 개인에 대한 기금, 현물, 재능 등을 기부하는 것을 말한다. 즉, 기업의 자선적 책임 행동은 자사의 인적 및 물적 자원을 사회공헌을 위해 활용함으로써 진정한 의미의 기업시민(corporate citizen)이 되는 것을 의미한다.

2) 기업의 사회적 책임과 전략 경영

기업이 자신의 궁극적인 목표인 이윤 추구와 함께 경제행위를 사회적 기여와 접목시킨다는 점에서 기업의 사회적 책임은 자본주의 혹은 시장주의의 본질에서 벗어난 개념이다. 기업의 본질적인 목표인 지나친 이윤추구는 그동안 정부, 언론, 시민단체 등으로부터 반사회적인 행위로 지적되었고, 기업윤리, 공정경쟁, 사회공헌등에 대한 기업의 변화를 요구받았다. 기업은 경제활동을 하면서 지켜야 할 경제적 책임과 법적 책임 이외에도 윤리적 책임, 환경적 책임, 자선적 책임 등을 수행해야 한다는 것이다. 기업의 경제행위는 사회공동체의 테두리 안에서 이루어지기 때문에 기업과 사회구성원들 간의 수많은 이해관계 속에서 수행되기 때문이다. 그리고 기업은 시장에서 경제행위를 하는 과정에서 보유한 자본과 가용자원을 통해 사회에 엄청난 영향을 미칠 수 있다. 따라서 데이비스(Davis, 1960)는 기업은 권력-책임 방정식에 의해 평가될 필요가 있다고 주장했다. 또한, 타니가와치(谷本寛治, 2002, 2011)는 기업의 사적 발전과 사회의 지속가능한 발전을 병행하는 기업행위의 법령 준수, 공정경쟁, 환경 친화적 생산-저장-유통, 공정고용과 인권, 투자자와 고객에 대한 투명한 정보공개, 상품의 가격과 품질에 대한 정보 제공 등이 필요하다고 강조했다.

한국언론진흥재단(2015)에서는 미디어 기업의 사회적 책임 전략 경영이란 미디어 기업이 소속된 사회의 목표와 미디어 기업의 목표를 다각도로 접목시켜, 미디어 기업이 보유한 물적 및 인적 자원을 자발적 의지에 의해 운용하며, 미디어 기업이 행할 수 있는 유·무형의 영향력을 통해 기업의 사적 목표와 공적 의무를 달성하는 것이라고 주장했다.

스마트 시대의 미디어 기업의 사회적 책임은 사회 내의 공론장 역할과 공공 이용의 측면이 강한 만큼 사회적 책임에 대한 실천 방법과 프로그램 전개가 더욱 구체적으로 수립될 필요가 있다. 특히, 공공가치가 중시되는 지상파 방송에서부터 사적 기업의 특징이 두드러지는 인터넷 기업에 이르기까지 미디어가 지닌 강한 사회적 영향력을 가진 미디어 기업들은 사회적 책임이 강조된다. 이에 따라 사회적 책임을 실천하기 위한 수립, 실천, 평가 과정이 분명해야 하며, 미디어 기업이 추구하는 기업철학이 반영되도록 미디어 기업의 사회적 책임 정신이 기업경영철학, 기업운영방식, 내부 및 외부 구성원의 인식에도 제고 되어야 한다.

3) GRI 미디어 섹터 전용 가이드라인

이러한 기업의 사회적 책임을 강조되는 시대에 국제표준기구 (International Organization for Standardization, ISO)는 품질을 규정하는 기준인 ISO 9000시리즈와 환경기준인 ISO 14000을 제정한데 이어서, 2004년 기업의 사회적 활동에 대한 기준인 ISO 26000을 추진하면서 국제 CSR 표준을 제시했다.

한국도 세계적인 흐름에 발맞추어 2012년 8월 30일자로 KSA ISO 26000을 고시하여 '한국표준정보망(www.kssn.net)'을 통해 보급하고 있다.

국제 CSR 표준은 사회적 책임 개념과 원칙을 명시하고 성과진단을 위한 핵심 주제로 조직 거버넌스, 인권, 노동관행, 환경, 공정운영관행, 소비자 이슈, 지역사회 참여와 발전이라는 7가지 주제를 제시하고 있다.

GRI(Global Reporting Initiative)는 유엔환경계획(UNEP)의 지원을 바탕으로 미국의 NGO인 CERES와 UNEP가 중심이 되어 1997년 설

립된 국제 비정부 기구로 지속가능성 보고서 가이드라인을 제공하고 있다. GRI 가이드라인은 조직의 '전략,' '경영,' '성과'라는 측면에서 표준과 지표들을 다루고 있는데, 전략(Strategy and Profile)은 조직의 성과라는 맥락에서 조직의 경영전략과 지배구조를 다룬다.

GRI는 특히 2012년 미디어 산업의 특성을 반영한 맞춤 가이드인 'GRI 미디어 섹터 전용 가이드(GRI Media Sector Supplement - MSS)'를 별도로 공개한 바 있다. 주요 가이드라인은 미디어 조직의 특징에 맞추어 권고하고 있다. 즉, 첫째, 콘텐츠 제작의 경우 콘텐츠의 질, 편집의 독립성, 표현의 자유, 콘텐츠의 다양성에 있어서 정부가 아닌 기관에서 제공받는 상당금액의 금전적 지원 유무와 미디어의 독립성을 주안점으로 보고 있다. 구체적으로 미디어 조직의 핵심가치인 표현의 자유가 정부나 기업의 금전적인 보조 또는 기업의 경영방식에 의해 침해되는지 여부를 제시하고 있다. 둘째, 콘텐츠 배급의 채널 소유에 있어서 콘텐츠 접근 가능성, 미디어 의사결정의 공유, 취약 청중 보호, 하청과정의 타당성과 투명성에 있어서 미디어 콘텐츠의 가치를 측정하고 확인할 수 있는 도구를 중시한다. 셋째, 청중에 도달 능력의 경우에는 인권(표현의 자유, 인권 관련 표현, 문화적 권리, 지적재산, 사생활 보호)과 청중과의 상호작용 광고, 미디어 교육 등을 콘텐츠 가치와 미디어 효과를 발전시킬 수 있는 행동들, 콘텐츠 배급 관련한 성과를 높일 수 있는 행동들(취약 청중 보호와 미디어관련 의사결정의 공유를 포함함), 콘텐츠 배급에서 청중의 반응에 대해 답변을 줄 수 있는 능력 ,청중과 상호작용할 수 있는 능력과 방법론, 미디어 교육을 통해 청중에게 권한을 위임할 수 있는 능력 등에 초점을 두고 있다.

가이드라인에서는 '브레인프린트'(brainprint)라고 명명하고 있는데, TV, 신문, 영화, 게임 등 모든 미디어 기업들은 그들이 제작한 콘텐츠가 사람들에게 막대한 영향력을 행사하고 있다는 점을 지각해야 한다는 것이 주요 골자이다.

GRI 미디어 섹터 전용 가이드(MSS)는 더 구체적으로 7가지의 세부영역으로 나눠서 가이드라인 형태로 정리하고 있다. 창의적 독립성, 창작물의 다양성, 표현의 자유, 편향되지 않은 표현, 미디어 교육, 투명성, 창의성 장려, 책임있는 광고, 커뮤니케이션에서 책임감 등이다. 이외에도 미디어 섹터 관련 기업의 사회적 책임 이슈는 시민정신, 데이터 보안/보호, 디지털 양극화, 교육, 오락과 게임, 건강, 안전, 그리고 보안, 인권, 정보의 진실성, 저작권, 다양성, 사회복지 증진, 지속가능성, 투명경영, 프리랜서 고용 등이다.

4) 미디어 얼라이언스 활동

미디어 얼라이언스(Media Alliance (The Asia-Pacific Media Alliance for Social Awareness))는 2009년에 조직된 아시아-태평양 지역의 미디어와 광고업계에 의해 설립된 비영리 조직이다. 설립취지는 미디어 긍정적인 사회를 만드는데 미디어 기업들의 힘을 더하자는 것으로 지속가능성, 기후 변화 완화 및 적응, 재난 예방 및 대비, 자연 환경 보호, 노동 권리, 아동 권리, 인신 매매, 전염병, 안전한 물과 영양과 관련된 이슈를 신속하게 메시지를 전파하여 사회적 문제를 해결하자는데 목적을 두고 있다.

주요 활동영역은 첫째, 공익 캠페인 프로젝트 관리(Project management)

로 사회변화를 위한 공공 커뮤니케이션 진행에 있어서 크리에이티브 제작 및 집행에 대한 관리 및 자원봉사이다. 둘째, 콘퍼런스와 세미나 진행(Conferences and seminars)으로 미디어 영역에서 우수 CSR 사례를 소개하고 CSR의 구체적인 구현 방법을 공유하는 콘퍼런스 진행이다. 셋째, 사회이슈 프로모션(Advocacy and promotion)으로 미디어가 사회변화에서 차지하는 중요성을 설파하고 미디어 기업의 CSR 활동을 촉진하는 각종 활동이다. 넷째, 저널리스트 교육 (Journalist training workshops)으로 세계적인 평화구현과 지속가능한 사회를 건설하기 위해 저널리스트들의 역할과 직무에 대한 보수교육 진행이다. 넷째, 컨설팅 서비스(Consultancy services)로 개발도상국에 대한 미디어 영역에서의 컨설팅 서비스미디어 CSR관련 광고제작에서 미디어 집행에 이르는 전 영역을 포함한다.

<표 41> 미디어 기업의 사회적 책임 가이드라인

GRI 보고서 작성 주안점		미디어 섹터 CSR 이슈	Media Alliance의 5가지 활동 영역
콘텐츠 제작	콘텐츠의 질 편집의 독립성 표현의 자유 콘텐츠의 다양성	시민정신 데이터 보안/보호 디지털 양극화 교육 오락과 게임	공익 캠페인 프로젝트 관리-공공 커뮤니 케이션 진행에 있어서 크리에이티브 제 작 및 집행에 대한 관리 및 자원봉사
콘텐츠 배급의 채널 소유	콘텐츠 접근 가능성 미디어 의사결정의 공유 취약 청중 보호 하청과정의 타당성 과 투명성	건강, 안전, 그리고 보안 인권 정보의 진실성 저작권 다양성 사회복지 증진 지속가능성 투명경영 프리랜서 고용	콘퍼런스와 세미나 진행-미디어 영역에 서 우수 CSR 사례를 소개하고 CSR의 구 체적인 구현 방법을 공유하는 콘퍼런스
청중에 도달 능력	인권 - 표현의 자유 - 인권 관련 표현 - 문화적 권리 - 지적재산 - 사생활 보호 청중과의 상호작용 광고 미디어 교육		사회이슈 프로모션-미디어가 사회변화에 서 차지하는 중요성을 설파하고 미디어 기업의 CSR 활동을 촉진하는 각종 활동
			저널리스트 교육- 저널리스트들의 역할 과 직무에 대한 보수교육
			컨설팅 서비스-개발도상국에 대한 미디 어 영역 컨설팅 서비스 미디어 CSR 관련 광고제작에서 미디어 집행 전 영역 포함

※ 출처: 한국언론재단(2015), 국내외 언론사의 CSR 현황과 전망 연구
: http://mediacsrforum.org/_media/documents/map.pdf, http://www.mediaalliance.asia/를 참고로 재구성

2. 미디어 기업의 사례

1) 국내 주요 일간지의 사회적 책임 활동

(1) 조선일보

조선일보의 사시(社是)는 '정의옹호·문화건설·산업발전·불편부당'이 다. 정의옹호는 정치적 정의, 경제적 정의, 사회적 정의를 옹호하겠 다는 뜻이고, 문화건설은 민족문화의 발굴 보존 및 문화실력을 양성 한다는 뜻이며, 산업발전은 경제의 기틀을 마련해야 한다는 취지,

불편부당은 정파적 속성에 치우치지 않고 중립적 가치를 지향한다는 의미이다.

조선일보는 모두 13개의 사회적 책임 활동을 하고 있는데 시상(施賞)활동이 4개로 주요 부문이다. 이외에도 교육 및 학술활동 3개, 문화예술 활동 2개, 지역사회 1개, 역사 전통문화 보전활동 1개, 사회체육활동 1개, 환경 1개 순이다. 조선일보의 사회적 책임 활동 주제는 주로 환경, 교육, 문학이다.

<표 42> 조선일보의 사회적 책임 활동 현황

사업명	내용 및 추진방법	사회적 책임 유형
자전거를 탑시다	'자전거를 탑시다' 캠페인의 영향으로 자전거 도로 설치 방법, 자전거통행 보호조항 등을 담은 '자전거 이용 활성화에 관한 법률'이 제정됨.	사회체육 활동
그린마일리지 캠페인	과도한 2차 포장으로 연간 수백톤에 달하는 폐플라스틱을 줄여나가자는 친환경 캠페인으로, 국내 대기업과 주요 유통업체가 활발하게 참가해 '녹색쇼핑'의 바람을 일으킴.	환경
한일국제환경상	동북아시아권 각국의 정부, 기업체, 민간단체의 환경의식 확산을 위해 일본 마이니치신문과 공동으로 제정한 '국제환경상'.	시상(施賞) 활동
조선일보 환경대상	환경의 소중함을 널리 알리고 환경보전의식을 높인다는 취지에서 마련된 '국내 최고의 환경상'.	시상(施賞) 활동
선생님과 함께하는 체험학습여행	뜻은 있지만 현실 여건 때문에 엄두를 내지 못했던 전국 초, 중, 고 교사들에게 자신의 기획으로 연구 동아리를 인솔해 1박 2일간 현장학습을 실시할 수 있도록 지원하는 프로그램.	교육 및 학술 활동
올해의 스승상	조선일보가 교육과학기술부와 함께 수여하는 '국내 최고 권위의 교육상'으로 현장에서 남모르게 교육에 헌신하는 선생님들을 위해 마련.	시상(施賞) 활동
조선일보 청소년학교	역사, 문화, 예절, 스포츠 등 매회 주제를 달리하여 회당 200~300명의 청소년을 교육하는 프로그램.	교육 및 학술 활동
일본속의 한민족사 탐방	조선일보가 1987년부터 진행하는 교사 해외연수 프로그램으로 매회 400명의 선생님을 초청해 한·일 고대사를 재조명하는 답사 행사.	역사, 전통문화 보전활동
아시아프	아시아 각국 대학생과 청년작가 777명의 작품을 선보이는 순	문화예술

	수한 비영리 행사로, 아직 시장과 평단에 노출되지 않은 신인을 발굴해 국내외 전시 기회를 제공하고자 함.	활동
조선일보 판타지 문학상	신구세대를 아우를 수 있는 판타지 문학상을 제정해 수준 높은 판타지 소설과 역량 있는 판타지 작가를 발굴함으로써 판타지 소설의 유통에 기여함.	시상(施賞)활동
신문춘예	한국 문화발전을 꾀한다는 취지에서 마련된 '조선일보 신문춘예'는 김유정, 김동리, 정비석, 최인호, 황석영 등 한국 현대 문학사를 화려하게 수놓은 작가들을 탄생시킴.	문화예술활동
아시안 리더십 컨퍼런스	세계 지도자와 석학, CEO를 초청해 아시아·태평양 국가들이 당면하고 있는 현안과 과제를 다루는 '아시아 다보스 포럼'	교육 및 학술 활동
우리이웃 캠페인	가정 형편이 어려워 방치되다시피 한 어린이들을 위해 보다 아늑하고 편한 공부방을 마련해주고, 어렵게 학업에 대한 의지를 불태우는 야간학교에 난방비를 지원해주는 등 어려운 곳을 찾아 도움을 줌.	지역사회

※ 출처: 한국언론재단(2015), 국내외 언론사의 CSR 현황과 전망 연구, 조선일보홈페이지를 참고로 재구성

(2) 경향신문

경향신문의 사시(社是)는 "진실보도"이다. 우리 사회가 목표로 하는 핵심 의제와 사안의 실체를 간섭이나 왜곡 없이 그대로 전달하는 것이다. 경향신문은 모두 13개 분야에 걸친 사회적 책임 활동이 있는데, 교육 및 학술활동이 4개로 가장 많다. 이외에는 시상(施賞)활동이 2개, 문화예술 활동 2개, 사회체육활동 2개, 지역사회 1개, 역사 전통문화 보전활동 1개, 기업의 프로그램 운영 및 지원 활동 1개 순이다. 경향신문 사회적 책임 활동의 주제는 '안전,' '환경,' '통일,' '문화예술,' '역사,' '경제' 등 다방면에 걸쳐 진행되고 있다.

<표 43> 경향신문의 사회적 책임 활동 현황

사업명	내용 및 추진방법	사회적 책임유형
대한민국 안전대상	2002년 제정된 시상으로, 안전사고로부터 생명과 재산을 보호하는데 공헌한 개인이나 단체를 심사, 수상자를 선정하는 사업.	시상(施賞) 활동
상자텃밭보급사업	경향신문과 인천시가 공동으로 도·시민들에게 아파트 베란다에서도 채소 등을 재배할 수 있는 상자텃밭을 보급하는 행사.	지역사회
대통령기통일구간 마라톤 대회	1971년 남북적십자회담을 계기로 남북통일이 하루빨리 이뤄지기를 바라는 국민의 열망에 부응해 전국 고교 선수 대항전 성격의 릴레이 마라톤 대회.	사회체육 활동
대통령금배 전국 고교축구대회	한국 축구 중흥 차원에서 고교축구를 적극 육성하기 위해 927.5g의 순금 대통령배를 놓고 전국 고등학교가 실력을 겨루는 국내 최고 권위의 축구대회.	사회체육 활동
경향글로벌 외교포럼	외교관의 꿈을 가진 청소년들이 외교관이 되기 위한 기초적 소양을 쌓고, 글로벌 마인드를 키울 수 있도록 도움을 주는 포럼.	교육 및 학술 활동
정동문화 축제	1999년부터 매년 10월 덕수궁 돌담길을 중심으로 서울 중구 정동일대에서 열리는 대한민국의 대표적인 거리문화 축제.	문화예술 활동
이화경향음악 콩쿠르	국내 최고 권위와 전통을 자랑하는 젊은 음악영재들의 등용문. 1952년 전쟁의 소용돌이 속에서 우리 민족에게 꿈과 희망을 심어주기 위해 시작됨.	문화예술 활동
경향 글로벌 미팅	대한민국에 주재하는 각국 대사들과 학생들이 만나 토론 및 공유.	교육 및 학술 활동
경향 역사탐방	역사유적과 문화 현장을 찾아 배우는 답사탐방 프로그램. 문화재와 유적, 박물관, 독립운동 사적지를 찾아 전문가 강연 수강.	역사, 전통 문화 보전 활동
열린 경제 프로젝트	청소년 및 사회 예비생들에게 올바른 금융상식과 경제의 중요성을 심어 주어 건전한 소비문화를 형성하고, 이를 통해 건강한 금융상식을 갖춘 예비 사회인의 양성을 목표로 하는 경제 프로젝트.	교육 및 학술 활동
경향 광고대상	1994년 광고산업을 발전과 신예 광고인의 발굴을 위해 제정됨.	시상(施賞) 활동
경향 저널리즘 스쿨	신문, 방송, 뉴미디어 등 언론계 진출을 꿈구는 예비 언론인을 교육, 양성하는 미디어 아카데미.	교육 및 학술 활동
서울도시농업박람회	도시농업의 공익적 가치를 널리 알리고 시민복지와 지역별 화합을 이끌어 내며 새로운 일자리 창출과 사회적기업 육성에 기여하고자 만든 박람회.	기업의 프로그램 운영 및 지원

※ 출처: 한국언론재단(2015), 국내외 언론사의 CSR 현황과 전망 연구, 경향신문홈페이지를 참고로 재구성

(3) 한국일보

한국일보 사시(社是)는 춘추필법의 정신, 정정당당한 보도, 불편부
당의 자세이다. 한국일보는 어떤 정파나 좌우 이념에 휘둘림 없이
오직 중도적 입장에서 공정한 사회의 균형자, 올바른 최종 판단자로
서의 역할과 책임을 다하는 것을 목표로 하고 있다. 한국일보는 모
두 13개의 사회적 책임 활동을 진행하고 있는데, 시상(施賞)활동이 6
개로 가장 많다. 이외에도 사회체육활동이 5개, 문화예술 활동 1개,
교육 및 학술활동이 1개 순이다. 한국일보의 사회적 책임 활동은 체
육대회에 대한 지원과 문학계에 대한 시상활동이 특징이다. 한국일
보가 진행하는 사회적 책임 활동의 주제는 '건강,' '통일 및 국토사
랑,' '문예 증진,' '봉사'이다.

<표 44> 한국일보의 사회적 책임 활동 현황

사업명	내용 및 추진방법	사회적 책임 유형
거북이마라톤	국민건강 증진을 위해 1978년 국내최초로 걷기캠페인을 시작한 거북이 마라톤은 매월 셋째 주 일요일 아침에 개최.	사회체육 활동
봉황대기 전국고교야구 대회	1971년 1회 대회를 시작으로 많은 프로 스타들을 배출한 유서 깊은 대회로 지역예선을 거치지 않고 전국의 모든 고교 야구부를 한자리에서 볼 수 있는 대회.	사회체육 활동
철원 DMZ 국제 평화마라톤	국내·외에서 7,000여명이 참가하여 민족 분단의 아픔이 서려 있는 민통선 일대를 코스로 뛰는 대회.	사회체육 활동
부산·서울 대역 전경주대회	각 시·도의 젊은 마라토너들이 통일의 염원을 안고 국토남단 인 부산을 출발, 임진각까지 달리는 의미 깊은 행사.	사회체육 활동
명인전	국내기전 중 유일하게 아마추어에게 문호를 개방하여 누구나 명인이 될 수 있게 제정한 명인전은 한국프로기전을 이끌고 가는 견인차 역할을 담당함.	사회체육 활동
한국일보 신춘문예	한국일보 신춘문예는 1955년에 시작, 지난 반세기 동안 미래지향의 열린 시각과 엄정한 비평의 눈으로 시, 소설, 희곡, 동화, 동시 부문의 한국문학을 이끌어갈 뛰어난 신인들을 발굴해옴.	문화예술 활동
한국출판	한국일보가 제정해 1960년 첫 발을 뗀 이 상은 국내에서 가	시상(施賞)

문화상	장 오랜 전통과 권위를 지닌 출판상.	활동
팔봉비평 문학상	소설가이자 문학평론가인 팔봉 김기진(1903~1985)의 문학적 업적을 기리기 위해 제정된 대한민국의 문학상.	시상(施賞) 활동
한국일보 문학상	1968년 제정한 한국일보문학상은 한국창작문학상이라는 이 름으로 출범, 소설가 한말숙씨를 첫 주인공으로 선정 발표한 이래 46회 동안 최고 권위를 인정받는 문학상.	시상(施賞) 활동
대한항공 여행 사진공모전	즐겁고 아름다운 여행의 추억을 담은 사진을 대상으로 작품 을 접수하여 시상하는 순수 아마추어 사진 예술제.	시상(施賞) 활동
서울보훈대상	국가와 사회 발전에 기여한 모범 국가유공자와 그 유족을 발 굴하고 격려함으로서 보훈 가족의 자긍심을 높이고 국민의 애국심도 키우기 위한 상.	시상(施賞) 활동
서울시 봉사상	1989년부터 서울시와 공동으로 '서울특별시 시민상 봉사부문' 을 제정하여 밝고 건전한 시민 사회의 기풍을 진작시키고 지 역사회 발전을 위하여 헌신적으로 봉사한 모범시민 및 단체 를 선발 시상함.	시상(施賞) 활동
대입설명회	1998년도부터 일선 고교 진학지도 담당 교사들을 대상으로 전국 9개 지역을 순회하는 국내 유일한 입시 설명회.	교육 및 학술 활동

※ 출처: 한국언론재단(2015), 국내외 언론사의 CSR 현황과 전망 연구, 한국일보홈페이지를 참고로 재
구성

(4) 중앙일보

중앙일보의 사시(社是)는 "사회기풍을 침체경향에서 발전의 방향
으로 진작시키고 인간의 존엄성과 사회의 공정성을 일깨우며 창조
와 생산의 풍토가 이룩될 수 있는 길잡이가 되고자 하는 것"이며,
'사회정의'와 '사회복지'를 이룩할 '사회공기'의 실현으로 보았다. 중
앙일보는 모두 13개 사회적 책임 활동을 펼치고 있는데, 지역사회가
5개로 가장 많다. 이외에도 시상(施賞)활동 4개, 교육 및 학술 활동
2개, 기업의 프로그램 운영 및 지원활동 1개, 사회체육활동 1개 순
이다. 중앙일보 사회적 책임 활동의 주제는 경제적 약자 지원, 봉사,
예술, 체육, 교육이고, 사회적 책임 활동 대상은 저소득층, 공무원,
어린이, 예술가이다.

<표 45> 중앙일보의 사회적 책임 활동 현황

사업명	내용 및 추진방법	사회적 책임 유형
임직원 자원봉사	1994년 국내 언론사 최초로 자원봉사 캠페인을 시작한 중앙미디어네트워크는 직접 임직원들의 봉사 참여를 독려.	지역사회
위스타트운동	위스타트(We Start)운동은 우리(We) 모두가 나서 저소득층 아동들에게 복지(Welfare)와 교육(Education), 건강 서비스를 입체적으로 제공해 삶의 동등한 출발선(Start)을 마련해주자는 취지로 2004년 각계의 동참 속에 출발.	지역사회
청백봉사상	청백봉사상은 지역 발전과 주민을 위해 묵묵히 일하는 '청백리(淸白吏)'를 발굴해 시상. 지방자치단체에서 근무하는 5급 이하 공무원 중 친절·공정·신속하게 대민봉사에 기여한 공무원, 주민편익 증진을 위해 헌신적으로 봉사한 공무원, 창의적인 노력으로 지방행정 발전에 공헌한 공무원을 선발.	시상(施賞) 활동
전국자원봉사대축제	전국자원봉사대축제는 1994년 중앙일보가 미국·영국의 자원봉사계가 펼치는 '변화를 만드는 날'을 도입. 대축제 기간을 정해 그 중 단 하루라도 어려운 이웃에게 봉사활동을 펼치며 이웃과 지역사회를 변화시키는 행사.	지역사회
위아자나눔장터	위아자 나눔장터는 내가 안 쓰는 물건을 사고팔아 재활용문화와 나눔문화를 확산시키고 친환경적 생활방식을 만들어 나가는데 앞장섬. 물건을 팔아 생긴 수익금은 저소득층 어린이를 돕는 위스타트 운동에 쓰임.	지역사회
백상예술대상	1965년 한국 대중문화 예술의 발전과 예술인의 사기진작을 위해 제정한 백상예술대상. 시상식은 지난 1년간 방영 또는 상영된 TV와 영화부문의 제작진과 출연자에게 시상하는 국내 유일의 종합예술상.	시상(施賞) 활동
골든디스크 시상식	골든디스크 시상식은 한해 동안 대중들에게 사랑받은 대중가요를 선정하는 시상식으로 대중문화 창작 의욕을 높이고 신인 발굴과 음반 산업 성장에 기여하고 있는 대한민국 최고 권위의 시상식.	시상(施賞) 활동
중앙서울마라톤	중앙서울마라톤의 시작은 1999년 88서울올림픽을 기념·계승하기 위해 개최된 '중앙서울하프마라톤'부터. 이후 2001년 국제대회로 승격돼 2만 명이 넘는 참가자와 함께하는 아시아 최대 규모의 국제마라톤대회로 인정받음.	사회체육 활동
대통령배 고교야구	44년의 역사가 빛나는 대통령배 전국고교야구대회는 지금까지 김경문·박노준·선동열·김동수·심재학·박용택·추신수·추신수·김병현·김진우·한기주·이용찬·임찬규 등 수많은 스타 선수를 배출하며 한국 야구 발전의 디딤돌이 되어옴.	시상(施賞) 활동
미당문학제,	중앙일보가 미당기념 사업회. 고창군 등의 후원을 받아	기업의

사업명	내용 및 추진방법	사회적 책임 유형
황순원문학제	2005년부터 7년째 개최해옴. 중앙일보가 미당문학상은 물론 미당문학제를 운영하는 이유는 문자 예술을 진작시키려는 노력이 그 어느 때보다 절실하고, 그런 일에 사회의 공기(公器)인 언론이 앞장서야 한다는 판단 때문.	프로그램 운영 및 지원
해외봉사단 파견	중앙미디어네트워크는 국내 언론사 최초로 1994년부터 해외원조단체들과 공동으로 내전, 지진, 홍수 등 긴급구호가 필요한 해외현장에 봉사단을 파견.	지역사회
한·중·일 30인회	한중일30인회는 한중일을 대표하는 언론사(한국의 중앙일보, 중국의 신화통신사, 일본의 일본경제신문사)가 주체가 되어 동북아의 발전적 미래를 준비하기 위해 만든 민간회의체.	교육 및 학술 활동
J-Global forum	중앙글로벌포럼(J-Global Forum)은 전 세계 주요 언론인과의 교류와 협력을 증진하기 위해 중앙일보가 1996년부터 마련한 국제회의.	교육 및 학술 활동

※출처: 한국언론재단(2015), 국내외 언론사의 CSR 현황과 전망 연구, 중앙일보홈페이지를 참고로 재구성

(5) 동아일보

동아일보의 사시(社是)는 민중의 표현 기관, 민주주의, 문화주의이다. 동아일보는 모두 18개 사회적책임 활동을 하고 있는데, 문화 예술 활동이 7개로 가장 많다. 이외에도 시상(施賞)활동 5개, 사회체육활동 4개, 교육 및 학술활동 1회, 역사 전통문화 보전활동이 1개 순이다. 동아일보의 사회적 책임 활동의 주제는 문화예술 활동, 교육 및 학술활동, 체육활동이다.

<표 46> 동아일보 사회적 책임 활동 현황

사업명	내용 및 추진방법	사회적 책임 유형
서울국제음악콩쿠르	동아일보사와 서울특별시가 공동 주최하는 서울국제음악콩쿠르는 음악을 통한 국제 문화교류와 재능 있는 전 세계 젊은 음악인의 발굴 육성을 위해 창설.	문화예술 활동
동아음악콩쿠르	국내 음악계가 불모지와 다름없던 1961년 창설된 동아음악콩쿠르는 반세기 동안 작곡 성악 기악 등 15개 부문에 걸쳐 1,060여명의 재능 있는 신인을 배출하며 우리나라 음악 발전을 견인.	문화예술 활동

동아무용콩쿠르	국내 최고 권위를 자랑하는 본 콩쿠르는 1964년 출범이래 800여명의 재능있는 무용인을 배출했으며 이들은 국내외 무대의 무용스타로서, 또한 후진을 양성하는 유능한 지도자로서 우리 무용계의 발전을 견인.	문화예술 활동
동아국악콩쿠르	1985년 국악계의 젊은 인재들을 발굴하기 위해 창설된 동아 국악콩쿠르는 그 동안 1,000여명의 입상자를 배출했으며 이중 대부분의 국악인들은 활발한 연주활동과 후진 양성을 통해 국악계의 발전에 이바지.	문화예술 활동
청소년 음악회	동아일보사에서 여름방학을 맞은 청소년들을 위해 매년 개최하는 음악회. 국내 최고 권위와 전통을 자랑하는 동아음악콩쿠르에서 입상한 연주자들이 출연해서 혼신의 힘을 다해 펼치는 열정의 무대.	문화예술 활동
청소년 문화예술교육프로그램	2007년부터 청소년 문화예술교육 프로그램 "친구야! 문화예술과 놀자!"라는 명칭의 사회공헌사업을 벌여 지금까지 전국 36개 지역에서 42차례 개최. 이 사업은 시행 첫 해인 2007년부터 2010년까지 4년 동안은 교육적인 내용의 문화예술 행사를 청소년 관객에게 보여주는 형태. 2011년부터는 이 행사를 청소년들이 직접 참여하는 프로그램으로 전환하였으며 8주에서 12주 정도 청소년들을 교육시켜 발표회를 갖는 방식으로 진행되어 옴.	교육 및 학술활동
동아연극상	한국연극의 저변확대와 발전을 위해 지난 1964년 창설된 동아연극상은 매년 뛰어난 활동을 한 연극인, 극단 및 단체를 선정, 시상함으로써 우리 연극 활성화에 기여.	시상(施賞) 활동
동아미술제 전시기획공모	1978년 출범이래 새로운 시각과 조형성을 담은 다양한 실험을 통해 한국 현대미술을 이끌어온 동아미술제는 2006년부터 운영방식을 작품공모에서 전시기획공모로 바꿔 시행. 시각이미지와 관련된 모든 장르를 대상으로 하는 이 전시기획공모 당선자에게는 상금과 함께 전시에 필요한 경비와 전시장소를 제공.	시상(施賞) 활동
동아국제 사진전	동아국제사진전은 세계 각국 살롱사진의 흐름과 함께 우리나라 사진문화의 발전과 사진을 통한 문화교류에 크게 기여해온 국제 사진전. 그 동안 이 사진 살롱은 세계 각국 사진작가들의 뛰어난 작품을 한데 모아 살롱사진 특유의 다양한 흐름과 작품세계를 소개해 왔으며 풍속과 환경이 서로 다른 국가와 민족의 생활감정을 이어 오면서 많은 국내외 사진동호인들에게 사진예술의 새롭고 무한한 가능성을 보여줌.	문화예술 활동
램브란트와 17C 네덜란드 회화전	렘브란트, 루벤스, 반다이크 등 17세기 유럽 미술계에 커다란 발자취를 남긴 네덜란드 '위대한 회화의 시대' 대표 작가들의 작품 50점이 국내 처음으로 서울 덕수궁미술관에 특별 전시. 동아일보와 국립현대미술관, ㈜로렌스 제프리스가 공동 주최하는 이번 전시회의 작품은 헤이그 소재 마우리츠하위스 왕립미술관 소장품으로 거장 렘브란트의 대표작 '깃 달린 모자를 쓴 남자'를 비롯해 루벤스의 '로마의 승리', 반다이크의 '화가 퀀테인 시몬스의 초상' 등이 포함됨.	문화예술 활동

동아수영대회	1929년에 출범, 70여년간 우리나라 수영발전을 이끌어 오고 있는 동아수영대회는 그 동안 조오련, 최윤희, 지상준, 김민석 등 정상의 선수들을 배출했으며 94년부터는 지방도시를 순회 하며 개최, 수영인구 저변확대와 지방수영 활성화에 힘써옴.	시상(施賞) 활동
동아일보배 대 상경주(경마)	동아일보사와 한국마사회가 공동 주최하는 동아일보배 대상 경주는 매년 11월 첫째 일요일 서울경마공원에서 열림. 경마 는 세계적인 인기 레포츠로서 우리나라에도 건전한 여가문화 로서 자리매김하고 있는 가운데 연간 입장객이 1300만명을 넘어서는 등 그 인기가 날로 높아 가고 있음.	문화예술 활동
국수전	동아일보가 1956년 국내 최초로 창설한 프로기전인 국수전은 그동안 조남철, 김인, 윤기현, 하찬석, 조훈현, 서봉수, 이창호, 루이나이웨이, 이세돌, 조한승 등이 차례로 타이틀을 차지, 프 로기사들로부터 가장 권위있는 기전으로 인정받고 있음.	사회체육 활동
전국아마국수전	아마국수전은 동아일보가 국수전과 함께 아마 기단의 중흥을 위해 벌이는 사업. 말하자면 프로에 국수전, 아마추어에 아마 국수전인 셈. 아마국수전은 1967년 창설된 이래 국내 아마추 어 바둑계 최고 권위 있는 대회로 자리매김했으며 특히 이 대 회를 통해 세계아마추어바둑선수권전의 한국대표 출전권이 주어지기 때문에 국내외적으로 최고의 아마 바둑대회로서 숱 한 스타들을 배출.	사회체육 활동
전국학생과학 발명품 경진대회	국립중앙과학관이 주관하는 이 대회는 그 동안 과학인구 저변 확대와 우수 인재발굴에 기여해 왔으며 실생활에 바로 적용할 수 있는 기발하고 다양한 아이디어의 발명품들을 소개.	시상(施賞) 활동
전국대학생 영 어경시대회	동아일보사는 전국 대학생을 대상으로 말하기, 듣기 등 전반 적인 영어능력을 평가하는 전국 대학생 영어경시대회를 개최.	시상(施賞) 활동
전국고교 영어 경시대회	동아일보사는 정보화, 국제화를 능동적으로 실천하기 위한 교 육사업의 일환으로 한국영어교육학회 국제교류진흥회와 공동 으로 전국 고등학생 영어경시대회를 개최.	시상(施賞) 활동
장보고 유적답사	우리의 위대한 선조 해상왕 장보고의 중국 및 일본 내 유적지 를 답사하는 행사.	역사, 전통문화 보전활동

※ 출처: 한국언론재단(2015), 국내외 언론사의 CSR 현황과 전망 연구, 동아일보홈페이지를 참고로 재 구성

2) 국내 주요 지상파 방송사의 사회적 책임 활동

(1) KBS (한국방송공사)

우리나라 방송법 제43조 제1항에 따라 KBS는 공정하고 건전한 방송문화를 정착시키고 국내·외 방송을 효율적으로 실시하기 위하여

설립되었다.

　KBS는 "시청자 감동, 사랑받는 KBS"라는 슬로건을 가지고, 사회적 책임의 목표로 "생명존중," "약자배려," "전통가치 수호," "사회통합," "환경보호"라는 5가지 추진방향을 가지고 있다. KBS 사회공헌사업은 모두 12가지이다. 사회적 약자 및 소외계층에 대한 나눔 문화 확산을 위한 공익 캠페인, 사회공헌자 시상, 자원봉사, 재능 나눔, 성금 모금 활동, 다양한 문화공연, 공헌 사업 방송물로 제작하여 방송등으로 이루어지고 있다.

<표 47> KBS의 사회적 책임 활동

사업명	내용 및 추진 방법	추진 방법	6가지 사회적 책임 유형
나눔 더하기 대축제	나눔과 봉사를 통한 행복하고 건강한 사회 건설 추구 캠페인 자사 장비 및 네트워크를 통한 공연 및 축제		공익캠페인
나눔 국민대상	나눔을 실천한 개인 및 단체에게 포상 실시 자사 시설물을 이용하여 시상식 방송제작		공익캠페인
KBS 디딤돌 봉사단	KBS임직원들이 소외계층을 대상으로 자원봉사활동		지역사회봉사
KBS 재능나눔봉사단	KBS방송출연자들의 시군구 소외직역을 찾아가 재능을 사회에 기부 KBS직원이 아닌 방송출연자들의 자원봉사		자선활동 (재능 기부)
KBS 직원매칭그랜트	KBS임직원들의 기부 문화 활성화를 통해 어려운 청소년에게 성금 제공 KBS임직원들이 매월 급여에서 일정%를 공제하고 모인 기금만큼 KBS에서 매칭하여 기금 마련		자선활동 (기금 기부)
KBS버스투어	지리 및 문화적으로 소외된 장애인이나 산간도서 초등학생 대상 체험 경험 제공 KBS 견학 및 야외세트장 탐방		자선활동 (현물 기부)
찾아가는 작은 음악회	소규모 복지시설을 찾아가 음악회 개최 예술인과 대중문화인이 구성한 참예술봉사단이 시설 방문하여 공연 개최		자선활동 (재능 기부)
사회공헌	KBS합동결혼식, KBS가족봉사활동, 장애인식개선사업, 생명		자선활동 /

제휴사업	나눔캠페인, 아동사랑기업네트워크 사회적 약자 및 소외계층을 돕도록 권고하는 행사 개최 및 방송제작	공익캠페인
사회공헌 프로그램	사랑의 리퀘스트, 러브인 아시아, 우리말 겨루기 등 교양 방송물 제작	공익캠페인
성금품 모금	대한적십자사, 사랑의 열매, 전국재해구호협회의 성금모금 이 원활히 이루어질 수 있도록 협력 모금 방송물 제작	공익캠페인
이동봉사	소외지역 이동하여 봉사 소외지역에 대한 문화행사	자선활동 (재능 기부)
기타 사회공 헌사업	장학금, 성금, 기금 봉사 불우청소년, 소외된 이웃에 대한 복지사업	자선활동 (기금 기부)

※출처: 한국언론재단(2015), 국내외 언론사의 CSR 현황과 전망 연구, KBS홈페이지를 참고로 재구성

(2) MBC (문화방송)

MBC는 방송문화진흥회와 정수장학회와 같은 공익재단을 대주주로 두고 경영은 광고수익에 의존하는 공영방송사이다. MBC 사시(社是)에 나와 있는 경영방침은 자유, 책임, 품격, 단합이다. MBC의 방송 강령은 정직한 언론과 건전한 문화, 그리고 공정방송을 통해 사회적 공익과 국민의 권익을 증진시키는 것으로 적고 있다. 또한 남북 간의 화합과 평화통일에 이바지하며, 사회적 약자보호와 지역, 계층 간 융화에 앞장서고, 국민의 알권리 충족을 위해 최선을 다하며, 이를 위해 투철한 윤리의식을 바탕으로 신속 정확한 보도와 품격 있는 프로그램으로 사회 문화에 기여한다고 밝히고 있다.

MBC는 사내 사회 공헌실을 두고 있으며, 2011년부터 MBC는 (주)MBC나눔을 자회사로 설립하여 사회공헌실과 별도로 사회적 책임 사업을 운영하고 있다.

<표 48> MBC의 사회적 책임 활동 현황

사업명	내용 및 추진 방법	6가지 사회적 책임 유형
고맙습니다. 작은 도서관	전국 읍면 단위와 해외 빈국에 작은 도서관 건립 조성을 위해 1사 1도서관 건립 운동 캠페인 후원 기업을 모집하고, 캠페인 시, 후원 기업 로고를 스팟광고 형식 홍보	공익캠페인/ 공익연계마케팅
1318 사랑의 열매 캠프	청소년들에게 나눔에 대한 실천을 교육하기 위해 캠프 개최 참가 청소년들에게 다양한 형태의 나눔 실천 봉사 및 교육 실시	사회마케팅
명사들의 사랑 나눔	명사들의 나눔 및 기부 내용을 전달 나눔 문화 확산을 위해 행사 기획 및 방송 제작	공익캠페인
사회공헌 프로그램	장애인 부모들을 위한 프로그램, 모금 생방송, 대학생 나눔 캠프 등 아름다운 부모들의 힐링, 대학생희망드림캠프, 작은 나눔 큰 사랑 방송 제작	공익캠페인

※ 출처: 한국언론재단(2015), 국내외 언론사의 CSR 현황과 전망 연구, MBC홈페이지를 참고로 재구성

(3) SBS (서울방송)

SBS는 시청자와 함께 하는 "행복한 미래"와 "즐거운 나눔"을 핵심 가치로 삼고 있으며, 미래한국리포트, 인문학 가치 확산, 서울디지털 포럼, 나눔 정신 실천등을 중심으로 모금 방송과 재단 설립을 통한 사회공헌활동을 실천하고 있다. SBS문화재단의 경우, 전문가 집단에 대한 해외연수지원 및 시상을 하고 있으며, '서암학술장학재단'을 설립하여 고등학생과 대학생에 대한 장학 사업을 진행하고 있다. 또한, 사회적 책임 관련 위원회인 "희망내일위원회"를 조직하였고, 밀알복지재단, 환경재단 등 NGO들과 기부 사이트인 '나도 펀딩' 페이지를 오픈했다.

<표 49> SBS의 사회적 책임 활동

사업명	내용 및 추진 방법	6가지 사회적 책임 유형
SBS사회공헌 방송프로그램	희망TV SBS, 세상에서 가장 아름다운 여행, 물은 생명이다 국내외 소외계층 및 환경 문제에 대하여 방송 프로그램 제작	공익캠페인
희망사업	국내/외 희망학교 건립, 도움이 필요한 지역아동센터를 방송을 통해 알리고 있으며, 이를 통해 지역사회 및 기업의 참여를 이끌어내어 나눔문화 확산 유도 NGO와 함께 국내외 소외계층을 위한 인프라 건설 (학교, 지역사회개발 등)	공익캠페인
임직원활동	SBS임직원들의 소외계층에 대한 직접적인 봉사활동 및 기금 전달 SBS내 부서별, 동호회별로 봉사 실시	지역사회봉사/자선활동 (기금 기부)
행복한미래	작가 발굴, 한국 미래비전 제시, 디지털에 대한 포럼 올해의 작가상, 미래 한국리포트, 서울디지털포럼을 개최하여 사회적 이슈 환기	공익캠페인
SBS문화재단	미디어, 예술, 국가미래과제 분야에 대한 전문가 집단 지원 및 해당 과제 지원 해당 분야 전문가 해외연수지원, 예술 분야 전문가 시상	자선활동 (기금 기부)
서암학술장학재단	미래 세대에 대한 교육 장학 재단을 설립하여 장학 사업 진행 고등학생 및 대학생에 대한 장학금 지원	자선활동 (기금 기부)
나도 펀딩	뉴스 시청 후, 해당 사안에 대한 기부 시스템을 만들어 도움을 주고자 하는 사람들과 연결해주는 크라우드 펀딩 시스템 기부 다양한 NGO 그룹과 함께 뉴스가 주목하는 문제와 관련된 사람들에게 기부하는 체계	자선활동 (기금/현물 기부)

※ 출처: 한국언론재단(2015), 국내외 언론사의 CSR 현황과 전망 연구, SBS홈페이지를 참고로 재구성

용어정리

◎ **스마트(smart)** : 소프트웨어나 하드웨어에 관하여 말할 때 정보 처리 능력을 가지고 있다는 것을 나타내는 용어이다. 특히 지금까지는 기대할 수 없었던 정도의 정보 처리 능력을 가지고 있다는 의미를 나타낸다. 지능화된 또는 지능형(intelligent)이라는 용어와 같은 의미이다.

◎ **스마트 TV** : TV에 인터넷 접속 기능을 결합, 각종 앱(application: 응용프로그램)을 설치해 웹 서핑 및 VOD 시청, 소셜 네트워크 서비스(Social Networking Service, 이하 SNS), 게임 등의 다양한 기능을 활용할 수 있는 다기능 TV다.

◎ **스마트폰** : 휴대폰에 컴퓨터 지원 기능을 추가한 지능형 휴대폰을 말한다. 휴대폰 기능에 충실하면서도 개인 휴대 정보 단말기(PDA) 기능, 인터넷 기능, 리모컨 기능 등이 일부 추가되며, 수기 방식의 입력 장치와 터치스크린 등 보다 사용에 편리한 인터페이스를 갖추고 있다. 무선 인터넷 기능의 지원으로 인터넷 및 컴퓨터에 접속되어 이메일, 웹브라우징, 팩스, 뱅킹, 게임 등 단말기로서의 기능도 수행한다. 다양한 기능의 수용을 위하여 표준화된, 또는 전용 운영 체제(OS)를 갖추기도 한다.

◎ **스마트패드** : 키보드 없이 손가락 또는 전자펜을 이용해 직접 LCD(액정) 화면에 글씨를 써서 문자를 인식하게 하는 터치스크린 방식을 주 입력 방식으로 하여 프로그램을 실행할 수 있는 모바일 인터넷 기기이다.

◎ **스마트 기업** : 전자네트워크와 전자미디어 등의 정보화능력을 최대한 활용한 가상공간을 기업활동의 근거지로써 적극적으로 이용하는 능력을 지닌 기업을 이르는 용어다. 스마트 기업(Smart Corporation)은 기업 내부의 정보시스템 체제인 인트라넷을 도입하여 기업조직과 사원을 높은 수준으로 정보화하고 기업 내부의 조직 틀을 벗어나 프로젝트를 진행하기도 하며 업종이 다른 기업과도 전략적인 제휴를 추진하기도 한다.

◎ **네그로폰테** : 니콜라스 네그로폰테(Nicholas Negroponte)는 1943년생으로 MIT대학 미디어랩(Media Lab)의 소장을 역임했고 1992년 미국의 잡지 ≪와이어드(Wired)≫ 창간에 참여했다. 이후 1993년부터 1998년까지≪와이어드≫에 글을 기고했다. ≪와이어드≫에 실린 그의 칼럼을 모은 『디지털이다(Being Digital)』를 1995년 출판해 베스트셀러가 되었다. 그는 2000년에 미디어랩 소장직을 그만둔 후 2006년부터 저개발국 아동들을 위한 랩톱 보내기 운동(One Laptop per Child Association : OLPC)에 전념했다. 2005년 11월 튀니스(Tunis)에서 열린 '정보사회 세계 정상 회의'에서 네그로폰테는 개발도상국 아동들을 위한 100달러짜리 랩톱의 개념을 선보였다. 나중에 180달러까지 가격이 올라갔지만 이 프로젝트는 저개발국 아동들

을 위한 인터넷과 컴퓨터 보급운동으로 널리 전개되었다.

네그로폰테는 디지털 시대의 변화를 꿰뚫고 있으며, 인간-컴퓨터 인터페이스에 대한 전문적인 식견과 통찰을 갖고 있었다.

◎ **디지털이다** : 이 책은 디지털 시대의 존재론이다. 이 책의 원제는 『Being Digital』인데 Being은 존재의 진행형이다. 이 책은 우리가 디지털이며, 디지털이 되고 있다는 존재론적 변화상을 전달한다. 그리고 그러한 존재론적 변화가 우리의 삶에서 어떤 의미가 있고, 우리 주위 세계를 어떻게 변화시키는가에 대해 설명한다. 『디지털이다』는 우리의 문화가 직면하고 있는, 아톰(atoms)에서 비트(bits)로 이동하는 변화에 관한 책이다.

◎ **앱스토어** : '애플리케이션 스토어(Application Store)'의 준말로, 모바일 애플리케이션(휴대폰에 탑재되는 일정관리·주소록·알람·계산기·게임·동영상·인터넷접속·음악재생·내비게이션·워드·엑셀 등의 콘텐츠 응용프로그램)을 자유롭게 사고 팔 수 있는 온라인상의 '모바일 콘텐츠(소프트웨어) 장터'를 의미한다.

◎ **집단지성** : 다수의 컴퓨터 이용자 간의 상호 협동적인 참여와 소통이 만들어 내는 결과물, 집합적 행위의 결과물, 판단과 지식의 축적물 혹은 그 과정을 말한다. 집단지성은 편재성, 지속성, 실시간 상호 조정성, 실천성이라는 특성을 지닌다. 이러한 집단지성은 전자 미디어에 의해 본격적으로 나타나게 되었다. 집단지성은 가장 빠른 시간에 최적의 결과물에 도달할 수 있는 새로운 인간 활동 유형이

다. 집단지성은 인터넷으로 서로의 생각을 나누고 공유하는 데서 한 걸음 더 나아가 현실에서의 집합행동으로 연결되기도 한다.

◎ **애플** : 미국의 전자제품 제조회사로, 1976년 스티브 잡스와 워즈니악에 의해 창업되었고 맥북, 아이팟, 아이폰, 아이패드 등 전자제품을 생산하는 세계적인 회사이다.

◎ **튜터비스타** : 인도 온라인교육 서비스 업체로, 개인교습, 영어, 수학, 과학, 시험준비 등을 안내한다.

◎ **한국방송통신전파진흥원** : 방송통신발전기금 관리 및 R&D 기획, 정책 연구, 시청자 권익 증진, 방송통신콘텐츠 진흥, 전파 서비스 제공 등 다양한 업무를 수행하는 공공기관이다.

◎ **휴먼 인터페이스** : 키보드로 글자를 하나하나 입력하는 대신 말이나 글씨 또는 촉각으로 쉽게 컴퓨터를 조작하고 데이터를 입력할 수 있는 기술을 말한다. 컴퓨터 인터페이스는 지시(Command)와 복종(Response)의 매우 일방적이고 사무적인 성격을 갖고 있는데 반해, 휴먼 인터페이스는 컴퓨터가 사람의 생각 뿐 아니라 감성을 이해하는 감성공학과 BCI기술을 접목하여 컴퓨터와 사람과의 양방향 인터페이스가 가능하도록 한다.

◎ **인텔리전스 기술** : (비즈니스 인텔리전스) : 기업들이 신속하고 정확한 비즈니스 의사 결정을 위해 사용하는 데이터의 접근, 수집,

보관, 분석 등의 애플리케이션과 기술의 집합을 말한다. 비즈니스 인텔리전스(BI) 애플리케이션은 의사 결정 지원 시스템, 조회 및 응답, 올랩(OLAP), 통계 분석, 예측 및 데이터 마이닝 등이 기본이 되나, 필연적으로 기업의 데이터베이스와 데이터 웨어하우스(DW), 기업 자원 관리(ERP) 등과도 관련이 있으므로 넓은 의미로는 이 모든 분야를 포함하기도 한다.

◎ **블루오션** : 현재 존재하지 않거나 알려져 있지 않아 경쟁자가 없는 유망한 시장을 가리킨다. 블루오션에서는 시장 수요가 경쟁이 아니라 창조에 의해 얻어지며, 여기에는 높은 수익과 빠른 성장을 가능케 하는 엄청난 기회가 존재한다. 그리고 경기 법칙이 아직 정해지지 않았기 때문에 경쟁은 무의미하다. 따라서 블루오션은 아직 시도된 적이 없는 광범위하고 깊은 잠재력을 지닌 시장을 비유하는 표현이다. 이 용어는 프랑스 인시아드 경영대학원 국제경영 담당 석좌교수이며 유럽연합(EU) 자문위원인 김위찬 교수가 학교 동료인 르네 모보르뉴 교수(인시아드 전략 및 경영학 교수, 세계경제포럼 특별회원)와 함께 제창한 기업 경영 전략론 '블루오션 전략'에서 유래했다.

◎ **유비쿼터스** : 유비쿼터스는 '언제 어디에나 존재한다'는 뜻의 라틴어로, 사용자가 컴퓨터나 네트워크를 의식하지 않고 장소에 상관없이 자유롭게 네트워크에 접속할 수 있는 환경을 말한다. 컴퓨터 관련 기술이 생활 구석구석에 스며들어 있음을 뜻하는 '퍼베이시브 컴퓨팅(pervasive computing)'과 같은 개념이다.

◎ **커넥티드 디바이스** : 디지털 텔레비젼, 게임 콘솔, 셋탑박스 등을 통칭하는 말이다.

◎ **애플리케이션 마켓** : '앱 스토어'(영어: app store)는 개발자들이 플랫폼과 서비스 인프라를 기반으로 서비스를 개발하며 공개하여 사람들이 이용할 수 있도록 만든 온라인 공간이다.

◎ **오픈마켓** : 일반적인 쇼핑몰 판매방식을 벗어나, 개인과 소규모 판매업체 등이 온라인상에서 자유롭게 상품을 거래하는 '중개'형 인터넷 쇼핑몰이다. G마켓, 옥션, 인터파크 등이 대표적 사이트로 이들은 시스템을 제공한 대가로 상품을 등록한 사용자에게서 수수료 수익을 얻는다. 오픈마켓은 인터넷 쇼핑몰에서의 중간 유통마진을 생략할 수 있어 기존보다 저렴한 가격으로 판매가 가능하다.

◎ **네트워크 트래픽**(트래픽) : 전신, 전화 등의 통신 시설에서 통신의 흐름을 말한다. 개개의 호 보류 시간에 관계없이 발생한 호의 수를 호 수라고 하고, 호 수와 평균 보류 시간의 곱을 트래픽양, 단위 시간당 트래픽양을 호량 또는 트래픽 밀도라고 한다. 트래픽양의 단위를 얼랑(ERL)이라고 한다. 1얼랑은 1회선이 전송할 수 있는 최대 호량, 즉 단위 시간 내에 1회선이 쉴 새 없이 점유될 때의 트래픽양이다. 또 1/36얼랑을 100초호(秒呼)라고 한다.

◎ **가치사슬** : 기업이 제품 또는 서비스를 생산하기 위해 원재료, 노동력, 자본 등의 자원을 결합하는 과정이다. 가치사슬 분석은 최

종 제품이나 서비스에 부가되는 가치(value)의 관점에서 각각의 활동을 분석하는 것이다. 개별 활동이 갖는 가치에 관심을 둔다는 점에서 가치사슬 분석은 개별 활동의 경쟁력에 관심을 둔다. 따라서 새로운 가치사슬(수직적 통합 등)을 추가 또는 분화시키는 등의 의사결정에서 유용한 분석 틀이다. 그러나 미디어 산업의 경우 인터넷의 등장이나 융합현상으로 인해 가치 사슬이 해체되고 있는 상황이다.

◎ **상호 공진화** : 여러 종들 사이에서 일어나는 상호 관계를 통한 진화적 변화를 가리키는 말이다.

◎ **스마트 패러다임** : (패러다임) : 어떤 한 시대 사람들의 견해나 사고를 근본적으로 규정하고 있는 테두리로서의 인식 체계를 의미한다.

◎ **PP**: program provider의 약자로, '방송채널사용사업자' 또는 '프로그램공급자'를 의미한다.

◎ **양면시장 구조** : 보조금을 받는 집단(Subsidy side)과 돈을 내는 집단(Money side)이 각각 따로 존재하는 시장구조를 말한다.

◎ **네트워크 외부성** : 특정 제품을 사용하는 소비자가 많아질수록 해당 상품의 가치가 더욱 높아지는 현상을 말한다. 네트워크 외부성은 선순환구조를 만들어낸다는 점이 특징이다. 다수의 소비자가 구입한 재화는 가치가 상승하여 다른 사람들에게도 효용이 높은 재화

로 인식될 가능성이 높기 때문에 구매를 유인하는 효과가 발생하며, 이에 따라 소비자의 수는 증가하게 된다.

◎ **뉴스코프(News Corp.)** : 미국의 방송사, 영화사, 출판사 등으로 구성된 오락산업 회사이다.

◎ **큐레이션** : 다른 사람이 만들어놓은 콘텐츠를 목적에 따라 분류하고 배포하는 일을 뜻하는 말이다. 콘텐츠가 많아 질수록 선별된 양질의 정보에 대한 수요가 커지며 큐레이션은 이런 수요를 충족시키기 위한 것으로 신규 비즈니스의 기회가 창조적작업(콘텐츠 제작)에서 콘텐츠의 분류 편집 및 유통으로 확대되는 것을 의미한다. 다양한 자료를 자기만의 스타일로 조합해내는 파워블로거, 각계각층의 사람들이 거대한 집단지성을 형성한 위키피디아, 스마트폰을 통해 주제에 따라 유용한 정보를 모아 제공하는 애플리케이션 등이 큐레이션의 한 형태라고 볼 수 있다.

◎ **소셜화** : '소셜(social)'이라는 용어는 최근 페이스북(Facebook)으로 대표되는 사회 네트워크 서비스(social network sites/services, SNS)가 급성장하면서 등장한 새로운 커뮤니케이션 양식을 지칭하는 통속적 개념으로 사용되고 있다.

◎ **콜라보레이션** : 마케팅에서 각기 다른 분야에서 지명도가 높은 둘 이상의 브랜드가 손잡고 새로운 브랜드나 소비자를 공략하는 기법으로, 주로 패션계에서 디자이너 간이 공동작업을 일컫는 용어로

많이 쓰였으나 최근에는 다양성을 추구하는 수단으로 채택되고 있다.

◎ **스마트 셉톱박스** : 일반적으로 주문형 비디오(VOD), 영상판 홈 쇼핑, 네트워크 게임 등 차세대 쌍방향 멀티미디어 통신 서비스 (이른바 대화형 텔레비전)를 이용하는 데 필요한 가정용 통신 단말기 기능을 갖춘 텔레비전 세트 위에 놓고 이용하는 상자를 말한다.

◎ **사회적 관계망(social network)** : 사회적 지지망이라고도 말할 수 있는데, 환경에 의하여 제공되는 사회적 연결로서 가족, 친구, 교사, 이웃, 직장동료, 지역사회, 개인에게 도움을 주는 전문가 등을 말한다. 사회적 지지망의 특성은 사회관계망의 크기, 밀도, 상호작용 빈도, 관계망 내에서의 개인의 위치 등을 나타내는 구조적 차원, 상호의존, 조화 또는 감독과 같은 상호작용 차원, 우정이나 친밀성 혹은 애정의 정도와 같은 질적 차원, 관계망 구성원들이 제공하는 정보, 피드백, 위안, 격려, 물질 제공, 충고, 조력과 같은 기능차원에서 파악할 수 있다.

◎ **플레이슈머** : '놀다(Play)'와 '소비자(Consumer)'의 합성어로 즐거운(Fun) 쇼핑(Shopping), 즉 펀핑(Funpping)을 원하는 "즐기는 소비자"를 일컫는 신조어다.

◎ **API 규격**: API란, Application Programming Interface의 약자로, 응용프로그래밍 인터페이스를 말한다. 응용 프로그램에서 사용할 수 있도록, 운영 체제나 프로그래밍 언어가 제공하는 기능을 제어할 수

있게 만든 인터페이스를 뜻한다. 주로 파일 제어, 창 제어, 화상 처리, 문자 제어 등을 위한 인터페이스를 제공한다.

◎ **엔드 유저(End User)** : 상품이나 서비스를 개인 혹은 가족을 위해 대가를 지불하고 구입하는 소비자를 의미한다. 물건유통에 있어서 최종적인 구매자란 것으로 「최종소비자」, 「소비구매자(consumption buyer)」, 「컨슈머(consumer)」, 「컨슈머 바이어(consumer buyer)」, 「생활자」 등으로도 부른다.

◎ **Google Play** : 음악, 동영상, 책, 안드로이드 응용 프로그램, 게임을 포함한 온라인 스토어와 클라우드 미디어 플레이어를 아우르는 구글의 디지털 콘텐츠 서비스이다.

◎ **카카오톡** : 한국 국적의 (주)카카오가 제공하는 글로벌 무료 모바일 메시지 서비스를 말한다. 가입과 로그인 없이 전화번호만 있으면 채팅을 할 수 있으며 동영상 등의 정보를 주고 받을 수 있다. 카카오톡은 사용자가 해당 앱을 스마트폰에 설치하면 자신의 전화번호부에 등록되어 있거나 상대방 전화번호부에 등록되어 있는 사람을 '친구추천'한다. 양쪽 모두 전화번호에 서로의 번호가 등록되어 있으면 자동으로 친구 등록이 된다. 한 쪽 사용자의 번호에만 등록이 되어 있어도 말을 걸어올 수 있기 때문에 가끔 얘기하고 싶지 않은 사람들까지 메시지를 보내오면 무시하기도, 답하기도 애매한 상황이 연출된다.

◎ **소셜 플랫폼** : 이용자들 간 관계를 확장하는 데 필요한 여러 가지 알고리즘이 작동하는 것을 말한다.

◎ **HTML5** : 웹 표준 기관인 월드와이드웹 컨소시엄(W3C)이 만들고 있는 차세대 웹 언어 규격이다. HTML5는 문서 작성 중심으로 구성된 기존 표준에 그림, 동영상, 음악 등을 실행하는 기능까지 포함시켰다. HTML5를 이용해 웹사이트를 만들면, 국내 전자상거래에서 많이 쓰이는 액티브X, 동영상이나 음악재생에 플요한 어도비 플래시와 같은 프러그인 기반의 각종 프로그램을 별도로 설치할 필요가 없어진다. HTML5는 모바일환경에서 아이폰이나 안드로이드 등의 운영체제를 가리지 않고 모두 호환된다.

◎ **iOS** : 미국 애플사의 iPhone, iPad, iPod touch의 기반이 되는 모바일 기기 운영 체제이다.

◎ **Android OS** : PC 운영체제인 '윈도우'처럼 스마트폰에서 프로그램을 실행하도록 하는 구글이 만든 모바일 전용 운영체제이다.

◎ **Firefox** : 파이어폭스는 미국의 모질라 재단이 출시한 오픈소스 기반의 인터넷 브라우저이다.

◎ **LBS** : 휴대전화나 PDA처럼 이동통신망과 IT 기술을 종합적으로 활용한 위치정보 기반의 시스템과 서비스를 말한다.

◎ **아이클라우드** : 아이클라우드(iCloud, 이전 이름: iTools, .Mac, 모바일미)는 애플에서 제공하는 클라우드 컴퓨팅 서비스이다.

◎ **아이튠즈** : 아이튠즈는 애플 사에서 개발한 디지털 미디어 플레이어로, 디지털 음악과 영상 파일을 재생하고 정리하는 데 사용된다.

아이튠즈는 아이팟과 아이폰, 아이패드의 콘텐츠를 관리하는 인터페이스로 사용되는 프로그램으로 많이 알려져 있다. 아이튠즈 스토어와 연결되어 있어 노래, 뮤직비디오, 텔레비전, 아이팟게임, 영화, 벨소리 등을 구입하여 다운로드할 수 있다. 또한 애플 스토어에서 애플리케이션을 다운받을 수도 있다.

◎ **다음의 아담** : 모바일 애플리케이션 탑재형 광고인 '인앱애드(in-app ad)'와 모바일웹을 포괄하는 모바일 광고 플랫폼이다. 아담은 광고주들의 모바일 광고를 아프리카TV, 케이웨더, 이럴 땐 이런앱, 1to50, 연합뉴스 등 아담에 등록된 애플리케이션과 팟게이트, 이지데이, 알바천국 등 모바일 사이트와 다음의 모바일웹(m.daum.net)의 초기화면 일부 및 내부 섹션, '다음 쇼핑하우' 등 페이지에 노출되고 있다. 애플리케이션 및 사이트에 광고를 노출을 원할경우 아담 플랫폼에 간단한 등록만 하면 바로 이용할 수 있다.

◎ **구글의 AdMob** : 구글의 모바일 플랫폼으로 모바일 애플리케이션 탑재형 광고를 말한다.

◎ **페이팔** : 인터넷을 이용한 결제 서비스로, 만 18세 이상 이용할 수 있으며, 페이팔 계좌끼리 또는 신용카드로 송금, 입금, 청구할 수 있다. 1998년 12월에 설립하였고, 이베이가 모회사이다. 페이팔은 금전거래에 수수료를 받기도 하지만, 거래를 하면서 신용 카드 번호나 계좌 번호를 알리지 않아도 되기 때문에 보안에 안전하다. 주로 미국에 보급되어 있다

◎ **Square** : 미국의 모바일 결제 기업이다. 2009년 트위터 공동 창업자로 유명한 잭 도시와 그의 동료인 짐 맥켈비가 설립했다.
스퀘어 서비스는 전용 리더기를 스마트폰에 연결해 POS를 대체할 수 있는 서비스인 카드 리더기 결제서비스와 현금이나 신용카드 없이 얼굴 대조만으로 결제가 가능한 서비스인 페이 위드 스퀘어(Pay with Square) 이메일로 송금이 가능한 스퀘어 캐시(Square Cash)가 있다.

◎ **써드파티** : 하드웨어나 소프트웨어 등의 제품을 제조하고 있는 메이커나 그 계열 회사 또는 기술 제휴를 하고 있는 기업 이외의 기업

◎ **망사용의 중립성** : 인터넷 망을 이용하여 전달되는 인터넷 트래픽에 대해 데이터의 내용이나 유형을 따지지 않고, 이를 생성하거나 소비하는 주체에게 차별 없이 동일하게 취급해야 한다는 것을 의미한다. 망중립성에 따르면, 한 달 100기가바이트(GB)의 데이터 트래픽을 일으키는 기업 소비자와 1GB의 데이터만 사용하는 개인이 동일한 부담을 지게 된다. 최근 스마트폰, 노트북 등 디지털기기를

통한 대규모 데이터를 이용하는 인터넷 환경이 대중화·일반화되면서 망중립성에 대한 논란이 가중되고 있다. 이는 콘텐츠의 대용량화가 급증하면서 인터넷 망의 과부하 또한 증가하면서 나타난 현상이다. 망중립성 도입과 관련하여 전자·콘텐츠 기업은 찬성하는 반면, 통신업계는 합리적인 조정을 주장한다.

◎ **홈 게이터웨이** : 유무선 홈 네트워크의 댁내망과 각종 디지털 가입자 회선(xDSL), 케이블, 파이버 투 더 홈(FTTH) 등 가입자 액세스망을 상호 접속하거나 중계하는 장치를 말한다. 일반적으로 그 상위 계층에 미들웨어 기술을 부가하여 가정의 사용자에게 다양한 멀티미디어 서비스를 제공하거나 웹 서버, 멀티미디어 서버, 홈 자동화 서버를 비롯하여 각종 서버 기능을 통합하여 홈 서버로서의 복합 기능을 수행하기도 한다.

◎ **모바일 m2m** : 인터넷에 연결된 모바일이 사람의 개입 없이 능동적으로 정보를 주고받는 사물지능통신을 말한다.

◎ **초고속 브로드밴드** : 초고속 인터넷이란 말로 통칭되는 브로드밴드 네트워크는 주파수 분할 다중화 기법을 이용해 하나의 전송매체에 여러 개의 데이터 채널을 제공하는 정보통신 용어이다.

◎ **종량제** : 통신 횟수나 통신 시간 등 양적인 것에 따라 요금을 정하는 방식을 말한다. 가입 전화의 자동 통화료가 이러한 예이다. 반면에 양적인 것과 무관하게 요금을 일정하게 정하는 방식을 정액

제라고 한다.

◎ **헤비유저** : 구매빈도가 높은 사람을 의미한다. 시장 세분화 기준의 하나로, 소비자를 사용빈도에 따라서 헤비 유저, 미디엄 유저(medium user), 라이트 유저(light user), 논 유저(non user)로 나누고 있다.

◎ **클라우드 컴퓨팅** : 인터넷상의 서버를 통하여 데이터 저장, 네트워크, 콘텐츠 사용 등 IT 관련 서비스를 한 번에 사용할 수 있는 컴퓨팅 환경이다.

◎ **인터렉션** : 상호적인 영향, 작용, 컴퓨터 시스템과 그 이용자의 수수(授受)도 포함된다. 온라인 시스템이나 시분할 시스템에서 하나의 거래 또는 조회를 단말에 투입하여 중앙의 컴퓨터에서 처리 결과를 받을 때까지의 과정을 말한다. 사용자의 컴퓨터에 대한 입력은 단말(terminal)로부터 이루어진다. 이 입력에 대하여 컴퓨터는 처리를 행하며, 필요하면 단말기에 프린트 아웃이나 CRT 디스플레이로의 표시, 자기 디스크로의 기록이란 형식으로 결과(result)를 되돌린다. 이때, 이 결과를 되돌리는 다바이스는 이용자가 임의로 정의할 수 있으나 대개는 CRT 디스플레이의 표시이다. 이와 같이 대화형으로 컴퓨터 시스템에 대하여 입력이 가능한 경우 이용자는 실시간(real time)으로 실행 결과를 알 수 있다. 이것으로부터 일괄 처리 방식(batch process system)에 비하여 효율적으로 프로그램의 제작, 디버그(debug)를 행할 수 있다. 그러나 동시에 컴퓨터 시스템을 이용하는

사람이 증가하면 시분할 처리(time division process)로는 다음의 입력이 가능하게 될 때까지 대화 시간이 길어져서 이용자에게 불쾌감을 준다. 또 컴퓨터 시스템에 큰 태스크가 입력되어 이 처리들을 행하고 있을 때도 대화 시간이 길어진다. 따라서 용도에 따라 가장 대화 시간이 짧게 되도록 시스템을 결정해야 한다.

◎ **사물지능통신** : 모든 사물에 센서 및 통신 기능을 결합해 지능적으로 정보를 수집하고 상호 전달하는 네트워크를 일컫는다. 다양한 기기를 통해 상황 인식, 위치 정보 확인, 원격제어 등을 가능하게 해준다. 사물지능통신이 발달하면 교통 · 기상 · 환경 · 재난정보를 모니터링해 성수대교나 삼풍백화점 붕괴 같은 재해를 예방할 수 있게 된다.

◎ **DSL** : DSL은 가입자선로 고도화를 위한 새로운 기술이다. DSL의 가장 큰 장점은 일반 전화선을 사용하면서도 메가(M)bps급 데이터 전송속도를 제공할 뿐 아니라 집집마다 광케이블을 설치하지 않고도 비동기전송방식(ATM)망에 버금가는 네트워크를 구축할 수 있다는 것이다.

◎ **Cable** : 보통 하나 이상의 절연선을 감싼 보호 피복선들을 케이블이라 한다. 네트워크 구성 요소 사이에 데이터를 전송한다.

◎ **Fiber** : 벌칸 파이버의 약칭이다. 판상(板狀), 관상(管狀) 등의 절연 부품에 사용하는데, 전기적 성질은 좋지 않다. 내 아크성이 있

으므로 퓨즈 보호통 등에 이용한다.

◎ **Wifi모뎀** : 2.4 GHz대를 사용하는 무선 LAN 규격(IEEE 802.11b)에서 정한 제반 규정에 적합한 제품에 주어지는 인증 마크. 와이파이라고도 한다. 이 규격에 의해 제작된 제품 중에서 무선 네트워크 관련 기업이 만든 업계 단체인 WECA(Wireless Ethernet Compatibility Alliance)가 자체 시험을 통해서 상호 접속성 등을 확인한 후 인정을 취득한 제품에 한해 이 마크를 붙일 수 있다.

◎ **e북 리더** : 오직 텍스트를 읽기 위한 기기다. 읽기를 제외한 영상 감상, 인터넷 서핑, 쓰기 등 노트북이나 아이패드로 가능한 거의 모든 기능들은 사용할 수 없다. 오직 독서용 기기다. 눈이 부시지 않은 화면, 한 번 충전하면 수일에서 수주 사용할 수 있는 전원관리가 장점이다.

◎ **스마트 미터** : 시간대별 사용량을 측정하여 그 정보를 송신할 수 있는 기능을 갖추어, 시간대별 요금을 알 수 있는 전자식 전력량계를 말한다. 기존 전력 미터기와 모양은 비슷하지만 LCD 디스플레이를 이용하며, 전력 사용량 실시간 체크와 전력공급자와 사용자 간 양방향 통신 등이 가능하여 전력 공급자와 사용자가 검침비용 및 에너지 절약 등의 효과를 거둘 수 있다.

◎ **네트워크 연결 스토리지** : 단지 공유 스토리지를 뜻한다. 네트워크 연결 스토리지(NAS) 장치는 Mac 또는 PC의 기종과 관계 없이

여러 대의 컴퓨터를 위한 데이터를 저장 및 공유하며, 이동 중에도 인터넷을 통해 같은 서버 룸에서 네트워크를 이용하는 것과 마찬가지로 안전하게 데이터에 접근할 수 있다.

◎ **스마트 노드** : 트래픽의 폭증에 효율적으로 대응하는 초광대역, 지능형 스마트 네트워크 구축을 위한 차세대 다목적 네트워크 장비군을 통칭한다. 네트워크의 양적인 확충뿐만 아니라 네트워크 효율성을 높이기 위해 콘텐츠 전송에 최적화된 네트워크를 재설계하고 데이터 전달 및 서버의 데이터 저장, 프로세싱 기능을 동시에 통합하여 제공한다.

◎ **테스트베드** : 광통신의 시험무대라는 뜻을 지닌 용어로서 광통신 기술에 대한 테스트 기간을 획기적으로 단축할 수 있는 시스템을 말한다. IMT-2000 서비스보다 데이터 전송속도가 30배 정도 빠를 뿐 아니라 비용 절감 효과도 매우 커서 제 4세대 이동통신의 핵심 기술로 평가된다.

◎ **웨어러블 디바이스(Wearable Device)** : 안경, 시계, 의복 등과 같이 착용할 수 있는 형태로 된 컴퓨터를 뜻한다. 궁극적으로는 사용자가 거부감 없이 신체의 일부처럼 항상 착용하고 사용할 수 있으며 인간의 능력을 보완하거나 배가시키는 것이 목표이다. 기본 기능들로는 언제 어디서나(항시성), 쉽게 사용할 수 있고(편의성), 착용하여 사용하기에 편하며(착용감), 안전하고 보기 좋은(안정성/사회성) 특성이 요구된다.

◎ **Amazon Prime** : 아마존 프라임 서비스는 연회비 99.00 달러를 결제하면 멤버십에 가입이 되고 무료로 2~3일내에 배송을 받아 볼 수 있는 서비스이다. 연회비이기 때문에 한번만 결제하면 1년 동안 횟수에 상관없이 사용할 수 있고, 여러 개의 아이디에 동시 사용도 가능하다.

◎ **Project Glass** : 구글이 만든 '스마트 안경'으로, 증강현실(AR) 기술을 활용한 웨어러블 컴퓨터이다. 스마트폰처럼 안드로이드 운영체제(OS)를 통해 사진도 찍고 인터넷 검색도 하며 길 안내도 받을 수 있다. 구글 글라스는 음성 명령을 통해 작동된다. 구글 글라스에 내장된 소형 마이크에 '오케이 글라스(Okay Glass)'라는 명령어를 내린 후, 음성 명령으로 실시간 촬영이나 SNS 공유, 문자 전송, 내비게이션 등을 즐길 수 있다. 블루투스 기능으로 안드로이드 운영체제를 사용하는 스마트 기기나 아이폰과 연동할 수 있다. 손동작을 통해서도 기능을 수행할 수 있다. 오른쪽 작은 창에 뜨는 화면에서 몇 가지 손동작을 하면 명령어를 선택하거나 통화 상대를 고를 수 있다

◎ **Nexus Q** : 구글 스스로 소셜 스트리밍 디바이스라고 칭한 이 제품은 동시에 여러 대의 안드로이드 디바이스를 연결해 콘텐츠를 무선으로 주고받을 수 있는 물건이다. 구글 플레이에서 다운로드한 콘텐츠나 스마트폰 내부 콘텐츠를 무선으로 재생할 수 있다. 기능 외에 둥근 구형 본체도 눈길을 끈다.

◎ **RF** : **무선주파수(Radio Frequency의 약자)로**, 전자파가 점

유하는 전체 주파수범위 중에서 전파가 점유하는 주파수를 의미한다.

◎ **N-Screen 서비스** : N개의 이종 단말기에서 동일한 콘텐츠를 자유롭게 이용할 수 있는 서비스이다. PC, TV, 휴대폰에서 동일한 콘텐츠를 끊김없이 이용할 수 있는 3-스크린 서비스는 물론 사용자가 가지고 있는 N개의 스크린에서도 동일한 콘텐츠를 끊김없이 이용하는 서비스를 말한다.

◎ **사용자경험(UX, User Experience)** : 사용자가 시스템·제품·서비스 등의 직·간접적인 이용으로 얻게 되는 총체적 경험으로서, 단지 기술을 효용성 측면에서만 보는 것이 아니라 사용자의 삶의 질을 향상시키는 방향으로 이해하려는 새로운 접근법을 말한다. IT분야에서 체계적으로 받아들이고 적용하기 시작한 개념으로, 기능이나 절차상의 만족뿐 아니라 사용자가 지각 가능한 모든 면에서 참여 및 관찰을 통해 경험하는 가치의 향상을 추구하며, 긍정적인 사용자 경험의 창출은 사용자 니즈의 만족, 브랜드 충성도 향상 등에 기여한다

◎ **Google Now** : 안드로이드, iOS 운영 체제용 구글 검색 모바일 애플리케이션에서 이용할 수 있는 구글이 개발한 개인 비서이다. 구글 나우는 자연 언어 사용자 인터페이스를 이용하여 질문에 답하고, 권고하며, 웹 서비스 집합에 요청을 위임함으로써 동작을 수행한다. 사용자 쿼리에 대한 답변으로 말미암아 구글 나우는 사용자의 검색 습관을 기반으로 그들이 원할 것으로 보이는 정보를 사용자에게 전달한다.

◎ **SCP 접근** : 시스템의 운용과 보수를 목적으로 컴퓨터 제작 회사측에서 제공하는 프로그램이다. 프로그램의 생성(product)과 사용자 프로그램 사이에서 인터페이스 역할을 한다.

◎ **자원준거관점(Resource-Based View, RBV)** : 기업이 보유한 자원과 능력을 경쟁우위의 원천으로 삼는 모형이다. 기업이 장기적으로 높은 성과를 내기 위해서는 경쟁력 있는 자원을 끊임없이 축적하고, 이러한 보유 자원에 근거해 전략을 수립해야 한다는 것이다. 자원은 기업이 전략을 고안하고 실행하는 데 이용하는 유무형의 자산으로 정의된다.

◎ **생태학적 적소이론(ecological niche theory)** : 미디어 간 경쟁을 분석하는 데 유용한 분석틀로 동일한 시장 내에서 유사한 기능을 수행하는 미디어들의 경쟁을 분석하는 데 적절한 이론으로 인식되고 있다. 이 이론은 동일한 자원에 여러 개의 미디어가 의존할 경우, 미디어 간의 생존 경쟁은 심화되며 자원 획득이 우월한 미디어가 열등한 미디어를 대체하거나 특정 미디어가 전략적으로 기능 분화를 할 경우 두 미디어 간에 보완적인 관계가 형성된다고 말한다.

◎ **MBO(Management by Objectives)** : 조직 내의 상하 구성원들의 참여를 통하여 목표를 설정하고 조직의 효율성을 제고하려는 관리방식으로 1965년 피터 드러커가 저서 <경영의 실제>에서 주장한 이론이다.

◎ **다면평가제도** : 다면평가란 상사가 부하직원을 평가하는 기존의 하향식(Top—Down)방식에서 탈피해 △상사평가 △동료평가 △부하평가 △고객평가 △자기평가 등 전방위 평가결과를 합산해 인사고과 점수를 산정하는 방식이다.

◎ **비유동자산** : 비유동자산은 기업의 영업을 저해함이 없이는 쉽게 현금화할 수 없고, 또 보통 1년 이상 소유되는 자산인데 토지, 건물, 설비 및 장기투자를 포함한다.

◎ **자산총계** : 회사에 속해있는 경제적 가치가 있는 유무형의 재산을 말한다.

◎ **유동자산** : 1년 이내에 현금화되는 자산을 말한다.

◎ **고정자산**: 1년 이내에 현금화되지 않는 자산을 말한다.

◎ **자산총계** : 유동자산과 고정자산을 합산(유동자산 + 고정자산)한 것을 말한다.

◎ **비유동부채** : 지불기한이 1년이 넘는 부채를 말한다. 사채, 장기차입금, 관계회사 차입금 등이 이에 속한다.

◎ **부채총계** : 회사가 타인에게 갚아야 하는 채무를 말한다.

◎ **자본총계** : 자산총계에서 부채총계를 뺀 순자산을 말한다.

◎ **SQ(사회지수)** : 정신연령을 IQ로 환산하듯이 사회연령(SA)을 생활연령(CA)으로 나눈 다음 100을 곱하여 산출한다. SQ 100인 아동은 보통의 사회적응수준이라고 볼 수 있다. 왜냐하면 실제 생활연령과 사회연령이 같을 때 100이란 숫자가 얻어지기 때문이다.

◎ **CQ(리더쉽지수)** : 지능지수(IQ), 감성지수(EQ)에 이어 인간의 능력을 재는 척도로 새롭게 등장한 기준을 의미한다. 여기에서 말하는 카리스마란 타인에 대한 흡인력과 공동체 내의 신뢰감, 지도력 등을 포괄적으로 표현하는 말이다. 구체적으로는 모두를 고양시킬 수 있는 비전을 제시하고, 신뢰감과 전문적 식견을 갖추었으며, 타인의 동참을 설득할 수 있을 것 등이다. CQ는 홍수처럼 쏟아지는 각종 정보에 압도되어 점점 판단이 어려워지자 카리스마적 인물을 찾게 된 데서 등장하게 되었다.

◎ **AQ(유추지수)** : 연관성이 없어 보이는 각기 다른 사실에서 공통성을 엮어내는 것, 또는 이러한 유사성을 새로운 가치로 만들어내는 능력을 지수화한 것이다.

◎ **미래 현금 흐름 할인 모형(DCF)** : 현금흐름할인법 중 하나로, 이 방법을 통해 현금흐름을 적정한 할인율로 할인하여 구한 현재가치로 기업가치를 측정할 수 있다.

◎ price/earning(EBITDA) : '세전·이자지급전이익' 혹은 '법인세 이자 감가상각비 차감 전 영업이익'을 말한다.

◎ price/earning(price/book value Ratio) : 주당 주가와 주당 순자산의 비율이며 일반적으로 주식의 투자분석에 사용된다.

◎ **전자공시 정보 이용방법** : 상장법인·코스닥 상장법인 등이 기업의 공시서류를 제출·공시함에 있어 인터넷을 이용하여 금융감독원 전자공시시스템(DART)을 통해 금융감독원에 직접 온라인으로 전송·제출하고, 금융감독원은 공시자료를 전산매체를 통하여 증권거래소 등 관계기관에게 자동전송함과 동시에 일반투자자에게 즉시 공시함으로써 공시의 신뢰성과 기업경영의 투명성을 제고하기 위한 종합적인 기업공시시스템이다. 전자공시 대상은 발행공시, 유통공시, 특수공시, 지분공시, 수시공시, 외부감사관련 공시 등 상장법인, 코스닥 상장법인, 금감위 등록법인, 외부감사 대상법인 등이 제출하는 190여 종의 공시서류 일체에 대하여 2000년 4월 1일부터 전자공시를 전면 시행하고 있다. 이러한 전자공시체제는 상장법인에게는 동일한 공시사항을 다수의 증권관계기관에 중복해 제출하는 부담을 줄여주고, 증권관계기관에는 기업공시와 관련된 업무를 좀더 효율적으로 처리하도록 하며, 투자자에게는 기업의 제반 정보를 전산 네트워크를 통해 신속·정확하고, 광범위하게 전달하도록 하려는데 있다.

◎ **대차대조표** : 대차대조표는 일정 시점에서 기업의 자산과 부채 및 자본을 일정한 구분·배열·분류에 따라서 기재함으로써 기업의

재무상태를 총괄적으로 표시하는 재무제표이다. 이 때 자산은 그 자금이 운용되는 형태를 표시하며, 기업재산의 부채와 자본은 기업자금이 조달된 유입원천을 표시한다.

◎ **손익계산서** : 기업의 경영성과를 밝히기 위하여 일정기간 내에 발생한 모든 수익과 비용을 대비시켜 당해 기간의 순이익을 계산·확정하는 보고서를 말한다.

◎ **현금흐름표** : 현금흐름표는 일정기간 동안의 기업의 현금흐름을 나타내는 표이다. 현금의 변동내용을 명확하게 보고하기 위하여 당해 회계기간에 속하는 현금의 유입과 유출내용을 적정하게 표에 기입한 것이다.

◎ **이익잉여금 처분계산서(결손금처리계산서)** : 이월이익잉여금의 수정사항과 당기이익잉여금의 처분사항을 명확하게 보고하기 위해 작성하는 재무제표를 말한다.

◎ **모디글리아니와 밀러 (Modigliani and Miller)** : 최적자본구조 이론이다. 기업은 기업가치의 극대화를 위해 가중평균자본비용 (WACC)이 가장 적게되는 수준에서 자본구조를 선택하게 되는데 이 때 자본비용을 최소로 하는 자기자본과 부채의 최적결합을 최적자본구조라 한다.

◎ **맥킨지** : 미국의 경제학자이자 공인회계사로서 관리회계학파의

중심인물이다. 저서 ≪예산통제≫에서 사전계산의 원리를 경영의 전 분야에 적용하였다. 관리회계론에서 컨트롤러 제도 도입을 주장하였다.

◎ **내부수익률** : 내부수익률은 처음 투자에 소요했던 지출금액의 현재가치가 그 투자로 기대하는 현금수입액의 현재가치와 동일하게 되는 할인율, 즉 현재의 투자가치와 미래의 현금수익액이 동일하게 되는 수익률을 말한다.

◎ **Black Scholes의 옵션 평가 모델** : 블랙과 숄즈(Black & Scholes)가 개발하여 1973년 시카고 대학 연구논문집에 발표한 모형으로 변동성, 옵션의 권리행사 가격, 만기까지의 기간, 무위험자산의 금리 등, 입수하기 쉬운 다섯 가지 종류의 데이터로부터 옵션이론을 도출했다. 옵션의 대표적인 평가방법으로 널리 이용되고 있다. 블랙 숄즈 모형은 특정 기일에만 권리행사를 할 수 있는 유럽식 옵션을 대상으로 하고 있고 주식의 배당을 고려하지 않는 등 현실의 거래와는 정합성이 맞지 않는 면도 있다. 또 금리 옵션에서는 블랙숄즈 모형과 실제 가격과의 갭이 크다. 이 때문에 보다 현실에 적합한 옵션이론을 모색하려는 움직임도 활발하다.

◎ **LBO식 기업매수** : 기업매수를 위한 자금조달방법의 하나로서 매수할 기업의 자산을 담보로 금융기관으로부터 매수자금을 조달하는 것으로 적은 자기자본으로 매수를 실행할 수 있다. TOB와는 달리 LBO는 매수회사와 피매수회사의 관계가 우호적이고 피매수회사의 경영자 등이 매수측에 가담하기도 한다. LBO는 거액의 차입을

수반하기 때문에 기업매수 후 자기자본비율이 낮아져 신용리스크가 급격히 커진다는 단점이 있다. 이 때문에 LBO의 주요 자금조달수단인 정크본드는 발행수익률이 높으며, 금융기관의 LBO대출금리도 프라임레이트를 상회하는 고금리가 적용되는 것이 일반적이다. 이는 기업 입장에선 주가나 배당을 고려치 않고 비수익 사업부문의 매각이 가능하기 때문에, 과감한 경영을 할 수 있다는 장점이 있다. 반대로 매수될 듯한 기업의 경영자가 LBO를 사용, 자사주를 모아 매수를 피하는 방법도 있다.

◎ **워싱턴 포스트** : ≪워싱턴 포스트(The Washington Post)≫는 미국 워싱턴 D.C.에서 발간되는 신문 중 가장 큰 신문이자, 1877년에 창간된 가장 오래된 신문이기도 하다. 흔히 간단히 포스트(Post)라고 부른다. ≪뉴욕 타임즈≫, ≪월 스트리트 저널≫과 함께 미국의 가장 대표적인 일간지이며, 국제 기사들도 많이 포함하고 있다. 포스트는 백악관과 상원, 그리고 미국 행정부에 대한 기사를 특징으로 하고 있다. 1961년에 뉴스위크를 자회사로 인수했다. 2013년 8월, 제프 베저스에게 매각되었다.

◎ **뉴욕타임지** : 세계적인 규모의 전통 깊은 유력지이다. 1851년 저널리즘의 급속한 산업기구화(産業機構化)가 진전되는 추세 속에서 H.레이먼 등이 ≪뉴욕 데일리 타임스≫라는 제호(題號)로 창간하였다. 1896년 A.S.옥스가 인수하여 '인쇄에 알맞은 모든 뉴스'를 '공평하고도 대담하게, 그리고 골고루 제공한다'는 사시(社是) 아래 지면(紙面)을 개혁하고, 내용을 강화하여 국제적으로 이름 높은 일간지로

만들었다.

◎ **American Idol**: ≪아메리칸 아이돌(American Idol)≫은 시청자
와 심사위원들 앞에서 자신의 노래 실력을 뽐낸 뒤 순위를 가리는
미국 폭스 텔레비전의 연예인 오디션 프로그램이다. 본래의 프로그
램 형식은 오스트레일리안 아이돌(Australian Idol), 독일은 슈퍼스타
를 찾습니다(Deutschland Sucht Den Superstar, DSDS), 영국(Pop Idol,
2001년)에서 차용하였으며, 2002년을 시작으로 2012년까지 11명의
우승자가 탄생하였다. 이들은 모두 각종 차트(특히 빌보드 차트)를
석권했으며, 막강한 미국 음반시장의 지원 속에 전 세계적으로 음악
활동의 영역을 넓혔다.

◎ **아커(Aaker)** : 브랜드 자산 관리, 전략 수립 및 경영에 관한 세
계 최고의 권위자인 데이비드 아커(David A. Aaker) 교수로, 미국, 유
럽, 일본 등을 무대로 활발한 강연과 브랜드 전략 컨설팅 활동을 펼치
고 있다. 현재 그는 브랜드 리더십 컴퍼니(Brand Leadership Company)
의 고문이며, 미국 캘리포니아 주립 대학교(버클리 캠퍼스) 하스 경
영대학원(the Haas School of Business)의 명예 교수로 마케팅 및 브
랜드 전략을 강의하고 있다.

◎ **소니** : 소니는 일본에서 설립된 전자 제품 및 콘텐츠 기업이다.
국내 기업 삼성과 유사하게 전자 제품을 생산 판매해 온 글로벌 기
업 중 하나이다.

◎ HBO(Home box office) : 미국의 선구적인 유료 텔레비전 회사이다. 1972년에 뉴욕 주 맨해튼에서 유료 서비스를 개시하였으며, 1973년에는 미국 타임(Time)사가 홈 박스 오피스(HBO)를 매수하고 1975년에 통신 위성을 이용한 텔레비전 프로그램 중계를 시작하였는데 이것이 미국에서 종합 유선 방송(CATV)을 보급하는 동기가 되었다. HBO가 성공한 이유는 프로그램의 콘텐츠로서 대량의 영화를 입수, 보급한 데 있다.

◎ **마이크로소프트** : 마이크로소프트는 1975년 빌 게이츠(Bill Gates)가 폴 앨런(Paul Allen)과 함께 설립한 다국적 기업이다. 본사는 미국 워싱턴주(州) 레드먼드 시에 있으며, 컴퓨터 기기용 소프트웨어 및 하드웨어를 개발·판매하는 기업이다. 주요 사업분야는 윈도 운영체계, 윈도 서버시스템, 온라인서비스, 비즈니스용 소프트웨어, 엔터테인먼트 및 모바일 디비전 등이다.

◎ MTV : 뮤직 비디오 전문채널로 시작하여 리얼리티쇼, 패션, 뷰티, 디자인, 영화, 애니메이션 등의 전문 채널로 확대된 방송 네트워크와 멀티미디어 브랜드이다. 바이어컴(Viacom International Inc.)이 소유하고 있으며 본사는 미국의 뉴욕에 있다.

◎ PVR : Personal Video Recorder**의 약자로**, 개인용 디지털 녹화기이다.

◎ CNBC : 미국의 경제 및 금융 전문 방송 채널이다. 1989년부

터 NBC유니버설에서 운영하고 있으며, 미국 외 전 세계 지역에서 송출하고 있다.

◎ **폭스** : 폭스(FOX) 또는 폭스TV라 불리우며, 미국의 텔레비전 방송사이다. 1986년 10월 9일 텔레비전 방송을 시작하였다. 2013년 7월 1일, 기존 대주주였던 뉴스 코퍼레이션은 언론·출판부문을 맡는 뉴스코프와 영화·방송부문을 맡는 21세기 폭스로 분할되었다. FOX TV는 현재 21세기 폭스의 계열사로 되어있다.

◎ **미식축구 리그(NFL)** : 내셔널풋볼 콘퍼런스(16개 팀)와 아메리칸풋볼 콘퍼런스(16개 팀)의 총 32개 팀이 동부·서부·남부·북부 지구로 나뉘어 16경기씩 치르는 미국의 미식축구리그이다.

◎ **미국 공영방송(PBS)** : Public Broadcasting Service(공영 방송 서비스)의 약자로, 미국과 푸에르토리코, 버진 제도, 괌, 아메리칸사모아 등의 공공 텔레비전 방송국을 회원으로 하는 미국의 비영리 민간법인 방송국이다. 1969년 11월 3일 설립해 1970년 10월 5일 개국하였다.

◎ **디스커버리** : 디스커버리 커뮤니케이션즈가 소유한 케이블, 위성 TV 채널이다. 과학, 역사, 자연 분야에 관련된 다큐멘터리, 논픽션 프로그램들을 중심으로 방영하고 있다. 1985년 6월 17일부터 미국에서 개국하였으며, 현재 170개국에서 방영하고 있다. 대한민국에서는 스카이라이프에서 403번 (SD)으로 디스커버리 채널 아시아

(Discovery Channel Asia)를 전국에 방송중이며, 83(HD)번에서는 디스커버리 HD 월드(Discovery HD World)를 방송하고있다.(이 채널을 403번의 HD 버전처럼 안내를 하고 있지만, 이 채널은 내용과 형식이 다른 자매채널이다) 2011년 4월 8일부터 디스커버리 채널 코리아로 케이블TV 방송사업자인 CMB와 합작하여 공식 론칭하였다.

◎ **ESPN** : Entertainment and Sports Programming Network(엔터테인먼트 앤 스포츠 프로그래밍 네트워크)의 약자로, 미국 월트 디즈니 컴퍼니 산하 케이블 텔레비전 네트워크이다. 스포츠 방송과 이에 관련된 프로그램을 만들어 24시간 방송하는 방송국이다. 스캇 라스무센(Scott Rasmussen)과 그의 아버지 빌 라스무센(Bill Rasmussen)이 창립하였고, 1979년 9월 7일 초대 CEO인 쳇 시몬스의 지휘 하에 개국하였다. 현재 사장은 조지 보덴하이머(George Bodenheimer)이다. ESPN의 간판 방송은 "스포츠 센터"이며 2007년 2월 11일에 3만회를 돌파했다. 방송은 코네티컷 주 브리스톨의 스튜디오에서 만들고 있으며, 노스캐롤라이나 주 샬럿과 로스앤젤레스에도 사무소가 있다. 로스앤젤레스 사무소는 L.A. 라이브라는 종합 단지를 2009년 열었다. 미국과 150개국의 1억 가정에 ESPN 인터내셔널을 통해 송출되고 있다. 1997년에 월트 디즈니 컴퍼니가 ESPN을 인수하여 현재까지 소유하고 있다. ESPN은 ESPN 3D를 통해 2010년 FIFA 월드컵 25경기를 3D로 중계했다. 하지만 월트디즈니 측은 최근 ESPN에서는 3D방송 수익이 감소가 되었고, ESPN은 연말까지는 채널사업을 철수할 수밖에 없는 상황이 되었다.

◎ **MSNBC** : Microsoft National Broadcasting Company의 **약자로**, 미국의 컴퓨터 소프트웨어 회사인 마이크로소프트사(MS)와 미국 3대 방송사의 하나인 NBC사가 공동으로 종합 유선 방송(CATV)과 인터넷의 월드 와이드 웹(WWW)으로 동시에 서비스하는 뉴스이다. MS와 NBC는 1996년 7월 15일 CATV와 WWW로 24시간 실시간으로 뉴스를 제공하는 서비스를 개시함으로써 전파 방송 네트워크, CATV, 인터넷, PC 통신 매체의 영역을 파괴하는 뉴스의 속보 경쟁과 자체 데이터베이스 구축을 통한 정보의 재가공 서비스를 위한 기업 간의 경쟁, 뉴스 서비스 시장의 형태 변화를 더욱 가속화했다. 국내에서도 KBS, MBC, SBS 등 방송사가 인터넷에 자사의 홈 페이지를 마련하여 뉴스 정보를 제공하는 것을 비롯해, 온라인 웹진의 창간이 잇따르는 등 뉴스 서비스 시장이 변화하고 있다.

◎ **QR코드** : 사각형의 가로세로 격자무늬에 다양한 정보를 담고 있는 2차원(매트릭스) 형식의 코드로, 'QR'이란 'Quick Response'의 머리글자이다. 1994년 일본 덴소웨이브사(社)가 개발하였으며, 덴소웨이브사가 특허권을 행사하지 않겠다고 선언하여 다양한 분야에서 널리 활용되고 있다. 기존의 1차원 바코드가 20자 내외의 숫자 정보만 저장할 수 있는 반면 QR코드는 숫자 최대 7,089자, 문자(ASCII) 최대 4,296자, 이진(8비트) 최대 2,953바이트, 한자 최대 1,817자를 저장할 수 있으며, 일반 바코드보다 인식속도와 인식률, 복원력이 뛰어나다. 바코드가 주로 계산이나 재고관리, 상품확인 등을 위해 사용된다면 QR코드는 마케팅이나 홍보, PR 수단으로 많이 사용된다.

◎ **LBS** : Location based Service의 약자로, 위치기반서비스를 말한다. 휴대폰이나 PDA와 같은 이동통신망과 IT기술을 종합적으로 활용한 위치정보 기반의 시스템 및 서비스를 통칭한다.

◎ **증강현실** : 사용자가 눈으로 보는 현실세계에 가상 물체를 겹쳐 보여주는 기술이다. 현실세계에 실시간으로 부가정보를 갖는 가상세계를 합쳐 하나의 영상으로 보여주므로 혼합현실(Mixed Reality, MR)이라고도 한다. 현실환경과 가상환경을 융합하는 복합형 가상현실 시스템(hybrid VR system)으로 1990년대 후반부터 미국·일본을 중심으로 연구·개발이 진행되고 있다.

◎ **EU** : 유럽연합 European Union의 약자로, 독일, 프랑스, 영국, 아일랜드, 벨기에, 네덜란드, 룩셈부르크, 덴마크, 스웨덴, 핀란드, 오스트리아, 이탈리아, 스페인, 포르투갈, 그리스, 체코, 헝가리, 폴란드, 슬로바키아, 리투아니아, 라트비아, 에스토니아, 슬로베니아, 키프로스, 몰타, 불가리아, 루마니아, 크로아티아 등 28개국이 회원국으로 있다. 1993년 11월 1일에 창립되었다.

◎ **NAFTA(북미자유무역협정)** : 미국, 캐나다, 멕시코간에 무역의 장해 요인을 제거하기 위한 자유무역협정을 말한다.

◎ **칼 슈미트(Carl Schmitt)** : 독일의 법학자·정치학자. 베를린대학 교수로, 전체주의적 국가·정치관을 주장하여 나치스에 중요한 이론적 기초를 부여했다. 또 연방지사법, 지방자치체조직법의 제정

에 진력(盡力)했다.

◎ **베델스만** : 1835년 K.베르텔스만이 창설한 미디어 기업이다. 처음에는 일반서적의 판매에 곁들여 종교서적을 출판하는 정도였으나, 점차 사업규모를 넓혀서 현재는 신문·잡지·레코드·영화·비디오 카세트에까지 손을 대고 있다. 베르텔스만출판집단 이외에 관련회사 50여 개를 포함하는 일대 콘체른을 형성하고 있다. 전세계 51개국에서 영업을 펼치고 있으며, 종업원은 8만 596명(2001)이고 본사는 노르트라인베스트팔렌주(州) 귀터슬로에 있다. 재무 상태는 1999년 현재 총자산 103억 8500만 달러, 2001년 매출액 200억 3600만 유로이다. 사업부문별 매출액 구성은 RTL그룹이 20%, 디레크트그룹(Direct Group)이 18.5%, BMG가 18%, 그루너+자르(Gruner+Jahr)가 14.9%, 아르바토(Arvato)가 14.7%, 랜덤하우스가 10.2%, 베르텔스만 스프링거(BertelsmannSpringer)가 3.7%이다. 지역별로는 미국이 32.2%로 가장 많다.

◎ **월드컴** : 1983년에 롱디스턴스디스카운트서비스(Long Distance Discount Service:LDDS)라는 이름으로 설립되었다. 1995년에 윌리엄스 통신그룹을 인수하고 월드컴(WorldCom)으로 사명을 변경하였다. 공격적인 인수합병으로 규모를 키우면서 대형 통신회사로 성장하였으나 수익성 악화와 회계부정사건으로 2002년에 회사는 파산보호신청을 하고 회사명을 MCI로 변경하였다. 2005년 버라이즌커뮤니케이션스에 인수되었다.

◎ AT&T : 1983년 AT&T(American Telephone & Telegraph Co.)의 지역 전화회사들을 유지하기 위한 지역적 지주회사의 하나로 설립되었다. 그해에 법인이 되었고, 1984년 1월 독점규제법에 따라 AT&T로부터 분리되어 독립적인 텔레커뮤니케이션 서비스 공급업체가 되었다. 여러 계열사를 통하여 미국 내에 포괄적인 커뮤니케이션 서비스와 제품을 제공하고 20개국 이상에 투자하고 있다. 서비스와 제품은 아메리테크(Ameritech Corporation), 네바다벨(Nevada Bell), 퍼시픽벨(Pacific Bell), SBC텔레콤(SBC Telecom), SNET, 사우스웨스턴벨(Southwestern Bell), 벨사우스(BellSouth Corporation)와 제휴하여 새로 조직한 싱귤러와이얼리스(Cingular Wireless) 등의 브랜드를 통하여 제공되고 있다. 기업, 소비자, 텔레커뮤니케이션 서비스의 공급업체들에게 서비스와 제품을 제공하고 있다. 2005년에 모회사였던 미국전신전화회사(American Telephone and Telegraph Co.; AT&T)를 인수하여 회사명을 SBC커뮤니케이션스(SBC Communications Inc.)에서 AT&T로 바꾸었다. 2006년 벨사우스(Bellsouth)를 인수한 후 미국 유무선, DSL 인터넷 분야에서 미국 내 1위 사업자 위치를 차지하고 있다.

◎ ABC(1995) : 아메리칸 브로드캐스팅 컴퍼니(American Broadcasting Company)의 약자로, 미국의 텔레비전, 라디오 방송을 운영하는 방송사이다. 1948년 4월 19일에 텔레비전 방송을 시작하였다. 현재 월트 디즈니 컴퍼니가 소유하고 있으며, 디즈니-ABC 텔레비전 그룹에 속해있다.

◎ **MCI(1997)** : MCI는 미국 주요 장거리 통신업체 가운데 하나였다. 월드컴에 인수된 이후 파산하였으며, 미국 최대 통신업체 베리즌(Verizon Communication)이 인수하여 현재 베리즌 사업부의 한 파트로 속해 있다. 1963년 세워진 마이크로웨이브 커뮤니케이션즈(Microwave Communications, Inc.)가 MCI의 전신이다.

◎ **CBS(1999)** : 1927년 뉴욕의 탤런트 에이전트였던 아더 쥬드슨(Arthur Judson)이 방송네트워크인 유나이티드 인디펜던트 브로드캐스터스(United Independent Broadcasters)를 세웠다. 2008년과 2009년 폭스TV가 일반인을 대상으로 한 연예인 만들기 프로젝트인 '아메리칸 아이돌(American Idol)'을 통해 최고의 시청률을 올리자, CBS는 과학수사대 시리즈인 CSI, Cold Case, Without a Case, Criminal Minds, NCIS 등으로 높은 시청률을 올리며 경쟁사였던 폭스TV를 추격했다. 음반회사인 콜롬비아레코드 사를 비롯한 자회사들을 통해 출판사와 잡지사, 클래식 악기 제조업체, 영화제작사, 홈비디오 사업, 비디오게임 분야에도 진출해 있다. 2000년 CBS는 미디어그룹인 바이어컴(Viacom)이 운영하기 시작했다. 2005년 바이어컴은 CBS텔레비전 네트워크를 핵심으로 하는 CBS코퍼레이션(CBS Corporation)을 분리 설립했다.

◎ **AOL(2000)** : America On Line의 약자로, 타임워너의 인터넷사업부문 자회사이다. 인터넷 서비스를 주력 사업으로 하는 미디어 기업으로 본사는 뉴욕 브로드웨이에 있다. 모뎀 통신 서비스업에 주력할 당시 공격적인 마케팅으로 한때 미국 최대의 통신 서비스 기업으

로 부상했었다.

◎ **NBC** : 1926년 미국의 RCA는 방송사업을 전담하는 계열회사로 NBC를 설립하였다. 당시 NBC는 레드(red) 네트워크와 블루(blue) 네트워크라고 하는 두 계통의 전국적 네트워크를 운영하며 업계 선두가 되었고, 1939년 텔레비전 정규방송을 시작하였다.

◎ **뉴스 코퍼레이션의 루퍼트 머독** : 뉴욕포스트, 타임스, 폭스 방송, 20세기 폭스, 스타 TV, LA다저스 등 52개국에서 780여 종의 사업을 펼치고 있는 미디어 재벌로 뉴스 코퍼레이션의 대표이다. '지구촌의 정보통신부 장관' 등 탁월한 인물로 평가되기도 하는 반면, '비도덕적인 악덕 자본가'라는 비판을 받기도 하였다.

◎ **시스코** : 데이터 처리에 뛰어난 회사로 1986년 첫 제품을 출하하였고, 1990년 기업공개를 하였다. 세계에서 가장 가치가 높은 회사의 하나로 꼽히는 이 회사는 네트워크를 접속시켜 인터넷을 가능하게 하는 장비에 대한 세계 시장의 3분의 2를 석권하고 있다. 또한 전화 접속 서버 및 네트워크 관리 소프트웨어도 제작하고 있다. 전통적으로 서비스 제공업체와 기업을 상대로 업무활동을 해왔지만, 경쟁업체인 3Com의 기반인 중소기업과 일반 소비자 영역, 그리고 노텔네트워크스(Nortel Networks Corporation)와 루슨트테크놀로지스 (Lucent Technologies) 등과 같은 회사들이 지배하고 있는 광통신 영역 등으로도 차츰 진출하고 있으며 주니퍼네트워크스(Juniper Networks, Inc.)와도 경합을 벌이고 있다. 유능한 인재와 최신 기술을 확보하기

위한 정책으로 1993년 이래 70여 차례의 기업 인수를 해왔지만, 2000년 말부터는 시장 상황으로 타기업 인수 속도가 느려지고 있는 상태이다.

◎ **인텔** : 인텔은 2010년 현재 세계 최대 반도체 칩 생산업체로, 개인용 컴퓨터에서 가장 많이 사용되는 마이크로프로세서 X86 시리즈를 개발한 회사이다.

◎ **필립스(Philips)** : 헬스케어 제품, 생활 가전제품, 조명기기 등을 생산 제조하는 네덜란드의 전자 제품 브랜드이다.

◎ **델** : 미국의 국제 기술 회사이며 텍사스 라운드 록에 본사를 두고 있다. 개인용 컴퓨터, 서버, 기억 장치, 네트워크 스위치, 소프트웨어, 텔레비전, 컴퓨터 주변기기 등의 기술 관련 제품을 제조하여 시장에 내놓아 판매하고 지원하고 있다.

◎ **아마존** : 미국의 워싱턴 시애틀에 본사를 두고 있는 국제적 전자 상업 회사이다. 세계 최대의 온라인 쇼핑 중개자이다. 인터넷을 통해 물건을 파는 최초의 주요 회사들 가운데 하나였으며 1990년대 말 닷컴 버블 시기에 떠오르는 주식 가운데 하나였다. 2001년 거품이 붕괴된 뒤, 아마존닷컴은 비즈니스 모델에 대해 의심을 받았지만 2003년에 설립이래 처음으로 연간 이익을 냈다. 1994년 7월에 제프 베조스가 설립하였고, 이듬해 1995년 7월에 아마존닷컴은 온라인 서점으로 시작하였지만 1997년부터 VHS, DVD, 음악 CD, MP3, 컴

퓨터 소프트웨어, 비디오 게임, 전자 제품, 옷, 가구, 음식, 장난감 등
으로 제품 라인을 다양화하였다. 또한 전자책 단말기 킨들과 킨들
파이어 태블릿 컴퓨터를 제작하며(킨들 제품군은 아마존의 자회사
랩126에서 개발되었다.) 클라우드 컴퓨팅 서비스를 제공하고 있다.

◎ **CJ** : CJ 주식회사의 모태는 1953년 5월 세워진 제일제당공업
이다. 1993년 7월 계열사인 제일냉동과 함께 삼성그룹으로부터 분
리해 독자 기업으로 출범했다. 1996년 12월 멀티플렉스 극장인
CGV를 설립하고 1997년 4월 음악전문 케이블방송 M-NET를 인수
했다. 2000년 CJ빌리지(주)와 CJ골든빌리지, (주)CJ코퍼레이션을 흡
수 합병하였다. 2001년 음료사업부문을 롯데칠성음료(주)에 매각하
였고, 화장품사업을 분사하여 CJ엔프라니(주)를 설립하였다. 2007년
제조사업 부문을 분할해 CJ제일제당(주)를 설립하고 지주회사로 전
환했다. 주요 계열사는 CJ제일제당 CJ푸드빌, CJ엔테인먼트(주)
CJCGV, CJ오쇼핑, CJ제일제당제약 등이 있다

◎ **FTA** : 특정 국가 간의 상호 무역증진을 위해 물자나 서비스
이동을 자유화시키는 협정으로, 나라와 나라 사이의 제반 무역장벽
을 완화하거나 철폐하여 무역자유화를 실현하기 위한 양국간 또는
지역 사이에 체결하는 특혜무역협정이다. 그러나 자유무역협정은 그
동안 대개 유럽연합(EU)이나 북미자유무역협정(NAFTA) 등과 같이
인접국가나 일정한 지역을 중심으로 이루어졌기 때문에 흔히 지역
무역협정(RTA:regional trade agreement)이라고도 부른다.

◎ **Televisa** : 멕시코, 그리고 스페인어권 최대의 방송국이다. 멕시코시티에 본사를 두고 있다.

◎ **DirecTV** : 디지털 위성방송 서비스다. 1994년 미국 캘리포니아 엘세건도에 본사(本社)가 만들어졌으며 이제는 미국 본토, 카리브제도, 라틴아메리카(멕시코 제외)에 제공하고 있다.

◎ **CJ E&M** : CJ 기업집단에 소속되어 있는 씨제이이앤엠은 2010년 9월 15일 (주)씨제이오쇼핑의 미디어사업 투자부문이 인적분할되어 설립됐다. 같은 해 10월 한국증권거래소 코스닥증권시장에 재상장되었다. 2011년 3월 (주)온미디어, 씨제이미디어(주), 씨제이인터넷(주), 엠넷미디어(주), 씨제이엔터테인먼트(주) 등 CJ그룹 내 미디어/엔터테인먼트 계열 5개사를 흡수합병하여 국내 최대의 미디어, 엔터테인먼트 회사로 재탄생하였다.

◎ **SK** : SK그룹은 1939년 조선의 선만주단과 일본의 경도직물이 합작해 만든 선경직물로부터 시작됐다. 2007년 SK그룹은 지주회사 체제를 도입했다. SK(주)에서 에너지 분야를 떼어내 SK에너지를 새로 만들고, 기존의 SK(주)는 그룹 지주회사로 역할을 바꿨다. SK그룹 계열사로는 정보통신 분야에 SK텔레콤과 SK C&C, 에너지 화학 분야에 SK에너지와 SK케미칼, 마케팅 및 서비스 분야에 SK네트웍스와 워커힐 등이 있다.

◎ **KT** : KT의 전신은 1982년 1월 세워진 한국전기통신공사이다.

한국전기통신공사가 설립됨에 따라 전기통신사업이 체신부에서 분리되었다. 전화 2000만 회선 보급, 이동통신 서비스, 초고속인터넷 강국 도약 등 국내 IT 발전을 견인했다. KT는 2010년대 이후 통방(통신-방송)융합, 유무선 융합 등의 산업 트렌드에 발맞추어 IPTV(인터넷TV), VoIP(인터넷전화), 와이브로(WiBro)를 핵심 사업으로 선정해 기술 개발에 주력하고 있다.

◎ **올리브나인** : 올리브나인의 전신은 1999년 11월 세워진 (주)시그엔이다. 올리브나인은 드라마 제작 및 연예인 매니지먼트, 디지털 콘텐츠 제작, 미디어 채널 서비스를 운영하는 종합 엔터테인먼트 기업이다. 2002년 7월 코스닥시장에 주식을 상장하였다. 2004년 12월 (주)지패밀리엔터테인먼트를 인수하고 오락프로그램 제작 사업에 진출하였다.

올리브나인은 2010년 5월 상장위원회 심의에서 '재무구조 건전화'를 전제로 4개월 개선 기간을 부여 받았으나, 끝내 이를 극복하지 못하고 같은 해 10월 상장 폐지되었다.

◎ **넥센** : 넥센의 전신은 1968년 9월 세워진 유신주철(주)로 2000년 3월 넥센산기를 설립하고, 7월에는 한국강선(주)과 합병을 했다. 이듬해 12월 (주)KNN의 전신인 부산방송(주)을 인수했다. 2002년 8월 흥아타이어공업(주)에서 지금의 상호인 (주)넥센으로 법인명을 변경했다. 2003년 9월 ERP 시스템 구축을 완료했다. 같은 해 11월에는 중국 청도넥센상교유한공사를 설립했다. 2009년 9월 회사를 분할해 (주)넥센디앤에스를 신설했다.

◎ **네오위즈 게임즈** : 2007년 4월 (주)네오위즈의 게임 사업부문을 분할하여 설립한 뒤 5월에 외국인투자기업으로 등록하고 7월에 코스닥에 상장하였다. 같은 해 12월 일본의 온라인 게임 배급업체 게임온(GameOn)을 계열회사에 추가하였고, 2008년 6월 미국 현지법인(NEOWIZ Games Inc.)을 설립하였다. 2010년 온라인게임 개발업체 (주)씨알스페이스 인수에 이어 네오위즈엔에이치엔에셋매니지먼트(주)를 인수하였다. 2012년에는 (주)엔엔에이를 자회사로 인수하였고, (주)엔엔에이가 (주)네오위즈아이엔에스를 흡수합병하여 (주)네오위즈아이엔에스로 상호를 변경하였다. 2013년 4월 (주)네오위즈모바일을 자회사로 편입하였다. 주요 사업은 온라인게임 포털 '피망' 운영과 게임 콘텐츠 개발, 온라인게임 퍼블리싱 등이다. (주)네오위즈홀딩스를 지주회사로 하는 네오위즈그룹의 주력 계열회사이며, 연결대상 종속회사로 (주)펜타비전, (주)네오위즈모바일, (주)네오위즈씨알에스, (주)지온인베스트먼트(주), (주)게임온스튜디오, (주)엔미디어플랫폼, (주)네오위즈블레스트스튜디오, (주)네오위즈아이엔에스와 일본(게임온)·미국(NEOWIZ Games Inc.)·홍콩(NEOWIZ Games Asia Co., Ltd.)·중국(NEOWIZ Games China Co., Ltd.) 등지의 해외 현지법인이 있다.

◎ **OTT 서비스** : 'Over the Top'을 줄인 말로, 딱히 우리말로 대체할 말이 애매하다. 대개 이전에 이용하던 방송과 통신 가운데 인터넷으로 대체된 서비스를 일컫는다. 인터넷으로 문자메시지를 대체하는 카카오톡도 OTT, 인터넷 라디오 앱도 OTT, 모바일 TV 서비스도 OTT다.

◎ **Twitter** : 2006년 미국의 잭 도시(Jack Dorsey) · 에번 윌리엄스 (Evan Williams) · 비즈 스톤(Biz Stone) 등이 공동으로 개발한 '마이 크로 블로그' 또는 '미니 블로그'로서 샌프란시스코의 벤처기업 오비 어스(Obvious Corp.)가 처음 개설하였다. 트위터란 '지저귀다'라는 뜻 으로, 재잘거리 듯이 하고 싶은 말을 그때그때 짧게 올릴 수 있는 공 간이다.

◎ **PDA** : 휴대용 컴퓨터의 일종으로, 집이나 사무실에 있는 컴퓨 터로 작성한 문서 파일을 집어 넣으면 이동하면서도 계속 작업이 가 능하고, 전자수첩과 마찬가지로 개인 정보 관리나 일정 관리가 가능 한 휴대용 개인정보 단말기를 말한다.

◎ **DMB 단말** : Digital Multimedia Broadcasting의 약자로, 영상이 나 음성을 디지털로 변환하는 기술 및 이를 휴대용 IT기기에서 방송 하는 서비스를 말한다. 이동 중인 개인 단말기에서도 영상과 음성을 전송 받을 수 있어 휴대폰과 차량용 수신기(내비게이션)에 많이 탑 재된다.

◎ **B2B** : 인터넷을 기반으로 하는 전자상거래의 유형 가운데 하 나로, '기업간 거래' 또는 '기업간 전자상거래'라고도 한다.

◎ **B2C** : 기업이 제공하는 물품 및 서비스가 소비자에게 직접적으 로 제공되는 거래 형태를 설명하는 용어이다. 전자상거래(e-commerce) 가 대표적이다.

◎ **NATPE, MIP-TV, MIPCOM** : 영화의 판매를 목적으로 제작사들과 배급사 등 영화 산업관계자들을 대상으로 개회하는 국제행사들이다.

◎ **FILMART** : 홍콩 필름마트(Hong Kong FILMART)는 아시아에서 가장 대표적인 영화·TV 마켓 중 하나다.

◎ **SCTVF** : Sichuan(쓰촨성) TV Festival의 약자로, 1991년에 시작된 중국 국가광전총국이 주최하는 행사이다. STVF와 마찬가지로 국제 방송영상콘텐츠 시장, 시상식, 장비전시회 등으로 구성되어 있다.

◎ **BCWW(국제견본시)** : 국제견본시에서는 개별적인 접촉이 아닌 집단적인 접촉을 통하여 많은 수출입업자들이 집중적으로 모여 짧은 시일 내에 많은 고객에게 물건의 견본을 선보일 수 있다. 제품의 시험판매(試驗販賣)와 유통업체(流通業體)의 반응(反應)을 조사할 수 있는 좋은 기회를 제공받고 특정상품의 시장성(市場性) 또는 판매잠재성(販賣潛在性)을 긍정적으로 증명할 수도 있다. 그러므로, 국제견본시에 출품하는 것은 수출계약(輸出契約), 유통업체와의 유통계약(流通契約) 등을 통한 수출판매와 국제 마케팅을 증진시키는 데 주요 목적이 있다고 하겠다.

◎ **BCM** : Business Continuity Management의 **약자로**, 국내에서는 아직 생소한 선진 리스크관리체계를 말한다. 금융감독원을 통해 BCP(업무연속성계획)라는 용어로 소개된 바 있다. 재해·위기 상

황에 대한 예방·대비·대응·복구 전 단계에 대한 대내외 역량확보와 체계운영 및 관리를 포함하는 포괄적 프로세스와 운영체계를 의미한다.

◎ Conting : **국내 지상파 연합으로**, KBS, MBC, SBS, EBS 등 지상파 방송사 프로그램 다운로드 서비스를 제공한다.

◎ K-player(KBS) : 휴대폰, pc로 KBS방송을 실시간 무료로 볼 수 있는 프로그램이다.

◎ pooq(MBC, SBS 계열사) : KBS, EBS, MBC, SBS 등 4대 지상파 방송사의 프로그램 및 콘텐츠를 전문적으로 판매하는 지상파 N스크린 서비스 플랫폼이다.

◎ TVing(CJ 헬로비전) : CJ그룹 산하의 CJ헬로비전이 제공하는 N스크린서비스이다. 티빙은 200여 개의 라이브 채널 및 5만 여편의 VOD를 PC와 스마트폰, 태블릿 PC 등 모든 모바일 스마트 기기, 그리고 스마트 TV에서 HD급 고화질로 시청할 수 있는 동영상 서비스이다. 키즈관, 오디션 끝판왕 등 다양한 전용관 서비스를 제공하고 있다. 뿐만 아니라 SNS 연동을 통해 동영상을 지인들과 공유하고, 티빙톡을 통해 실시간 채팅을 하며 프로그램을 시청할 수 있는 소셜 TV 기능도 제공한다.

◎ Xfinity : XFINITY® TV는 컴캐스트가 공급하는 케이블TV 서

비스와 함께 다양한 플랫폼에서 이용할 수 있는 온 디맨드 콘텐츠 서비스다. XFINITY® 인터넷은 인터넷 콘텐츠와 함께 제공되는 초고속 인터넷 서비스이고, XFINITY® 보이스는 IP전화 서비스를, XFINITY® 홈은 광대역 네트워크 기반 보안 및 가정 내 통제, 에너지 관리 솔루션 서비스다. 이 외에도 컴캐스트 비즈니스 클래스는 중소기업을 대상으로 고급 통신 솔루션을 제공한다.

◎ Youview(영국 Freeview) : BBC를 비롯해 ITV, Channel4 등 지상파 방송 사업자를 비롯해 통신사인 BT, 인터넷서비스 사업자인 '토크 토크(Talk Talk)'와 송출사업자인 '아퀴바(Arquiva)'가 공동으로 합작 출자한 조인트 벤처. 2012년 6월 영국 내 350가구를 대상으로 한 시범운영을 시작으로 상용화 단계에 착수했다. 유뷰는 넷플릭스, 훌루와 달리 지상파 방송 콘텐츠에 초점을 맞추고 있다. 지상파가 통신사, 송출사업자와 손을 잡고 셋톱박스 보조금 등을 지원해 폭을 넓힌 것도 특징이다.

◎ 근거리 통신 환경 (PAN: Personal Area Network) : 개인통신망. 근거리통신망(LAN)이나 원거리통신망(WAN)과는 대비되는 개념으로 개인마다 고유한 네트워크를 갖게 되는 것을 의미한다.

◎ 마인드 인식(BCI) : 사람의 두뇌와 컴퓨터를 연결하는 '뇌-컴퓨터 인터페이스'를 말한다.

◎ HCI기술 : 인간과 컴퓨터간의 상호작용에 관한 연구로, 휴먼

컴퓨터 인터렉션(Human Computer Interaction)의 약칭이다. 인간과 컴퓨터가 쉽고 편하게 상호작용할 수 있도록 작동시스템을 디자인 하고 평가하는 과정을 다루는 학문으로서 이 과정을 둘러싼 중요 현상들에 관한 연구도 포함한다.

◎ **SDK** : 2007년 10월 17일 발표된 소프트웨어 개발 키트(SDK)로 2008년 3월 6일 배포되었다. 개발자들은 이 SDK를 활용해 아이폰이나 아이팟 터치 응용 소프트웨어를 개발할 수 있게 되었고, OS X의 "아이폰 시뮬레이터" 내에서 테스트할 수 있게 되었다. 하지만 기기에 실제로 응용 소프트웨어를 올리기 위해서는 $99.00 USD의 iOS 개발자 프로그램이 필요하다. XCode 3.1의 출시 이후, XCode는 iOS SDK를 위한 개발 환경이 되었다.

◎ **데이터 마이닝(Data mining)** : 많은 데이터 가운데 숨겨져 있는 유용한 상관관계를 발견하여, 미래에 실행 가능한 정보를 추출해 내고 의사 결정에 이용하는 과정을 말한다.

◎ **매시업(mash-up)** : '매시업(Mashup)'이란 원래 서로 다른 곡을 조합하여 새로운 곡을 만들어 내는 것을 의미하는 음악용어이지만 IT(정보기술) 분야에서는 웹상에서 웹서비스 업체들이 제공하는 다양한 정보(콘텐츠)와 서비스를 혼합하여 새로운 서비스를 개발하는 것을 의미한다. 즉 서로 다른 웹사이트의 콘텐츠를 조합하여 새로운 차원의 콘텐츠와 서비스를 창출하는 것을 말한다.

◎ **정형자료(structured data)** : 여러 개의 단순 데이터가 어떠한 구조를 가지고 모여서 이루어진 복합적인 데이터를 말한다. 같은 형의 데이터 모임인 배열, 다른 형의 데이터 모임인 레코드, 집합을 나타내는 세트, 레코드의 모임인 파일 등이 있다.

◎ **비정형자료(unstructured data)** : 일정한 규격이나 형태를 지닌 숫자 데이터(numeric data)와 달리 그림이나 영상, 문서처럼 형태와 구조가 다른 구조화 되지 않은 데이터를 말한다. 비정형 데이터의 사례로는 책, 잡지, 문서의료 기록, 음성 정보, 영상 정보와 같은 전통적인 데이터 이외에 이메일, 트위터, 블로그처럼 모바일 기기와 온라인에서 생성되는 데이터가 있다.

◎ **애드리언 홀로버티(Adiran Holovaty)** : 웹 개발자 및 저널리스트로 활동 중인 애드리언 홀로버티는 '시카고 크라임'이란 온라인 서비스를 개설했다. 이 사이트는 시카고 경찰 데이터베이스로부터 범죄 기록을 가져와 구글 맵에 구역별, 시간별, 범죄 유형별로 데이터를 표시하는 서비스로서 시카고 지역 주민들이 자신이 사는 주변 구역의 범죄 기록을 수시로 체크할 수 있어 큰 호응을 얻었다.

◎ **에브리블록(Every Block)** : 미국의 TV 뉴스 채널인 MSNBC가 인수했던 '에브리블록'은 지역기반 뉴스 모음 사이트로서 각 지역을 위한 뉴스, 범죄 리포트 및 커뮤니티 간의 대화 등을 수집 및 정리해주는 서비스를 제공했다. 이 웹 사이트를 통해 지역 주민들은 당사자들이 사는 동네 잃어버린 물건 찾기, 빌딩 임대 정보 등 실질

적으로 필요한 정보를 얻을 수 있었다.

◎ **가디언**(The Guardian) : 1821년 창간된 영국 신문으로, 1951년
까지는 The Manchester Guardian으로 불렸다. 진보 성향의 대표적인
영국 유력지 중 하나로서 보수 성향의 또 다른 영국 유력지인 ≪타
임스≫와 대척점을 이룬다. 매주 월요일부터 토요일까지 베를리너
판형으로 발행되며, 런던과 맨체스터에 본사를 두고 있다.

◎ **사이먼 로저스(Simon Rogers)** : 영국의 언론인으로, 데이터
저널리즘의 선구자로 일컬어진다. 영국의 일간지 ≪가디언≫ 온라인
뉴스서비스의 초기 에디터, 과학 지면 에디터를 거쳐 2009년부터 데
이터저널리즘 에디터를 맡아 ≪가디언≫ 데이터블로그를 전 세계에
서 가장 유명한 데이터저널리즘 사이트로 발전시켰다. 15년간 몸담
았던 ≪가디언≫을 떠나 2013년 5월 말부터 트위터에서 데이터
에디터로 일하였다. 대표적인 저서로 <사실은 신성하다(Facts are
sacred)>가 있다.

◎ **인포그래픽** : 인포메이션 그래픽(Information graphics) 또는 인
포그래픽(Infographics), 뉴스 그래픽(News graphics)은 정보, 자료 또
는 지식의 시각적 표현이다. 정보를 구체적, 표면적, 실용적으로 전
달한다는 점에서 일반적인 그림이나 사진 등과는 구별된다. 복잡한
정보를 빠르고 명확하게 설명해야 하는 기호, 지도, 기술 문서 등에
서 사용된다. 차트, 사실박스, 지도, 다이어그램, 흐름도, 로고, 달력,
일러스트레이션, 텔레비전 프로그램 편성표 등이 인포그래픽에 포함

된다.

◎ **STP** : 세분화(Segment-ation), 타겟선정(Targeting), 위치(Positioning)를 의미한다. 제품 범주와 소비자 욕구에 근거하여 동질적인 여러 고객집단을 나누고 경쟁상황과 자신의 능력을 고려하여 가장 자신 있는 시장을 선정한다. 그 시장의 고객들에게 자사의 제품이 가장 적합하다는 것을 알려주는 과정이다.

참고문헌

권용진 외(2011). 스마트폰 기반의 QR Code를 활용한 정보시스템, 한국통신학회 종합 학술 발표회 논문(동계).

김은미, 심미선, 김반야, 오하영(2012). 이용자의 스마트미디어에 대한 인식을 중심으로. 한국방송학보 통권 제 26-3호.

김정현(2011). 통합적 커뮤니케이션 시대의 스마트 미디어 광고 효과연구, 한국방송광고공사, 2011.

김택환(2008). 『미디어 빅뱅』. 서울:박영률 출판사.

박유리, 황준호, 박민성(2013). 「콘텐츠 산업의 생태계 진단과 향후 정책과제」. 정보통신정책연구원.

성열홍(2010). 『미디어기업을 넘어 콘텐츠기업으로』, 김영사.

송민정(2011). 클라우드 기반의 스마트TV 활성화 방안에 관한 연구, 한국통신학회지 (정보와 통신) 제28권 제12호, 24-31.

윤용익, 김은주, 엄리영(2011). 스마트코리아 추진을 위한 스마트 플랫폼 구현 전략. 한국컴퓨터정보학회.

이옥기(2011). 영상 콘텐츠론. 이담북스.

이옥기(2013). 디지털방송 콘텐츠 제작단지의 클러스터 구축과 활용방안 모색. 제 8권 제 2호.

이옥기(2015). 스마트TV 콘텐츠 미래와 제작의 변화에 관한 연구. 한국방송학회 가을철 정기학술대회 자료집.

이옥기(2015). UHD 콘텐츠 활성화 과제와 해결방안. 한국언론학회 봄철 정기학술대회 자료집.

이옥기(2015). 스마트TV의 개인정보보호와 정보보안 연구. 한국 방송학회 봄철 정기 학술대회 자료집.

정회경(2013). 국내 미디어 선도기업 경영전략 분석: CJ E&M을 중심으로.

Albarran, A. B., & Dimmick, J.(1996). Concentration and economies of multiformity in the communication industries. Journal of Media Economics.

Atuahene-Gima, Kwaku and Haiyang Li(2000). Marketing's influence tactics in new product development: a study of high technology firms in China, The Journal of Product Innovation Management, 17(6). 451-70.

Ball, D. A., H. Wendell and J.R. McCulloch (1996), International Business, 6th edn, Homewood, IL: Irwin.

Blanchard, K., & Hersey, P. (1996). Great ideas revisited. Training & Development.

Caves, R. E.(2000). Creatives industries, Contracts between art and commerce. Cambridge, MA: Harvard University Press.

Cate, F.(1990). The European broadcasting directive, Communications Committee Monograph Series. Washington, DC: American Bar Association.

Chan-Olmsted & Kang(2003). Theorizing the strategic architecture of a broadband television industry.

Chan-Olmsted, S. M., & Chang, B. H. (2003). Diversification strategy of global media conglomerates: Examining its patterns and determinants. Journal of Media Economics.

David Hunger J, Thomas L. Wheelen(1988). Strategic Management, Addision-Wesley.

Day, G.S. and Schoemarker, P.J.H(2000). A different game In: Day, G.S., Schoemarker, P.J.H. and Gunther, R.E.(Eds.). Wharton on managing emerging technologies. New York:1-23.

Dimmick J., & Rothenbuhler E.(1984). The theory of the niche: Quantifying competition among media industries. Journal of Communication 34(1), 103~119.

Dimmick J.(2003). Media Competition and Coexistence: The Theory of the Niche, Mahwah, NJ: :Lawrence Erlbaum Associates.

Donohue, G. A., Olien, C.N., & Tichenor, P.J.(1987). Media access and knowledge gaps. Critical Studies in Mass Communication, 4, 87-92.

Dupagne, M.(1992). Factors influencing the inernational syndication marketplace in the 1990s. Journal of Media Economics,5(3),3~30.

Fransman, M.(2010). The New IT Ecosystem'. Cambridge University Press.

Gershon, R.A.(1997). The transnational media corporation: Global messages and free market competition. Mahwah, NJ: Lawrence Erlbaum Associates.

Herman, McChesney(1997). The Global Media: The New Missionaries of Corporate Capitalism.

Ireland-Hoskisson Hitt(1999). Strategic Management: Cases, Thomson South-

Western.

Kenney, Martin and Pon, Bryan(2011). Structuring the Smartphone Industry: Is the Mobile Internet OS Platform the Key.

Kevin, D.(2003). Europe in the media. Mahwah, NJ: Lawrence Erlbaum Associates.

Lacy, s. & T.F.Simon(1993). The economics and regulation of United States newspapers. Ablex Publishing Corporation, Norwood: NJ.

Lavine, J. M., & Wackman,D,B.(1988). Managing media Organizations, Effective leadership of the media, New York: Longman.

Litman(1998). The Motion Picture Mega-industry(Allyn & Bacon Series in Mass Communication).Allyn and Bacon.

Lombard, D(2008). 'Le Village Numerique Mondial, Odile Jacob.

Perez-Latre, F.J., & Sanchez-Tabernero,A.(2003). Leadership, an essential requirement for effecting change in media companies: An analysis of the Spanish market. International Journal of Media Management.

Porter, M.E. (1985). Competitive Advantage, Free Press, New York.

Stefan H. Robock, and Keenneth Simmonds(1989). nterational Business and Multinational Enterprise, 4th ed. Homewood, IL: Irwin.

Wheelwright, S. & Clark,K(1992). Revolutionising product development. New York: Free Press.

Wheelen & Hunger(1998). Strategic Management, Addision-Wesley.

김광호

현직: 서울과학기술대 IT정책대학원 교수
학력: 서강대 신문방송학과 졸업(1980)
　　　독일 괴팅겐대 언론학 석사(1988) 및 박사(1992)
경력: 한국콘텐츠 진흥원 연구위원(1993-1995)
　　　한국콘텐츠 산업연합회 자율심의 위원장
　　　지상파DTV 비교시험추진협의회 의장
　　　디지털방송연구회 회장
　　　미래방송연구회 회장
　　　독일 함브르그 대학 및 호주 시드니 공대 방문교수
　　　미국 샌디에고 대학 교환교수
　　　KBS 객원 해설위원(2016)
　　　KBS 뉴스 옴브즈맨위원회 위원(2016)
　　　국가지식재산위원회 전문위원(2016)
　　　저작권위원회 기술위원(2016)
저서 및 실적: 세계 지상파방송의 경영전략(공저, 2006)
　　　한국의 지상파방송의 경영전략(공저, 2006)
　　　디지털방송미디어론(공저, 2005)
　　　미디어융합과 방송의 미래(공저, 2013)
　　　뉴스미디어미래연구(공저, 2015)
　　　대한민국 미래보고서(공저, 2015)

이옥기

현직: 서울과학기술대 IT 정책연구소 연구교수
학력: 경희대 대학원 졸업(2005)
　　　뉴욕대 SCPC 과정 연수(2007)
경력: 광주방송 PD(1998)
　　　성균관대 BK GCC 글로벌문화커뮤니케이터 양성사업단 박사후 연구원(2012)
　　　MBN 시청자평가원(2014)
　　　한양사이버대 영상콘텐츠제작론 강의(2015)
　　　스마트TV 포럼 정책분과위원(2016)
　　　한국방송학회 연구이사(2016)
저서 및 실적: 영상콘텐츠론(단독, 2011)
　　　스마트미디어 시대의 방송통신 정책과 기술의 미래(공저, 2012)
　　　소셜미디어 연구(공저, 2012)
　　　스마트TV의 개인정보보호 방안연구(보고서, 2015)
　　　스마트TV의 가치사슬에 따른 제작 유통 소비에 관한 연구(보고서, 2015)
　　　스마트TV의 개인정보 법률검토와 활용방안(보고서, 2015)
　　　Personal Data at the Smart TV Ecosystem(ICDMP, 2016) 공동발표

방송문화진흥총서 144

스마트 시대의
미디어
경영론

초판인쇄 2016년 2월 26일
초판발행 2016년 2월 26일

지은이 김광호, 이옥기
펴낸이 채종준
펴낸곳 한국학술정보㈜
주소 경기도 파주시 회동길 230(문발동)
전화 031) 908-3181(대표)
팩스 031) 908-3189
홈페이지 http://ebook.kstudy.com
전자우편 출판사업부 publish@kstudy.com
등록 제일산-115호(2000. 6. 19)

ISBN 978-89-268-7196-6 93320

이 책은 MBC 재단 방송문화진흥회의 지원을 받아 출간되었습니다